성적 자기결정권 ❶

성적 자기결정권 1

발행일	2021년 2월 5일		
지은이	김유환		
펴낸이	손형국		
펴낸곳	(주)북랩		
편집인	선일영	편집	정두철, 윤성아, 배진용, 이예지
디자인	이현수, 한수희, 김민하, 김윤주, 허지혜	제작	박기성, 황동현, 구성우, 권태련
마케팅	김회란, 박진관		
출판등록	2004. 12. 1(제2012-000051호)		
주소	서울특별시 금천구 가산디지털 1로 168, 우림라이온스밸리 B동 B113~114호, C동 B101호		
홈페이지	www.book.co.kr		
전화번호	(02)2026-5777	팩스	(02)2026-5747

ISBN	979-11-6539-610-7 04330 (종이책)	979-11-6539-612-1 05330 (전자책)
	979-11-6539-611-4 04330 (세트)	

(주)북랩 성공출판의 파트너

북랩 홈페이지와 패밀리 사이트에서 다양한 출판 솔루션을 만나 보세요!

홈페이지 book.co.kr • **블로그** blog.naver.com/essaybook • **출판문의** book@book.co.kr

성(性)에서 주인 되기

성적 자기결정권

① 1

김유환 지음

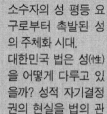

성적 약자인 여성, 성 소수자의 성 평등 요구로부터 촉발된 성의 주체화 시대. 대한민국 법은 성(性)을 어떻게 다루고 있을까? 성적 자기결정권의 현실을 법의 관점에서 파헤치다!

북랩 book Lab

머리말

이 책은 원래 1999년 공직에서 나와 백수로 지내던 무렵부터 준비한 원고이다. 운명인지 부동산 권리분석과 함께 사랑과 성에 관해 작업한 컴퓨터 하드가 파괴되는 바람에 준비했던 원고가 모두 사라지고 말았다. 할 수 없이 신림동에서 고시생을 상대로 행정법 강의를 하게 되었고, 13년의 시간이 흘렀다. 강의를 그만두고 다시 작업을 해서 이제야 이 책이 세상에 모습을 드러내게 되었다.

1990년대 이후 대한민국에서도 성에 관한 담론들이 활발하게 전개되고, 관련된 연구성과들도 축적되었다. 외국 학자들의 저서도 다수 번역해서 출간된 바 있다. 이 책은 진전된 연구 성과들을 반영하고 있다.

오늘날 성에 관한 문제는 생물학적인 본능의 차원을 넘어 한 개인의 정체성인 자아 정체성의 본질을 이루는 것으로 재평가되고 있다. 성이라는 것이 부끄러운 것, 수치스러운 것, 감추어야 할 것이 아니라 오히려 적극적으로 자아를 실현하는 수단이라는 인식도 강해졌다.

성적 자기결정권은 헌법상 기본권에 관한 문제이다. 그러나 법학 전공자들이 성(性)에 관해 전문적으로 연구하지 않기 때문에 막상 이 주제로 책을 쓰려고 하니 도움이 되는 책조차 없다. 헌법재판소에서 발간하는 『헌법논총』에 관련 논문 2편이 있는 게 고작이다. 성에 관한 담론은 윤리학, 심리학, 정신분석학, 사회학, 여성학 등 여러 분야의 연구 성과를 참조하여 정리했다. 그나마 제2권인 제한과 보호 분야는 형법학계의 교재가 많고, 관련 판례도 많아 작업이 다소 용이했다.

이 책은 민감한 주제들을 많이 다루고 있다. 제1권은 '성(性)에서 주인 되기'라는 부제로 성적 자기결정권의 의미와 헌법적 근거, 성적 주체로서 특히 여성, 아동·청소년, 장애인 등을 대상으로서 동성애와 근친상간의 문제를 다루고 있다. 주체와 관련해서 제2권에서 다루게 될 제한과 보호의 문제를 아동·청소년과 장애인의 경우 특수성을 감안하여 별도로 1권에서 다루고 있다. 대상과 관련해서는 동성애와 군형법상 추행죄에 관한 민감한 주제를 다루고 있다. 동성애 문제는 기독교계와 특정 정치인들을 중심으로 여전히 논쟁이 뜨거운 쟁점이다. 기본적으로 기본권 옹호적인 시각에서 이 주제를 다루려고 노력했다. 그러나 내 생각이 올바른 것이라고 강요할 생각은 없다. 편견 없이 열린 마음으로 함께 고민하며 읽기를 바란다.

제2권은 '제한과 보호'라는 부제로 성매매 비범죄화, 낙태죄 전면 비범죄화, 비동의간음죄 신설 반대, 포르노 일부 합법화 등에 관해 다루고 있다.

이 책은 법학 전공자를 대상으로 쓴 것이 아니라 일반 독자를 대상으로 쓴 책이다. 법률용어의 의미에 대해 최대한 쉽게 설명하려고 노력했다.

꼼꼼하게 편집하고 교정해 준 북랩 출판사 관계자 여러분들에게 감사의 말을 전한다.

이 책은 내가 경제적으로 어려움에 처했을 때 평생 독자가 되어서 후원해 준 여러분의 도움이 없었더라면 나오지 못했을 책이다. 평생 독자는 친척들, 고향 친구들, 대학 동기 선후배, 고시 동기들, 공직 생활에서 인연이 된 국방부 재직자들, 노량진에서 강의할 때 인연이 된 소중한 제자들, 개포도서관에서 만나 20년 넘게 인연을 이어 가고 있는 형님들 등 다양하다. 여기에 소중한 이름을 적어서 밝힌다. 이름을 밝히지 않고 성원한 분도 몇 분 있다. 그 은혜는 평생 잊지 않겠다. 그리고 더 좋은 책을 만들어 선물하는 것이 보답이고 내 의무라고 생각한다. 진심으로 감사를 전한다.

강명화, 강병길, 강현식, 고장혁, 구헌상, 김광연, 김록훈, 김미숙, 김부철, 김성호, 김영규, 김영환, 김일남, 김재원, 김정미, 김현수, 남광희, 남한샘, 박경희, 박성옥, 박연숙, 박종인, 박준홍, 배호길, 서병근, 서상덕, 송경진, 신국주, 심은섭, 염경아, 오지연, 우수진, 이경진, 이명복, 이명석, 이상백, 이용찬, 이재혁, 이호용, 임상민, 임재근, 장영기, 장종운, 전영석, 전주희, 정연경, 정영학, 정진교, 조규상, 조원아, 조은종, 조현근, 차봉수, 최문길, 최철우, 허준, 홍종우, 홍지연.

목차

제1권　성(性)에서 주인 되기

제3편   성적 자기결정권의 상대방·대상

제1장 동성애

제2장 근친상간

제3장 성도착증

제2권   제한과 보호

제5편 성적 자기결정권의 침해와 보호

제1장 성폭력

제2장 강간

01. 일반적 구성요건
02. 폭행·협박의 정도 문제
03. 비동의 간음죄 신설 문제
04. 부부강간
05. 교제폭력(데이트강간)

제3장 강제추행

제4장 성희롱

01. 성희롱의 의의
02. 성희롱의 유형
03. 성희롱의 성립요건
04. 성희롱에 대한 법적 규제

제5장 스토킹

제 **1** 편

성적 자기결정권 개괄

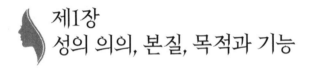

제1장
성의 의의, 본질, 목적과 기능

01. 성(性)의 의의

'성적 자기결정권'이란 말은 '성'에 관한 사항을 '자기 스스로 결정할 수 있는 권리'의 줄임말이다. 더 줄여서 '성적 자결권'이라고도 표현한다. 따라서 이 말을 이해하려면 먼저 '성'의 의미가 무엇인지, '자기결정권'이 어떤 의미인지를 알아야 한다.

○ 성별(sex: male/female)=생물학적 성

영어 단어 'sex'는 우리나라 말로 '성별', '성차(性差)', '성별 특성', '생물학적 성차' 등으로 다양하게 번역된다. 나는 'sex'는 '성별', 'gender'는 '성역할'이라고 표현하기로 한다.

성별은 생물학적 내지는 해부학적 남녀의 구별, 즉 남성 또는 여성(male or female)을 의미한다. 성별은 염색체, 호르몬, 내부 성기의 형태, 외부 성기의 형태 등에 의해 구별하는데, 관습적으로는 외부에 드러난 성기(sexual organ)에 의해 구별하는 것이 일반적이다.

참고로 우리나라 대법원에서 남성에서 여성으로 성전환 수술을 한 사람이 강간죄의 객체(대상)가 되는지를 판단하는 기준으로 제시한 엽기적인 판결을 소개하면 다음과 같다. 먼저, 강간죄의 객체인 부녀에 대한 판단 기준이다.

> "형법 제297조는 '폭행 또는 협박으로 부녀를 강간한 자'라고 하여 객체를 부녀에 한정하고 있다.[1] 위 규정에서 부녀라 함은 성년이든 미성년이든, 기혼이든 미혼이든 불문하며 곧 여자를 가리키는 것이라 할 것이다. 무릇 사람에 있어서 남자, 여자라는 성(性)의 분화는 정자와 난자가 수정된 후 태아의 형성 초기에 성염색체의 구성(정상적인 경우 남성은 xy, 여성은 xx)에 의하여 이루어지고, 발생과정이 진행됨에 따라 각 성염색체의 구성에 맞추어 내부생식기인 고환 또는 난소 등의 해당 성선(性腺)이 형성되고, 이어서 호르몬의 분비와 함께 음경 또는 질, 음순 등의 외부성기가 발달하며, 출생 후에는 타고난 성선과 외부성기 및 교육 등에 의하여 심리적, 정신적인 성이 형성되는 것이다. 그러므로 형법 제297조에서 말하는 부녀, 즉 여자에 해당하는지의 여부도 위 발생학적인 성인 성염색체의 구성을 기본적인 요소로 하여 성선, 외부성기를 비롯한 신체의 외관은 물론이고 심리적, 정신적인 성, 그리고 사회생활에서 수행하는 주관적, 개인적인 성역할(성전환의 경우에는 그 전후를 포함하여) 및 이에 대한 일반인의 평가나 태도 등 모든 요소를 종합적으로 고려하여 사회통념에 따라 결정하여야 할 것이다."[2]

결론적으로 대법원은 남성에서 여성으로의 성전환 수술을 받은 자는 강간죄의 객체인 '부녀'에 해당하지 않는다고 판시하고 있다. 이어지는 판결문을 보면 다음과 같다.

> "원심판결 이유와 기록에 의하면, 위 공소 외 2는 남성으로서의 성기

---

1) 이 형법 조항은 2012. 12. 18. 개정되어 현재는 "폭행 또는 협박으로 '사람'을 강간한 자는 3년 이상의 유기징역에 처한다."라고 하여 강간죄의 객체를 '부녀'에 한정하지 않고 '사람'으로 확대하였다.
2) 대판 1996.06.11., 96도791.

구조를 갖춘 남자로 태어나 남자 중학교까지 졸업하였으나 어릴 때부터 여자옷을 즐겨 입거나 고무줄 놀이와 같이 여자가 주로 하는 놀이를 즐겨하는 등 여성으로서의 생활을 동경하고 여성으로서의 성에 귀속감을 느낀 나머지 1989년경부터 수년간 여장남자로서의 행세를 하여 오다가 1991년과 1992년 일본에 있는 병원에서 자신의 음경과 고환을 제거하고 그곳에 질(膣)을 만들어 넣는 방법으로 여성으로의 성전환 수술을 받음으로써 여성으로서의 질 구조를 갖추고 있고 유방이 발달하는 등 외관상으로는 여성적인 신체구조를 갖추게 되어 보통의 여자와 같이 남자와 성생활을 할 수 있으며 성적 쾌감까지 느끼고 있으나 여성의 내부성기인 난소와 자궁이 없기 때문에 임신 및 출산은 불가능한 상태라는 것이다. 그리고 위 공소 외 2는 본래 남성으로서, 달리 여성의 성염색체 구조를 갖추고 있다거나, 성염색체는 남자이면서 생식선의 분화가 비정상적으로 되어 고환과 난소를 겸비한 진성반음양, 또는 고환이나 난소의 발육이 불완전한 가성반음양이라고는 인정되지 아니한다. 그렇다면 위 공소 외 2가 비록 어릴 때부터 정신적으로 여성에의 성 귀속감을 느껴 왔고 위의 성전환 수술로 인하여 남성으로서의 내·외부성기의 특징을 더 이상 보이지 않게 되었으며 남성으로서의 성격도 대부분 상실하여 외견상 여성으로서의 체형을 갖추고 성격도 여성화되어 개인적으로 여성으로서의 생활을 영위해 가고 있다 할지라도, 기본적인 요소인 성염색체의 구성이나 본래의 내·외부성기의 구조, 정상적인 남자로서 생활한 기간, 성전환 수술을 한 경위, 시기 및 수술 후에도 여성으로서의 생식능력은 없는 점, 그리고 이에 대한 사회 일반인의 평가와 태도 등 여러 요소를 종합적으로 고려하여 보면 위 공소 외 2를 사회통념상 여자로 볼 수는 없다 할 것이다."[3]

위 판결에서 대법원은 일본 판례를 베낀 것인지, 오랫동안 고심을 한 결과인지는 모르겠지만, 여러 가지 그럴듯한 판단 기준을 제

---

3)   위의 판례.

시하고 있다. 그러나 스스로 대견스러웠는지 넘어서는 안 될 선을 넘어버리고 만다. 즉, 판단 기준에 "수술 후에도 여성으로서의 생식 능력은 없는 점"을 포함시킨 것이다. 그렇다면 성전환 수술을 하지 않은 원래 여성도 불임으로 생식능력이 없다면 강간죄의 대상이 되지 않는다는 것인가? 물론 판단 기준에서 성염색체 등 다른 요소들을 종합적으로 고려한다고 했기 때문에 강간죄의 객체가 인정될 것이다. 그렇지만 생식능력의 여부를 판단 기준에 넣은 것은 대단히 부적절하다.

섹스란 단어는 라틴어의 Sexus에서 유래된 것으로서 Seco(자른다, 나눈다: cut)라는 동사의 파생어였으며, 라틴어의 섹스툼(Sextum)에서 나온 것으로 '나뉜 것, 구별된 것'을 뜻하는 말이었다.[4]

한편, 성별은 남녀의 이분법으로 결정되지 않는 경우도 있다. 염색체 이상 등으로 인해 이른바 간성(間性, intersex)으로 태어나는 사람들이 있기 때문이다. 이들은 양성의 생식기를 모두 갖고 태어나거나 또는 생식기의 외견은 여전히 남성 혹은 여성으로 보이지만 수태 능력이나 외모, 신체적 능력 등에서 성적 특징이 복합적으로 나타나거나 반대 성의 특징을 보이기도 한다.[5] 간성인의 존재는 사람이 생물학적으로 남성이나 여성으로만 분류될 수 없다는 문제를 환기시킨다.

생물학적 성별에 따라 남녀를 구별하는 이분법이 오랜 기간 유지

---

4) 양해림, 『성과 사랑의 철학』, 철학과현실사, 2001, 21쪽.
5) 김엘리 외, 『성 사랑 사회』, KNOUPRESS, 2016, 58쪽.

돼 왔는데, 실제 존재하는 남녀는 다른 점보다 비슷한 점을 더 많이 갖고 있고, 남성과 여성의 차이는 남성 간이나 여성 간 차이보다 크지 않다. 남녀의 차이와 인간과 원숭이의 차이를 비교할 때 어느 경우가 더 유사한지는 쉽게 이해할 수 있다.

○ 성교(sexual intercourse)

두산백과에 따르면 '성교'란 "남성과 여성과의 생리적·육체적 교접", 간호학대사전에 따르면 "남성 성기를 여성 성기의 안으로 삽입하여 정자를 사출하는 행위"를 말한다. 이처럼 성교는 성기의 접촉에 한정되는 의미를 갖기 때문에 성에 관한 용어 중 가장 좁은 의미를 가진 단어이다. 섹스가 성교(sexual intercourse)라는 의미로 사용된 것은 1929년 로렌스(D. H. Lawrence)의 소설이 최초이다.

성의 의미를 이처럼 성기 간의 교접이란 좁은 의미로 이해하는 '성기 중심적' 시각에 따르면, 성기가 아닌 구강이나 항문에 대한 성적 침해행위를 강간과 구별되는 강제추행으로 이해할 수밖에 없게 되고, 그 결과 강간죄보다 낮은 형량으로 처벌할 수밖에 없는 문제가 생긴다. 이에 대한 반성의 결과로 개정된 형법이나 특별법에서 구강이나 항문에 대한 성적 침해를 유사성교, 유사강간으로 규정하면서 입법적으로 어느 정도 시정을 한 바 있다.

성의 의미를 성기 중심적인 성교를 통해 좁게 이해하는 관점의 문제점으로는 성기를 삽입해서 사정으로 끝내는 남성 중심적인 성문화를 쉽게 정당화한다는 점이다. 따라서 성에 관해 이해할 때 성교 중심의 관점이 아니라 '유사성교', '성행위', '최광의의 성'까지 고려해야 한다.

○ 유사성교

「성매매알선 등 행위의 처벌에 관한 법률」 제2조 제1항은 "성매매란 불특정인을 상대로 금품이나 그 밖의 재산상의 이익을 수수(收受)하거나 수수하기로 약속하고 1. 성교행위, 2. '구강, 항문 등 신체의 일부 또는 도구를 이용한 유사 성교행위'를 하거나 그 상대방이 되는 것을 말한다."라고 '성매매'에 대한 정의를 하면서 '유사 성교행위'에 대한 정의를 내리고 있다. 명시적으로 표현되지는 않았지만, 성교행위와 유사 성교행위를 구별함으로써 유사 성교행위는 '성기'를 제외하는 것으로 규정하고 있는 것이다.

유사 성교행위에 관해 대법원은 유사 성교행위의 개념과 판단 기준을 제시하고 있다. 이 판결에서 다루고 있는 사건은 "피고인이 운영하던 마사지업소에서 침대가 설치되어 있는 밀실로 남자 손님을 안내한 다음, 짧은 치마에 반팔 티 차림의 젊은 여종업원이 먼저 손님의 발을 비롯한 온몸을 주물러 성적인 흥분을 일으킨 뒤 손님의 옷을 모두 벗기고 로션을 바른 손으로 손님의 성기를 감싸 쥐고 마치 성교행위를 하는 것처럼 왕복운동을 하여 성적 만족감에 도달한 손님으로 하여금 사정에까지 이르게 하는 방법으로 영업행위를 한" 이른바 '대딸방 사건'이다.

이에 대해 대법원은 "'유사성교행위'는 구강·항문 등 신체 내부로의 삽입행위 내지 적어도 성교와 유사한 것으로 볼 수 있는 정도의 성적 만족을 얻기 위한 신체접촉행위를 말"한다고 정의를 내리고, "어떤 행위가 성교와 유사한 것으로 볼 수 있는 정도의 성적 만족을 얻기 위한 신체접촉행위에 해당하는지 여부는 당해 행위가 이루어진 장소, 행위자들의 차림새, 신체 접촉 부위와 정도 및 행위의 구체적인 내용, 그로 인한 성적 만족감의 정도 등을 종합적으로 평가하여 규범적으로 판단하여야 한다."고 판단 기준을 제시한 후, 위 행위는 '유사 성교행위'에 해당한다고 판시하고 있다.[6]

「아동·청소년의 성보호에 관한 법률」 제2조 제4호 나목은 "구강·항문 등 신체의 일부나 도구를 이용한 유사 성교 행위"라고 규정하고 있고, 같은 법 제7조 제2항은 "아동·청소년에 대하여 폭행이나 협박으로 구강·항문 등 신체(성기는 제외한다)의 내부에 성기를 넣는 행위, 성기·항문에 손가락 등 신체(성기는 제외한다)의 일부나 도구를 넣는 행위"에 대해 5년 이상의 유기징역에 처하도록 규정하고 있다.

유사 성교행위에 해당하는 내용에 대해 가장 상세히 규정하고 있는 것은 형법이다. 형법 제297조의2는 '유사강간'이란 제목 아래 "폭행 또는 협박으로 사람에 대하여 구강, 항문 등 신체(성기는 제외한다)의 내부에 성기를 넣거나 성기, 항문에 손가락 등 신체(성기는 제외한다)의 일부 또는 도구를 넣는 행위"라고 정의하고, 이에 대해 2년 이상의 유기징역에 처하도록 규정하고 있다. 특별법인 「성폭력범죄의 처벌 등에 관한 특례법」 제6조 제2항은 '장애인에 대한 강간·강제추행 등'이란 제목 아래 "신체적인 또는 정신적인 장애가 있는 사람에 대하여 폭행이나 협박으로 구강·항문 등 신체(성기는 제외한다)의 내부에 성기를 넣는 행위, 성기·항문에 손가락 등 신체(성기는 제외한다)의 일부나 도구를 넣는 행위"라고 정의하고 이에 대해 5년

---

6)   대판 2006.10.26., 2005도8130.

이상의 유기징역에 처한다. 같은 법 제7조 제2항은 동일한 행위를 13세 미만의 미성년자에 대해 한 경우 7년 이상의 유기징역으로 가중처벌하고 있다.

평균적인 이성애자 중에도 질 성교보다 항문 성교를 더 수치스럽게 생각하는 사람들이 많은 것이 현실이다. 그럼에도 기존의 성기 중심적인 사고 때문에 성적 수치심의 침해 정도가 더 강할 수도 있는 유사성교를 단순한 강제추행으로 처벌하는 것은 문제가 있다는 비판이 제기된 바 있다. 따라서 법률 개정으로 유사성교를 강제추행과 구분해서 별도로 규정하고 있는 것은 타당한 입법이라고 볼 수 있다.

헌법재판소는 위 법률이 규정한 형벌 조항에 대해 "강제추행의 경우 가운데 그 정도가 가장 심한 경우라고 평가할 수 있는 구강·항문 등에 가해자의 성기를 삽입하는 행위"에 대한 가중처벌의 필요성이 인정된다고 보아 형법체계상의 균형을 잃은 것으로 보기 어렵다는 이유로 합헌결정을 내리고 있다. 해당 내용을 인용한다.

> "일반적으로 강제추행이란 상대방의 성적 수치심이나 혐오감을 불러일으키는 성기삽입 외의 일체의 행위를 말하는 것으로서 강간의 경우에 비해 그 피해가 상대적으로 경미하고 불법의 정도도 낮은 경우를 포함하고 있을 뿐 아니라, 강간의 경우보다 죄질이 나쁘고 피해가 중대한 경우도 포함하고 있다. 그런데 이 사건 법률조항은 강제추행의 경우 가운데 그 정도가 가장 심한 경우라고 평가할 수 있는 구강·항문 등에 가해자의 성기를 삽입하는 행위에 대하여 별도의 구성요건을 두어 7년 이상의 유기징역형으로 엄격하게 처벌하고 있는 것이다. 이러한 행위는 피해자 아동의 인격과 신체에 대한 침해가 심대하여 오랫동안 심각한 정신적, 정서적 장애를 발생시키고 그 후유증으로 장기간 정상적인 성장에 큰 지장을 초래할 가능성이 있는 행위로서, 일반적으로 다른

형태의 강제추행 행위와는 질적으로 다르다고 평가할 수 있다. 입법자는 이와 같은 평가에 기하여 이 사건 법률조항에 정한 범죄행위를 특별히 가중처벌하고 있는 것이며, 그 결과의 중대성 및 죄질에 비추어 볼 때 그 가중의 정도가 형벌체계상의 균형을 잃은 것이라고 보기는 어렵다."[7)]

❍ 성행위[sexual activity 또는 a sex(sexual) act]·성행동(sex behavior), 성적 행동

성행위에 대해서는 합의된 정의가 존재하지 않고, 주관적인 견해만 단편적으로 거론되고 있는 실정이다. 먼저 우에노 치즈코는 "성행위는 욕망이 행동화한 것으로서, 이에는 타자(신체)를 필요로 하는 '성관계'와 필요로 하지 않는 '마스터베이션'이 있다."[8)]라고 설명하고 있다.

한편, Masters, Johnson & Kolodny 등은 성행위와 성적 행동을 구분하는 입장이다. 즉, 전자는 자위나 키스 또는 성교를 의미하고, 후자는 특수한 성행위뿐만 아니라 음담패설이나 의상과 관계되어 있거나 《플레이보이(Playboy)》지를 읽는다거나 데이트를 하는 등을 말한다는 것이다.[9)]

성행위와 성행동은 성교와 직접적으로 관련된 성적 행위를 말하는 것으로서, 유사성교와 성교 전후의 애무를 포함하는 개념으로 이해하는 것이 논리적이라고 생각한다. 즉, 성행위는 성교와 유사

7) . 헌재결 2011.11.24., 2011헌바54.

8) 우에노 치즈코, 나일등 옮김, 『여성 혐오를 혐오한다』, 은행나무, 2012, 95~96쪽.

9) 전경수, 「'에로스' 인류학과 인류학 토착화」, 오생근 외, 『성과 사회』, 나남출판, 2006, 47쪽에서 재인용.

성교 및 애무를 합한 개념으로 보자는 것이다. 이에 반해 성적 행동은 성행위보다 좀 더 넓은 개념으로서 성교와 유사성교 및 애무 외의 성적 행위, 즉 자위행위, 음담패설 등 언어적인 성적 표현행위, 음란서적이나 포르노그래피 등의 성표현물을 감상하는 행위를 포함하는 개념으로 이해한다. 우리말에서 '~적'이란 말은 '유사하지만 같지는 않은 경우'에 붙이는 말이기 때문에, '성행위'와 '성적 행위'는 구별하는 것이 국어적 의미로도 타당하다고 본다. 그러나 현실적인 면에서 보자면 '성행위'와 '성적 행위'를 구별할 필요성은 크다고 할 수 없다.

○ 성관계(sexual relations)

우리나라에서 성에 관한 문제는 특유의 체면 문화나 수치심 때문에 '성교' 또는 '섹스'라고 표현하지 않고, 우회적으로 '성관계'나 '부부관계'라는 단어를 사용하고 있는 것이 일반적이다. 그러나 이러한 용어는 적절하지 않다. '성관계'나 '부부관계'는 말 그대로 '관계'의 일종이다. 즉, 일반적인 '인간관계'의 특수한 '관계'를 지칭하는 단어이다. 표준국어대사전에 따르면 인간관계란 "인간과 인간, 또는 인간과 집단과의 관계를 통틀어 이르는 말"이고, 관계란 "둘 이상의 사람, 사물, 현상 따위가 서로 관련을 맺거나 관련이 있음. 또는 그런 관련"을 말한다. 따라서 '성관계'는 "둘 이상의 사람이 성적인 공감대를 갖고 서로 관련을 맺는 인간관계의 특수한 형태"라고 정의할 수 있다. 즉, '성관계'는 성관계를 '맺는' 것이지 '행위'를 하는 것이 아니다. 즉, 성관계란 한 번 맺어지면 그 관계를 통해 서로 성적인 행위를 매개로 교류하는 것이다. 따라서 '성관계'를 '한다'는 말은 부적절하다.

○ 성역할 또는 사회·문화적 성(gender: musculinity/feminity)

영어 단어 'gender'를 '성별(性別)'이라고 번역하는 학자들이 있다. 그러나 표준국어대사전은 성별을 '남녀나 암수의 구별'이라고 정의하고, 공문서상으로도 남녀의 구별을 '성별'이라고 표현하고 있기 때문에 gender를 '성별'이라고 표현하는 것은 적절하지 못하다. 따라서 'gender'의 번역어로는 '성역할(sex role)', '성별 분업', '남성다움 혹은 여성다움' 등의 '성별 특성', '성별 차이(성차, gender difference)'라고 표현하는 것이 타당하다고 생각한다.

'젠더'라는 용어는 생물학적 결정론을 비판하기 위해 1960년대에 페미니스트들이 도입한 용어이다. 젠더는 원래 '인류' 또는 '인간 일반'이라는 의미였고, 문법적인 의미에서 명사의 성별을 구분하는 개념이었는데, 현실에서의 성별 차이의 의미를 갖게 된 것은 1960년대 페미니즘 운동의 시기부터이다.[10] 1995년 중국 베이징에서 열린 UN 세계여성대회에서 젠더가 섹스를 대체하는 공식적인 정책 용어로 채택되었다.[11]

젠더 시각에서도 생물학적인 측면에서의 차이는 인정한다. 남성과 여성의 성기 구조는 분명 다르다. 그러나 문제는 이러한 성기 구

---

10)   양해림, 앞의 책, 24쪽.
11)   김엘리 외, 앞의 책, 62쪽.

조의 차이가 이에 그치지 않고 남성과 여성의 사회적인 성역할이나 남성다움과 여성다움이라는 성별 특성까지 필연적으로 결정한다고 보는 시각이다. 젠더는 성별에 따라 성격이나 태도, 역할(하는 일, 직업) 등을 다르게 규정하고 현실의 여성과 남성에게 이러한 규범을 따를 것을 기대한다.

먼저 사회는 보통 '여성다움'과 '남성다움'이라는 성별 특성에 대한 기대에 관한 '성별 고정관념'(gender stereotype)을 갖고 있다.[12] 남성의 성기는 외부에 돌출해 있고 정자는 활동적으로 움직이기 때문에 남성의 성격도 진취적·능동적·적극적인데 반해 여성의 성기는 숨겨져 있고 난자는 수동적으로 정자를 받아들이기 때문에 여성의 성격도 수동적·소극적·내성적이고 조신하게 마련이라는 것이다.

문학에서의 비유라면 몰라도 성기의 구조를 통해 성격을 유추한다는 것은 몰상식한 일이다. 사람의 성격은 남성 간에도 천차만별이고, 여성 간에도 천차만별이다. 동일인이라 하더라도 계절이나 날씨, 그날의 신체적 조건, 사람과의 갈등 등으로 인해 다양한 성격형으로 표출된다. 성기의 구조에서 성격이 필연적으로 도출된다는 생각은 전혀 근거가 없는 것이다.

따라서 젠더 관점에 따르면 '남성다움'과 '여성다움'도 성기 구조에서 필연적으로 도출되는 것이 아니라, 어린 시절부터 부모님, 유아원, 유치원 등으로부터의 학습에 의한 사회화의 결과라고 본다. 시몬 드 보부아르가 『제2의 성』에서 말했듯이 "여성은 여성으로 태

---

12)　백경영 외, 『인간과 사회』, KNOUPRESS, 2018, 251쪽.

어나는 것이 아니라 여성으로 만들어지는 것"이다. 이처럼 젠더는 사회·문화적으로 결정되는 성별 특성을 말한다. 만일 '여성다움'이 생물학적으로 부여되는 필연적인 속성이라면 "여자면 여자답게 행동해야지."라는 말이나 조선시대 『내훈』이나 『계녀서』처럼 여성다운 처신에 관한 교훈서를 만들어 교육시킬 필요는 없을 것이다. '여성다움'에 대한 충고나 교육이 필요하다는 것은 '여성다움'이 태어나면서 얻게 되는 필연적인 것이 아니라는 사실을 증명하는 것이다.

남성다움과 여성다움의 구별에 의한 피해는 여성만이 겪는 것이 아니다. 남성 가운데 규범적으로 요구되는 남성다움을 온전히 갖춘 사람이 얼마나 될까? 남성답게 행동하라는 기대와 요구가 매우 강하고, 대다수의 여성들도 그런 남성다움을 기대하고 있는 현실에서, 남성들의 다수도 기대와 요구를 충족해야 한다는 강한 의무감과 압박감, 불안감을 느낄 수밖에 없는 것이 사실이다. 앤소니 기든스의 조언처럼 이제부터 남성들도 '여성적인 측면'을 계발할 필요가 있고, 감정, 의존욕, 수동성, 감각성, 나약성, 책임에 대한 저항 등을 되살려야 한다.[13] 여성다움을 무시하는 주체적인 여성들이 점차 늘고 있는 현실에서 종전의 여성다움을 요구하는 남성들은 점차 구시대적인 '마초'로 몰리게 된다. 그 결과 여성과의 관계 자체를 맺지 못하고 소외된다. 그 결과는 '여성혐오'로 이어질 수밖에 없다. 어차피 못 먹는 감, 찔러나 보자는 것이다. '여성혐오'의 이면에는 여성에 대한 강한 애착과 좌절이 도사리고 있는 것이다. 따라서 남

---

13)   앤소니 기든스, 배은경·황정미 옮김,『현대사회의 성 사랑 에로티시즘』, 새물결, 2003,
        231쪽.

성과 여성 모두의 건강한 심리를 위해서 남성다움과 여성다움의 구별을 없애 버리고, 이제 '사람다움'의 공유된 가치를 추구하는 것이 현명한 태도이다.

대부분의 사회에서 성별에 따라 여성과 남성에게 서로 다른 지위와 역할, 즉 '성역할(gender role)'을 부여한다.14) 생물학적으로 여성은 임신과 출산의 기능을 담당하기에 가사노동으로, 남성은 외부적인 활동으로 역할을 나누어 맡아야 한다는 이유이다. 생명의 재생산, 즉 임신과 출산이 여성의 몸을 통해 이루어지는 것은 사실이다. 그러나 딱 거기까지이다. 출산 후의 양육 문제는 별개의 문제인 것이다. 여성이 출산한다고 해서 아이의 기저귀를 여자만 갈아야 하는가? 여성만이 가사노동을 전담하는 것이 필연적인가? 아니다. 가사노동은 사회적 이념의 변화에 따라 남녀가 분담할 수도 있고, 일부는 가사노동의 기계화와 사회화가 이루어지고 있는 현실이다. 즉, 청소기나 세탁기 등을 활용하는 기계화-물론 그 세탁기라는 기계를 조작하는 것도 대부분 여성의 몫이긴 하지만-, 유아원이나 보모를 활용한 사회화가 현재 보편화되고 있다.

성역할은 성기 구조의 차이에 기인한 것이 아니라 그 시대의 경제적 생산구조를 반영함으로써 사회가 부여한 역할의 차이일 뿐이다. 남녀 간의 성역할이 필연적인 것이라면 사회를 막론하고 그 역할 배분이 같아야 하는데, 사회마다 남녀 간의 성역할 분담이 다르다. 결국 성역할이란 필연적이고 절대적이고 본질적인 것이 아니라

---

14)   백경영 외, 앞의 책, 251쪽.

는 말이다. 따라서 젠더는 불평등하게 배분된 성역할 고정관념을 깨기 위한 필요에서 도입된 개념이라고 할 수 있다.

한편, 젠더 관점에도 문제는 있다. 젠더 관점에서는 여성이 사회경제적, 정치적으로 불평등하게 다루어진다는 것에 문제를 제기하고, 이를 제도적·구조적 차원에서 개선하기 위해 성의 정치적 성격을 강조한다. 또한 여성에 대한 성적 억압이나 침해(폭력)를 강조하다 보니, 오히려 남성의 성은 공격적·능동적·공격적·지배적·착취적·주도적이고, 여성의 성은 관계적·친밀함·상호적·수동적이고 취약하다는 측면만을 강조함으로써 기존의 가부장적인 고정관념을 오히려 강화시킨다는 문제가 있다. 여성의 성적 억압과 침해, 그로 인한 위험만 부각함으로써 여성의 성적 욕망의 충족 또는 성적 쾌락을 어떻게 능동적·적극적으로 확보할지에 관해서는 소홀한 것이다.

또한 젠더 관점은 남성과 여성의 이분법으로 접근하기 때문에 여성이 처한 위치를 획일화하는 문제가 있다. 즉, 여성이라고 할지라도 각각의 여성들이 인종, 계급, 성적 지향, 성적인 경험의 여부에 따라 성적인 억압이 다를 수 있는데[15], 젠더 관점에서는 모든 여성을 같은 집단으로 분류하는 문제가 있는 것이다. 이런 문제의식에서 '섹슈얼리티'라는 용어가 등장하게 되었다.

젠더는 사회·문화적인 측면의 성을 말하기 때문에 '성적 자기결정권'과 직접 관련된 용어는 아니다. 다만, 성에 관한 용어들을 정리하는 차원에서 같이 소개한 것이다.

---

15)　한국성폭력상담소, 『섹슈얼리티 강의』, 동녘, 1999, 23쪽.

● 최광의의 성(sexuality), '성욕', '성성', '성의식'

섹슈얼리티는 우리나라 말로는 '성욕', '성성', '성의식' 등으로 번역된다.

가장 넓은 의미의 성을 의미하는 섹슈얼리티는 ① 성교를 포함한 성행위와 성적 행위, ② 성적 욕망(성욕)이나 정서, 판타지, 성적 매력, 성적 자기정체성(이성애자, 동성애자, 양성애자) 등의 심리적인 요소, ③ 성관계, ④ 성문화, 관습, 담론, 이데올로기, ⑤ 성에 관한 사회적 규범 내지 윤리 및 제도(일부일처제, 일부다처제, 일처다부제, 독신제도) 등 성에 관한 일체의 것을 포함하는 단어이다.

섹슈얼리티는 먼저 섹스와 달리 육체적 행위를 넘어서 성적 욕망(성욕)이나 정서, 판타지, 성적 매력, 성별 정체성 등의 심리적 요소까지 포함함으로써 성의 범위를 확대시킨다.[16] 또한 여성 개인의 성욕과 성적 쾌락이 어떻게 형성되고 표출되는가와 성욕의 개인적인 표현방식에 관심을 집중한다는 점에서 젠더 관점과 다르다.[17]

우리나라 대법원에서 의외로 '성적 욕망'의 범위에 대한 드문 판례가 있어 소개하자면 다음과 같다.

> "'성적 욕망'에는 성행위나 성관계를 직접적인 목적이나 전제로 하는 욕망뿐만 아니라, 상대방을 성적으로 비하하거나 조롱하는 등 상대방에게 성적 수치심을 줌으로써 자신의 심리적 만족을 얻고자 하는 욕망도 포함된다. 또한 이러한 '성적 욕망'이 상대방에 대한 분노감과 결합되어 있더라도 달리 볼 것은 아니다."[18]

---

16) 이재경, 조영미, 민가영, 박홍주, 이박혜경, 이은아, 『여성학』, 미래엠앤비, 2007, 88쪽.
17) 한금윤, 『현대사회의 성과 문화적 재현』, 소통, 2009, 166쪽.
18) 대판 2018.9.13., 2018도9775.

성별 정체성(sexual identity)은 동성애자인가, 이성애자인가, 트랜스젠더인가와 같이 성과 관련된 자기 규정이나 성적인 삶의 스타일을 말한다.[19] 성별 정체성은 성역할 정체성(gender identity)과 다를 수 있다. 성별 정체성은 남성에 만족하지만, 성역할 정체성은 여성다운 역할이 더 만족스러울 수 있는 것이다.

섹슈얼리티는 성문화, 성에 관한 사회적 규범 내지 윤리를 포함하기 때문에 성이 사회문화적으로 구성된 것이라는 관점을 취하고 있다는 점에서는 젠더와 같다. 성욕이 비록 본능적인 욕구라 가정하더라도 성욕의 충족을 위한 행위 가운데 사회가 허용하는 것도 있고, 금지나 처벌을 하는 경우도 있다. 예를 들어 성매매나 강간 등은 사회적 규범에 의해 금지되는 대표적인 행위 중 일부이다.

이하에서 '성(性)'이라는 단어를 사용할 때는 가장 넓은 의미, 즉 '최광의의 성'(sexuality)의 의미로 사용하기로 한다.

○ 식욕과 성욕의 차이

성욕, 한마디로 성에 관한 인식에는 대립적인 두 시각이 존재하고 있는 게 엄연한 현실이다. 한편에서는 성욕은 식욕, 수면욕과 같이 본능적인 것이고, 본능적인 것이기 때문에 자연적인 것이라는 견해가 있다. 따라서 성욕을 억제하는 모든 제도나 문화는 하나의 자연본성에 대한 억압이기 때문에 그 모든 억압을 철폐하고, 성의 자유

---

19)   이재경 외, 앞의 책, 88쪽.

화·개방화가 이룩되는 인간다운 사회를 건설해야 한다는 주장이다. 아니, 성의 자유화, 개방화가 이루어지지 않는다면 정치적이건 경제적이건 사회적이건 다른 모든 부분에서 자유화와 개방화가 이루어진다 하더라도 결코 진정한 자유화가 아니라는 주장이다. 일부의 페미니스트들은 성적 해방이 여성 인권의 핵심이라고 보기도 한다. 어떤 정치학자가 훈장을 '어른들의 유치한 장난감'이라고 표현했듯이, 성은 어른들의 값싼(당장 끼니가 없는 젊은 부부의 경우를 생각해 보라. 밥을 굶어도 돈이 없어도 당장 할 수 있는 쾌락의 수단은 섹스이다.) 장난감인지도 모른다. 북유럽에서는 소위 섹스를 밥 먹듯 한다고 표현한다. 그만큼 성은 밥을 먹는 것처럼 자연스러운 것이고, 밥을 먹는 횟수만큼이나 많이 이루어지는 것이고, 밥을 먹는 것처럼 가치와는 무관한 것이라는 뜻이다.

다른 한편에서는 성욕은 인간의 종족보존을 위해서 어쩔 수 없이 인정해야 하지만 기본적으로는 짐승과 같이 추한 것, 더러운 것이라는 견해가 있다. 따라서 성욕과 성에 대해 결코 노출시켜서도 안 되고, 공개적으로 거론해서도 안 되고, 불가피하게 성욕을 충족시키더라도 그 동기는 쾌락이 아닌 2세의 생산(흔히 생명생산 또는 재생산이라 표현)을 위한 동기여야 한다는 시각이 존재한다.

과연 그런가? 아니, 성욕과 성에 대한 어떤 견해가 현실에 타당하고 인간적인가? 나는 기본적으로 성은 밥을 먹는 것과 마찬가지로 자연스러운 인간의 생활, 욕구의 일부라는 점은 공감한다. 그러나 모든 면에서 질적 차이를 인정할 수 없을 만큼 같은 것이라는 견해에는 반대한다. 그렇다면 그 차이는 무엇인가?

1) 욕구 충족수단의 차이

먼저, 성적 욕구는 사람 자체를 대상이나 수단으로 하여 충족된다는 점에서 식욕과 차이가 있다. 물론 성욕의 충족도 기구를 이용한 자위행위나 동물을 대상으로 한 수간을 비롯해 페티시즘, 포르노테이프나 음화를 통한 욕구의 충족 등의 경우에는 그 수단이 비인간적(인간성이 나쁘다는 의미가 아니라, 인간 이외의 대상이라는 의미)인 것이지만 그것은 보편적인 성욕의 충족수단이 아니다. 한편, 식욕에 있어서도 정상적인 충족수단을 찾을 수 없을 때, 강도나 절도 등을 통하여 인간을 수단으로 하는 경우도 있겠지만, 그 경우에도 타인에 대한 간접적인 관련만 있을 뿐 타인이 직접적인 욕구충족의 수단이 되는 것은 아니다. 즉, 욕구의 충족에서 인간이 직접적이고 보편적으로 그 수단이 된다는 점에서 성욕은 식욕과 본질적으로 다르다. 인간을 수단으로 한다는 면에서 자칫 인간의 존엄과 가치, 인격의 핵심을 침해할 우려가 매우 높다는 점이 가장 기본적이면서 가장 중요한 차이이다.

2) 욕구충족 결과의 차이

식욕은 지나치게 많이 먹을 경우 비만으로 건강이 해로워지는 등의 보건이나 건강상의 문제가 나타날 수 있다. 그러나 성욕의 충족은 앞에 말한 바와 같이 인간을 수단으로 욕구를 충족시킨다는 점에서 상대의 인간 존엄을 침해할 가능성이 매우 높다. 강간이나 강제추행의 예가 그것이다. 따라서 성욕을 충족시키기 위해서는 상대와 나의 인격의 교류가 전제되어야 하고, 상대의 인격에 대한 침해가 되지 않도록 충분한 합의와 공감대가 요구되며, 상대의 존엄을 침해하지 않도록 세심한 배려가 필요한 것이다. 일방적으로 나의 성적 취향을 강요할 수도 없고, 일방적인 만족만을 추구해서도 안 되고, 상대와의 동시 만족을 위해 서로 노력해야 하는 당위가 거기에 있다. 또한 성욕의 충족(성행위) 후에는 원하든 원치 않든 새로운 생명과의 관계가 문제가 된다. 원하지 않는 임신의 경우 양육의 여건이 준비되지 않은 채 태어나 자라야 하는 아이의 인격이나 인간적 삶이 문제 될 수 있는 것이다. 그렇기 때문에 인격적으로 성숙되지 않은 어린아이도 식욕은 충족되어야 하지만, 성욕의 충족은 인격적으로 성숙되고 책임질 수 있는 능력을 갖춘 주체 간의 신중한 결정이 요구되는 것이다. 그리고 임신을 원치 않는다든가 양육할 조건이 갖추어지지 않았을 때에는 반드시 피임 준비를 한 후에 성행위를 해야 하는 등 엄격한 조건이 요구된다.

3) 욕구충족 수단의 한정성과 비대체성

식욕의 수단으로서의 음식과 성관계의 대상으로서의 인간을 비교할 때 인구가 아무리 증가했다 하더라도, 음식물의 양은 그 다양성에서 인간의 수와 비교할 바가 아니다. 욕구는 무한한데, 그 충족의 수단이 제한되어 있다는 점(한정성)에서 성욕은 인간관계의 갈등을 유발할 소지가 충분한 것이다. 또한 성관계의 대상이 아무리 많이 있다 하더라도 자기만의 고유한 취향과 인격이 있기 때문에 그 상대를 바꿀 수 없다는 제한(비대체성)이 있다. 물론 성판매여성과의 성관계나 클럽에서 만난 상대와의 소위 벼락 섹스, 번개 섹스,

원 나잇 섹스의 경우에는 비대체성이 의심스럽긴 하지만, 나는 인간관계의 교류수단으로서 성을 바람직한 성으로 이해하기 때문에 아무하고나, 아무 때나 즐기겠다는 생각에는 찬성하지 않는다. 식욕이야 오늘 점심으로 된장찌개를 먹으려 하다가도 짜장면을 먹을 수도 있고, 라면을 먹을 수도 있는 대체성이 있다는 점에서 성욕과 구별된다.

4) 욕구충족 대상(수단)의 주체성(쌍방성)

식욕의 충족대상인 음식물은 음식물을 섭취하는 인간의 선택에 의해 소위 그저 먹힐 뿐 자신의 취향이나 의지, 감정은 없는 무생물이다. 물론 개고기에 관한 보신탕 논쟁에서는 과연 동물을 인간을 위한 수단으로만 인정할 것인가, 동물의 생명권도 인정할 것인가 등을 둘러싼 복잡한 논의가 있지만 여기서는 더 이상 논의하지 않겠다.

그러기에 동식물은 모두 인간의 필요를 위한 수단일 뿐이다. 다만 지속 가능한 수단이 될 수 있도록 하여야 한다는 의미와 인간을 위한 필요에서 보존을 논할 뿐이다. 그렇지만 성욕의 충족수단이자 대상인 인간은 고유의 의지, 감정을 가진 독립된 인격주체이다. 그렇기 때문에 식욕에 있어서는 자신의 취향만이 중요하고 상대에 대한 배려나 존중은 불필요하지만, 성욕에 있어서는 상대의 취향, 감정, 의지, 인격을 존중하고 배려해야 하는 상호적(쌍방적인)인 관계라는 점에서 차이가 있다. 따라서 인간에게 있어 의미 있는 것은 성행위라기보다 상호적인 인간관계의 한 구체적이고 특수한 유형으로서의 성관계이다. 이처럼 관계개념으로 이해해야 한다는 점에서 성욕은 식욕과 구별된다.

5) 개체의 보존과 종족의 보존

식욕은 생물학적 존재로서의 각 개인이 죽지 않고 생존하기 위해서 존재한다면, 성욕은 자기만이 아니라 다음 세대의 생명을 생산함으로써 사회적 존재로서의 인간이라는 종의 보존에 기여한다. 따라서 식욕에 대한 각종 도덕이나 금기와 달리, 종족의 생존과 그 과정에 있어서의 갈등과 투쟁의 예방 및 처리를 위해 다양한 금기와 도덕적 요구, 제도적 강제가 매우 다양하고 정교하게 발전해 왔던 것이다.

6) 욕구의 강도

일반적으로 욕구의 강도에서도 차이가 있다고 인정되지만, 그 부분은 좀 더 생각할 점이 있기 때문에 언급만 하고 넘어가고자 한다.

결국 성욕과 식욕은 본질적으로 자연스러운 인간 생활의 일부이기 때문에 마치 성을 신비롭고, 때로는 두렵고, 더럽고 짐승 같은 것이라 이해하는 견해는 생활을 부정하는 반자연적인 자기 부정적이고 모순적인 견해이지만, 인간과의 상호작용이요 관계라는 점에서 본질적으로 구별된다는 점을 인식해야 한다. 그것이 성을 생활의 일부로서 성적 권리와 쾌락을 향유하면서도 성의 인간화를 이룰 수 있는 길이다.

02. 성의 본질

성의 본질에 관한 문제는 성이 생물학적·자연적으로 주어지는 것이냐 아니면 사회에 의해서 구성되는 것이냐가 주된 논점이다. 그러나 중세까지 철학이나 종교학에서는 성을 주로 죄악시한 바 있다.

○ 생물학적 결정론(신체구조 결정론)

먼저, 용어에 관해 보면 '생물학적 결정론(biological determinism)'이 일반적인 용어인데, 이화여자대학교 장필화 명예교수는 '신체 결정론' 내지 '신체구조 결정론'이란 용어를 사용할 것을 제안한다. 결정론적인 사고는 생물학의 연구 성과를 반영한 것이라기보다는 상식이나 고정 관념에 의한 것이기 때문이라고 한다.[20] 생물학적 결정론은 주로 생물학, 사회생물학(sciobiology), 진화심리학, 정신분석학에서 취하는 관점이다. 지그문트 프로이트(Zigmund Freud)에 따르면 '해부학적 구조 결정론'이라고 표현할 수 있다. 즉, 프로이트는 "정치는 운명이다."라는 보나파르트 나폴레옹의 말을 바꿔 "해부학적 구조는 운명이다."[21]라는 유명한 말을 통해 남녀 간 성기의 해부학적 차이가 이후의 심리적 발달과정을 지배할 정도로 숙명적이라는 견해를 밝히고 있다.

생물학적 결정론은 사람의 생물학적인 특징, 그 가운데에서도 성

---

20) 장필화, 『여성 몸 성』, 또하나의문화, 2000, 134쪽.
21) 지그문트 프로이트, 김정일 옮김, 「오이디푸스 콤플렉스의 해소」, 『성욕에 관한 세 편의 에세이』, 열린책들, 1998, 52쪽.

기 구조와 생식적인 기능의 차이가 남녀 간의 성욕, 성역할 등을 결정하고 이는 인위적으로 변경할 수 없는 필연적인 결과라는 의미에서 '결정론'이라고 부르고, 남녀 간의 차이는 자연적이고 본질적으로 주어지는 것이라는 의미에서 '본질주의(essentialism)'라고도 한다.

생물학적 결정론은 성적 본능(성욕, 성충동 등)에 관해서도 남녀 간에 본질적인 차이가 있다고 본다. 즉, 남성의 성욕은 주체할 수 없을 정도로 강하기 때문에 어떤 형태로든 분출되고 충족되어야 하는데, 여성은 성욕 자체가 없거나 약하기 때문에 성에 관해 적극적으로 표현하거나 만족을 추구해서는 안 된다는 것이다. 그 결과 남성의 성매수나 강간은 어쩔 수 없는 본능의 결과이므로 용인되어야 하지만, 여성은 원래 무성적 존재임에도 성을 팔면 본성에 반하는 것이라고 본다.

그러나 이는 남성들 스스로가 거짓이라는 사실을 증명하고 있다. 만일 여성들에게 본능적으로 성욕이 없다면, 왜 전 세계적으로 수많은 여성 성기 훼손인 할례가 행해지고 있는가? 여성의 성기관 중 가장 쾌감을 느끼는 음핵을 할례를 통해 인위적으로 제거한다는 것은 여성의 성 본능이나 성욕이 남성들이 두려워할 정도로 강하다는 것을 반증하는 것이 아닌가?

생물학적 결정론은 여성은 성적 본능이 없어야 정상적이기 때문에 여성의 순결과 정조를 강조하고, 이에 부응하는 정숙하고 순결한 여성과 성적 쾌락을 즐기는 비정상적이고 타락한 여성으로 여성을 이분화한다. 남성의 가부장적 권위를 유지하고 부성의 확인을 위해 여성에게 정조를 강조하면서도 남성들의 성적 쾌락을 충족시킬 필요에서 필연적으로 성적인 여성을 허용할 수밖에 없는 것이다. 이와 같은 여성의 이분화와 이중적인 성문화는 결과적으로 여성들 간의 분리와 갈등구조를 만듦으로써 가부장제를 유지시키는 기제로 작용하고 있다.

성행위를 함에 있어서도 남성이 이를 주도해야 하고, 여성은 남성의 성기 삽입을 수동적으로 받아들여야 한다. 여성이 먼저 성교를 하고 싶다고 적극적으로 표현하고 요구해서는 안 된다.

더 큰 문제점은 생물학적 차이가 이에 그치지 않고 사회적인 역할의 배분에도 개입한다는 점이다. 적극적·능동적·창의적인 남성이 사회생활을 수행하고, 수동적·소극적이고 감수성이 뛰어난 여성이 가사노동을 전담하는 것이 자연적이라고 한다. 그러나 남성과 여성의 성역할 분배는 생물학적 본질에 따라 필연적으로 되는 것이 아니라 특정 사회의 가치관이나 규범에 따라 다르다. 마가렛 미드에 따르면 참불리족은 여자들이 고기를 잡고, 남자들은 장식을 일삼고, 몸치장을 하고, 조각을 하고, 색칠을 하고, 또한 무용을 한다.[22] 참불리족 남성들의 역할은 다른 사회라면 통상 여성들에게 주어진 역할이다. 참불리 여성들은 박박 밀어붙인 맨머리에 아무런 장식도 없이 다닌다.[23] 또한 참불리족 성인 남성은 겁이 많고, 서로에 대해서 조심스러우며 예술이나 연극 또는 사소한 수만 가지의 험담이나 소문거리에 관심이 있다.[24] 아라페시족의 경우 남자가

---

22) 마가렛 미드, 이경식 역, 『남성과 여성』, 범조사, 1984, 95쪽.
23) 마가렛 미드, 앞의 책, 137쪽.
24) 마가렛 미드, 앞의 책, 138쪽.

양육의 역할을 떠맡는다.[25] 이러한 사례들을 볼 때 남녀 간의 성역할 분배는 생물학적으로 운명 지어진 것이 아니라는 점을 명확히 알 수 있다.

남성의 생식 본능에 따라 남성 주도적인 성행위만이 자연적 본성에 맞는 것이기 때문에 생식을 목적으로 하지 않고 쾌락을 목적으로 하는 성행위(예를 들어 피임도구의 사용, 항문성교, 자위행위, 펠라티오나 커닐링구스와 같은 구강성교 등), 이성 간의 성행위가 아닌 동성애 등 성적 소수자의 성행위, 여성이 주도하는 체위인 '여성상위' 내지 '기승위' 등은 모두 자연에 반하는 것이기 때문에 금지되어야 한다고 본다. 이러한 관점은 결국 '성기 중심주의', '이성애 중심주의', '남성 중심주의'의 성문화를 정당화하고 지속시키는 결과를 초래한다.[26]

생물학적 결정론은 사회와 문화에 따라 개인의 성적 욕망이나 성적 정체성, 성적 관행들이 다르다는 점을 설명하지 못한다. 조선 시대 여성들은 성욕이 부정되고 생식적인 역할만 부여받았다. 그러나 21세기 대한민국 여성은 성적 매력이 중시되는 삶을 살고 있다. 조선시대 여성과 대한민국의 여성은 유전자나 호르몬에서 질적으로 다른 것인가? 이처럼 시대와 사회에 따라 다른 변화를 어떻게 설명할 수 있는가?

생물학적으로 남성과 여성의 성기는 분명 다르다. 그 차이조차

---

25) 마가렛 미드, 앞의 책, 186쪽.
26) 한국성폭력상담소, 앞의 책, 22쪽.

부인할 수는 없다. 그러나 그뿐인 것이다. 남녀 간의 성기의 차이가 그런 걸 대체 어쩌란 말인가? 그게 왜 남녀의 성격과 사회적 역할의 차이로까지 이어져야 하는가? 헌법 제11조 제1항은 평등원칙에 대해 "모든 국민은 법 앞에 평등하다. 누구든지 성별·종교 또는 사회적 신분에 의하여 정치적·경제적·사회적·문화적 생활의 모든 영역에 있어서 차별을 받지 아니한다."라고 규정하고 있다. 차별금지 사유의 하나로 '성별'을 명시하고 있다. 성별에 의한 차별의 금지는 남성과 여성의 평등을 의미한다. 남성과 여성만이 아니라 중성(양체동성)도 성별에 의한 차별을 받지 않는다. 그러나 성에 관한 가치적 판단의 결과가 아니라 남녀의 생물학적·사실적 차이에 의한 다른 대우나 그 밖의 합리적 사유가 있는 다른 대우는 헌법상 허용된다 (예컨대 조산원으로 여성을 채용하는 경우, 서비스업의 성격에 맞춰 여성 또는 남성을 채용하는 경우, 여성에게 병역소집을 면제하는 경우, 생리휴가를 여성에게만 인정하는 경우). 신체구조나 생리적 기능에 가치평가를 하면 안 된다. 있는 그대로 존중할 수 있을 뿐이다. "여성의 성기는 남근의 결여체"라든가, "생리를 하는 원시적인 사람"이라는 평가는 허용되지 않는다.

결론적으로 생물학적 결정론은 현대판 미신이자 사기라고 할 수 있다.

○ 사회적 구성론

사회적 구성론(social constructionism)은 '사회영향(social influences)이론'이라고도 표현한다. 사회 구성론은 인간의 성을 생물학적·선천적으로 결정되는 것이 아니라 사회에 의해 후천적으로 만들어지는 것으로 본다. 여기서 말하는 '사회'라는 것은 성문화, 사회적 관계, 도덕적·정치적·법적 규제 등을 포함하는 용어이다.

성욕에 관해서도 어떤 대상에 대해 성욕을 느끼는 것은 본능적인 것만이 아니라고 본다. 성욕이 본능적·생리적 충동이라는 점을 부인하지는 않지만, 그게 다는 아니라고 보는 것이다. 성욕을 느끼는 대상도 사회적으로 규제된다. 예를 들면 근친에 대한 금기가 강한 사회에서는 근친에 대한 성욕이 억압되겠지만, 일본과 같이 근친 간의 성행위가 넓게 허용되는 사회에서는 근친 관계에 대해서도 성욕을 느끼기가 쉽다. 이처럼 사회문화적 요소는 성욕의 강도를 조절하는 역할을 수행한다.

성에 관한 금기가 강했던 조선 초·중기와 민요·사설시조·판소리와 춘화가 널리 보급됐던 조선후기의 사회분위기는 성적 자극에 있어 확연히 달랐다. 민요의 내용이 얼마나 노골적인지 한 작품을 소개한다.

여게쫏고 주인네마느래 거게쫏고
쑵기는 쑵아시나 음달이저서 댈쏭말쏭

조선후기와 달리 지금 대한민국에는 인터넷에 성적 욕구를 자극하는 포르노물들이 넘쳐나는 형국이다. 성욕을 얼마나 강하게, 자주 느끼게 되는지는 자연적인 본능만이 아니라 사회적 분위기의 영향도 큰 것이다.

또한, 성욕의 충족 수단으로서의 성행위도 사회가 허용하는 방식과 범위 내에서만 행해질 수 있다. 언제, 어떤 곳에서, 누구를 상대로, 어떻게 성행위를 할 것인가는 전적으로 개인의 자율에 맡겨지지 않고 사회적 규제 내에서만 가능하다. 강간이 쉽게 허용되는 문화에서는 강간이 쉽게 자행될 것이지만, 강간죄에 대해서 엄하게 처벌하는 사회에서는 강간이라는 성적 행위를 추구하는 것이 제한될 것이다. 간통행위에 대해 처벌하는 사회와 그렇지 않은 사회에서의 간통의 빈도도 다르게 나타날 수 있다. 이 점에서 본능에 따라 자유롭게 행위하는 동물의 '짝짓기'와 인간의 '성행위'는 엄연히 다르다.

성적 환상은 현실을 바탕으로 하는 상상력이다. 즉, 성적 환상의 매개물이 현실에서 제공된 것이다. 그 현실이 어떠한 성 담론을 지니느냐에 따라 환상의 주체, 내용, 깊이, 강도가 다르다. 따라서 성적 환상은 시대에 따라, 종교에 따라, 지역에 따라, 교육 수준에 따라, 성별에 따라 다르게 나타날 수밖에 없다.[27]

사회가 인간의 성을 만들어 가는 데 중요한 수단이 바로 사회화이다. '사회화(socialization)'란 "개인이 사회 속에서 살아가는 데 필요한 문화를 습득해 가는 과정"을 말한다.[28] 사회화를 담당하는 주요 기제로는 어린 시절 부모에 의한 학습, 유아원·유치원, 초·중·고등학교에서의 교육, 또래문화, 대중매체 등이 있다.

결론적으로 인간의 성은 자연적인 본능만이 아니라 사회문화에 따라 사회화 과정을 거치면서 최종적으로 구성된다고 할 수 있다. 따라서 사회적 구성론의 시각이 타당하다.

---

27)   한금윤, 앞의 책, 75쪽.
28)   백경영 외, 앞의 책, 85쪽.

03. 성의 목적·기능

성의 목적이나 기능의 주된 쟁점은 오직 생식과 종족보존만을 인정할 것이냐, 그보다 더 넓게 인정할 것이냐의 문제이다. 현재는 성의 목적이나 기능을 생식이나 종족보존에 한정하지 않는 입장이 당연한 것으로 받아들여지고 있다.

성교육 강사로 한때 유명했던 구성애 씨는 '성의 3요소'란 제목 아래 '생명·사랑·쾌락'을 제시한 바 있다.[29] 그러나 어떤 이론적 체계를 갖고 제시한 것이 아니라 성교육 강사로서의 소박한 분류에 불과하다. '생명'이란 것은 임신으로 인한 생명의 잉태가능성과 태아의 생명보호를 강조한 것인데, 이는 논리적으로 '구성요소로 분류하기보다는 '성행위의 제한 내지 한계'로 다루어야 마땅하다. 더군다나 3요소가 조화와 균형을 이루어야 한다고 말하면서도 정작 '생명'에 가장 중점을 둔다. 여성을 '애를 낳은 여성', '애를 낳는 여성', '애를 낳을 여성'으로 존중해야 한다는 부분에서는 반여성적 시각을 보이기도 한다. 여성을 '애 낳는 도구나 수단'으로 스스로 인정한다는 것이 놀랍기만 하다. 그냥 그런 견해도 있다는 것을 간단히 소개하는 것으로 만족한다.

○ 생식(종족 보존)

서양에서는 기독교의 영향으로 성의 목적을 종족보존에 한정하

---

29)　구성애, 『구성애의 성교육』, 석탑, 1998.

는 분위기가 오래 지속되었다. 기독교 초기의 교부철학자 아우구스티누스(Aurelius Augustinus)가 대표적인 인물이다. 그는 육욕 자체를 원죄로 인식했고, "결혼은 아이를 만드는 일이 섹스의 유일한 목적"이므로, 부부간의 성교도 쾌락을 위해서 행해진다면 성판매여성과의 육체적 결합과 큰 차이가 없이 죄악적이라고 본다.[30]

이러한 견해는 중세 신학자 토마스 아퀴나스(Thomas Aquinas)에 와서 더욱 체계적으로 이론화된다. 아퀴나스는 도덕적으로 옳지 않은 성행위의 유형으로 ① 성행위의 성격이 성행위의 목적인 생식과 일치하지 않는 경우(예컨대 자위, 항문 섹스, 수간), ② 성행위의 성격이 상대방의 인격과 충돌을 일으키는 경우(예컨대 유혹, 간통, 강간) 등을 들고 있다. 그런데 이해하기 어려운 것은 첫째 유형이 지옥에 떨어질 대죄이고, 둘째 유형은 경죄에 해당한다는 것이다. 다시 말해 자위행위가 강간보다 더 큰 죄악이라는 견해이다.[31] 지금의 시각에서는 도저히 납득할 수 없는 견해이다. 자위행위가 더 큰 죄악이라면 자위행위 대신 차라리 강간을 하라는 말인가? 강간을 통해 피해자를 임신시키면 어쨌든 그건 생식에 기여하니까?

기독교적 편견은 의학계를 지배하기도 했다. 자위행위는 눈을 멀게 하고, 정신이상, 심장병 및 기타 질환의 원인이 되고, 구강성교는 암을 유발한다는 주장이 의학계에서 제기되었다.[32] 객관적 사실에 근거하지 않으면 과학이든 의학이든 오염된 지식을 생산하게

30) 번 벌로·보니 벌로, 서석연 역, 『매춘의 역사』, 까치, 1992, 120쪽.
31) 이진우, 『도덕의 담론』, 문예출판사, 1997, 336~337쪽.
32) 앤서니 기든스·필립 W. 서튼, 김용학 외 역, 『현대 사회학』, 을유문화사, 2018, 662쪽.

된다는 것을 알 수 있다.

오늘날 성의 목적을 오직 생식 내지 종족보존에 한정하는 데 찬성하는 사람은 거의 없다. 그래서 성의 목적이나 기능에 쾌락 등 다른 여러 가지를 인정하게 되었다. 한편, 아무리 재생산의 사회화가 이루어지고 있다고 하더라도 성행위가 생식의 주요 수단이라는 점도 부인할 수 없다.

○ 쾌락 추구

생식만을 위한 성을 강조했던 아퀴나스도 불가피하게 성매매의 필요성을 인정했다. 아퀴나스는 성매매를 궁전 안의 하수구에 비유하면서 하수구를 제거해 버리면 궁정이 오물투성이가 되어 버리듯이, 성매매를 없애면 세상이 "남색, 수간(獸姦)"을 비롯한 여러 가지 죄업으로 넘쳐흐를 것이라는 이유이다.[33] 결국 생식을 위한 '성'만을 허용한 것은 겉으로 드러난 것에 불과하고 현실은 그렇지 않았던 것이다. 자신의 유전자를 이어받은 자식에게 재산을 물려주기 위한 필요에 의해 여성에게는 철저히 생식을 위한 성만을 강조하고 여성이 성적 쾌락에 눈을 뜨지 못하도록 강조했지만, 이러한 요구는 남성에게는 적용되지 않는 '이중적인 성규범(double standard)'에 불과했던 것이다. 모든 여성이 생식을 위한 성행위만 하면 남성들의 성욕을 자유로이 충족시킬 수가 없기 때문에 가부장제는 남성의 성욕을 충족시켜 줄 또 다른 여성 집단을 필요로 했다. 그것이 바로 성판매여성이다. 이렇듯 가부장제는 자신의 적자에게 재

---

33) 번 벌로, 앞의 책, 190쪽.

산을 물려주기 위해 한편으로는 '정숙한 여성'이 필요했고, 다른 한편으로는 자신들의 성욕을 충족시키기 위해 '타락한 여성'이 필요했던 것이다. 여성을 '정숙한 여성'과 '타락한 여성'으로 이분화하는 데 성공하면서, 남성들은 자신들의 방종한 성생활로 인한 문제를 여성들끼리의 갈등으로 전환하면서 여성들의 단결을 막고 가부장적 권력을 유지시키는 기제로 활용했다.

지그문트 프로이트는 성적 욕망을 인간의 가장 중요한 본능으로 보았지만, 성욕을 억압 내지 승화를 함으로써 문명을 건설할 수 있다는 견해를 갖고 있다. 이에 반해 성의 쾌락을 강조하는 대표적인 사람이 빌헬름 라이히이다. 라이히는 프로이트의 정신분석학과 맑스주의의 통합을 위해 노력한 사람이다. 그는 프로이트가 만족된 성과 만족되지 않은 성을 구분하지 않았다고 비판하면서, 만족된 성은 문화적 성취를 촉진시키고, 만족되지 않은 성은 문화적 성취를 방해한다고 강조한다.[34] 성적 긴장 내지 흥분을 적절하게 해소하지 못하면 노이로제 등 신경장애와 같은 신경증, 발기불능과 같은 성장애가 초래된다고 한다. 따라서 라이히는 만족스러운 성 경험을 적극적으로 권장하는데, 이는 성인 남성만이 아니라 여성, 청소년, 심지어 어린이의 자유로운 성 활동까지 허용하자는 주장을 한다. 청소년들에게는 성행위를 할 수 있는 공간을 적극적으로 마련해 줘야 한다고 강조한다. 어린이들의 경우 부모나 유아원·유치원 교사가 알몸을 자연스럽게 보여 주는 '알몸 교육'을 실시하고, 어

---

34)   빌헬름 라이히, 윤수종 옮김, 『성혁명』, 중원문화, 2000, 138쪽.

린이의 자위행위를 금지하지 말아야 한다고 주장한다. 성적 쾌락을 위해서 '오르가슴 능력'이라는 특유의 개념을 제시하고, 삶과 성욕에 특유한 에너지인 '오르곤 에너지'라는 용어도 창안했다.

한편, 미국의 산부인과 의사인 윌리엄 마스터즈(William Masters)와 임상심리학자인 버지니아 존슨(Virginia Johnsion)은 1954년부터 10여 년 동안 남성 312명과 여성 382명을 대상으로 만 회에 가까운 성반응 주기를 관찰해 1966년에 『인간의 성반응(Human Sexual Response)』이라는 책을 출간했다. 관찰 결과에 따르면 인간의 성반응 주기는 흥분기·고조기·오르가슴기·회복기의 네 단계를 거치는데, 여성은 남성과 달리 한 번의 성교에서 여러 차례 오르가슴(multi-orgasm)을 경험할 수 있다는 사실이 밝혀졌다.[35] 성적 쾌락의 면에서 여성이 남성보다 유리한 생물학적 조건을 갖추고 있다고 할 수 있다.

성적 만족의 중요성을 강조한 것은 앤소니 기든스의 '합류적 사랑(confluent love)'이라는 개념이다. 합류적 사랑은 관능의 기술을 결혼 관계의 핵심에 도입한 최초의 사랑 형태이며, 성적 쾌락의 상호적 성취를 결혼 관계의 유지 또는 해소를 좌우하는 핵심요소로 만들었다고 한다.[36]

이처럼 여성의 성적 쾌락의 추구가 자유롭게 된 배경에는 1960년대의 피임기술, 특히 먹는 피임약(경구피임약)의 개발이 있다. 그 이전에는 성교와 임신 간의 상관관계로 인해 늘 임신과 사망의 두려

---

35)   이인식, 『성이란 무엇인가』, 민음사, 1998, 85쪽.
36)   앤소니 기든스, 앞의 책, 110쪽.

움에서 벗어나기 어려웠다. 출산 중의 높은 산모 사망률과 출산 후의 높은 영아 사망률 때문에 성교 시 임신의 두려움을 느끼는 상황에서 성적인 쾌락을 온전히 느끼기는 어려웠다. 이제 앤소니 기든스의 주장처럼 '재생산 없는 섹슈얼리티'(피임)와 '섹슈얼리티 없는 재생산'(시험관 아기 등의 테크놀로지)이 모두 가능해진 현대 사회에서는 성이 더 이상 단지 주어진 것이 아니라 인간이 결정하고 선택하는 문제로 변해 가고 있다.[37]

성적 만족, 즉 성적 쾌락을 좌우하는 결정적인 요인은 성욕이라고 생각한다. 성욕을 강하게 느낄 때 성행위의 만족이 가장 큰 것이다. 성욕의 정도를 결정하는 요인 중 가장 큰 부분을 차지하는 것은 상대방에 대한 감정이다. 성적 매력이 넘치는 상대방, 성행위를 하고 싶은 충동을 강하게 불러일으키는 상대방과 성행위를 할 때 쾌락이 크게 마련이다. 사람마다 취향이 다르겠지만, 난 대화가 잘 통하는 상대를 만날 때 강한 성적 매력을 느낀다. 대화가 잘 통한다는 것은 서로 간에 공감대가 많다는 것이다.

그다음으로는 정서적 충족감이다. 상대와 단지 육체적인 성기관의 자극을 통한 행위에 그친다면 공허감이 크다. 서로가 서로를 원한다는 느낌, 서로가 서로를 존중하고 최선을 다한다는 느낌이 공유될 때 충족감은 최고에 달하게 된다. 정서 가운데 가장 강한 것이 친밀감이고, 친밀감은 사랑을 이루는 구성요소 가운데 하나이다. 사랑하는 사람과의 성행위와 정서적 공유가 없는 자위행위나

---

37)   앤소니 기든스, 앞의 책, 15쪽.

성매매를 통한 충족의 정도가 다른 이유이다. 그다음은 신체적인 상태를 들 수 있다. 아무리 맘에 들고 나를 사랑하는 상대라 하더라도 나의 신체적인 상태가 극도로 피곤하다면 성적인 욕구를 느낄 수도 없고, 그런 상태에서 의무적으로 마지못해 응할 때 성적 충족감을 느끼기는 어렵다. 갈등상태나 임신이나 출산에 대한 불안감 및 스트레스가 클 때 성욕이 생기지 않는 이유이기도 하다. 당뇨병과 같은 만성질환에 걸렸을 때 성욕이 생기지 않는다는 것은 당연하다.

이제 성행위가 쾌락을 준다는 점에 대해서 부인하는 견해는 존재하지 않는다. 특히 여성의 성적 쾌락을 부정하는 견해는 소수에 불과하다. 문제는 성의 목적과 기능에 성적 쾌락만 인정할 것인가의 여부이다. 성적 쾌락만 추구하는 성행위는 자위행위와 성매매, 강간을 대표로 하는 성폭력 등이다. 성행위는 상대방이 인격과 존엄을 가진 사람이라는 점에서 상대방과의 인격적 신뢰와 교류가 없는 상태에서 이루어지는 성매매가 허용돼야 하는지의 문제가 있다. 성매매와 강간의 문제는 2권 '제한과 보호'에서 별도로 다루기로 한다. 오로지 쾌락만을 목적으로 하고 상대방의 인격을 침해하는 행위인 강간과 성폭력은 당연히 허용될 수 없는 것이다.

◯ 사랑의 완성

성행위에 대한 공감대를 형성함으로써 사랑을 완성하는 기능을 말한다. 그런데 이는 성관계가 허용되는 상대방이나 '성적 배타성'의 문제와도 관련이 된다. 혼전 연인관계든, 결혼한 부부관계든, 결혼한 혼외관계든 사랑하는 연인 사이에는 성관계가 허용된다는 시각이다. 다만 성관계는 사랑하는 연인관계 사이에서만 배타적으로 가능하고, 다른 상대와의 성관계는 철저히 금지된다는 견해이다.

그러나 이는 아름다운 것이기는 하지만 지나치게 이상적인 요구이다. 사랑하는 감정은 영원하지 않다. 사람에 따라 차이가 있기는 하지만, 길어야 3년 정도이다. 이 견해에 따르면 사랑이 식은 이후의 성관계는 허용되지 않는 것이다. 결국 선택은 성관계를 포기하든지 아니면 서로 헤어진 후에 새로이 사랑을 느끼는 상대와 성관계를 맺는 것 중 하나이다. 사랑하는 연인 간에도 때로는 갈등을 겪을 수도 있고, 그 기간 동안에는 사랑하는 감정을 느낄 수 없다. 그때마다 성관계가 허용되지 않는다면 연애 기간 중 실제 성행위가 가능한 기간은 얼마 되지 않을 것이다. 사랑과 성은 반드시 일치하지만은 않는 것이 현실이다. 사랑이 없어도 성교를 하는 경우도 있고, 사랑하지만 성교를 하지 않는 경우도 있다. 또한 결혼한 부부가 더 이상 서로를 사랑하지 않고 다른 사랑하는 상대가 생겼을 때, 부부관계보다 혼외관계가 더 바람직한 것으로 평가해야 하는 문제가 있다.

● 인간관계 교류수단

연인관계나 부부관계가 아니더라도 인간관계가 형성된 상대라면 성관계가 가능하다는 견해이다. 연인관계가 아닌 친구관계나 직장동료관계, 그 밖의 인간관계에 속하면 성관계가 가능하다는 것이다. 성행위를 타인과의 관계에서 이루어지는 친밀성의 표현이라거나 친밀감을 높이기 위한 것으로 보는 견해도 같은 입장이다. 이 견해에 따르면 특정한 연인이나 배우자가 아닌 여러 명의 상대와 성관계가 가능하다고 보기 때문에 '성적 배타성'을 부정하게 된다. 영국의 사회학자 앤소니 기든스도 성의 배타성을 부정한다. 그는 섹슈얼리티에 대해 "다른 사람과 친밀성에 기초한 관계를 형성하는 수단이며, 더 이상 세대를 가로질러 지속되는 불변의 친족 질서에 근거하지 않는다."라고 주장한다.[38] 성은 상대방의 인격세계와의 교류수단이기 때문에 인간관계가 형성되고 상대방의 인격세계가 어떤지 서로 알고 있는 상태에서의 성관계는 인간적인 관계라는 것이다. 인간관계의 요체는 공감대이고, 상대와의 사이에 성적인 공감대가 있다면 성행위를 해도 된다고 한다. 다만, 이 견해에 따를 때에도 인간관계가 형성되지 않은, 즉 상대방이 누구인지 전혀 모르는 상태에서 이루어지는 '원 나잇 스탠드'나 인간관계의 교류와 무관한 성매매는 허용되지 않는다.

● 자아정체성(ego-identity)의 형성과 자아실현

'자아'란 자신의 특성, 즉 외모, 행동성향, 정서능력, 흥미 등에 대해 자신이 느끼는 생각이나 신념이다.[39] '자아정체성(ego identity)'은 에릭슨에 의해 특히 강조된 개념으로 나는 어떤 사람이라는 것에 대한 인식으로서 개인이 지각하는 자기에 대한 타인의 지각과

---

38)   앤소니 기든스, 앞의 책, 261쪽.
39)   김진경·이순형, 『유아발달』, KNOUPRESS, 2017, 244쪽.

기대를 반영한 것이다.[40] 나의 성적 지향이 어떤지에 관한 주관적 판단인 '성적 정체성'은 자아정체성을 구성하는 중요한 요소의 하나이다. '성적 정체성'과 관련된 용어들을 정리해 보자.

먼저, '성적 지향(sexual orientation)'은 개인의 성적 끌림이 향하는 방향성을 말한다. 성적 지향은 한 사람이 다른 사람에게 느끼는 자발적이고 지속적인 정서적·낭만적·육체적 끌림을 뜻한다. 한 사람이 가지고 있는 성적 욕망, 정서적 유대감, 낭만적 상상 등이 복합적으로 작동하는 고유한 경향성을 의미한다.[41] 성적 지향은 성적 끌림의 대상의 성별에 따라 동성애(homosexuality), 이성애(hetero-sexuality), 남녀 양성 모두에게 끌리는 양성애(bisexuality), 어느 쪽의 성별에게도 특별히 끌리지 않는 무성애(asexuality) 등으로 나뉜다. 다른 관점에서 분류하면 여성에게 끌리는 성적 지향을 여성애(gynephilia), 남성에게 끌리는 남성애(androphlia)로 분류할 수도 있다.[42]

'성적 지향'과 구별해야 할 개념으로 '성적 취향(sexual preference)'이 있다. '성적 취향 또는 선호'는 특정 스타일이나 색깔, 음식 등을 좋아하는 개인적 기호를 말한다.[43] 한 남성이 여성을 사랑하고 성적 행위를 한다면 '성적 지향'이 이성애라고 할 수 있고, 날씬하고 귀여운 스타일의 여성을 사랑하는 것은 '성적 취향'이라고 할 수 있다.

---

40) 장미경·정태연·김근영, 『발달심리』, KNOUPRESS, 2017, 230쪽.
41) 김엘리 외, 앞의 책, 137쪽.
42) 김엘리 외, 앞의 책, 137쪽.
43) 김엘리 외, 앞의 책, 138쪽.

'성적 정체성(sexul identity)'이란 자신의 성적 지향을 인식하고 그 성적 지향을 자신의 진정한 정체성으로 받아들이는 것을 말하고, '성역할 정체성(gender identity)'이란 자신의 성역할에 대한 자기 인식을 말한다.[44] 앞서 '성의 의의'에서 정리했듯이, 젠더(gender)는 학습을 통한 사회화를 통해 만들어지는 정체성이다.

어쨌든 '성적 정체성'은 '자아정체성'을 형성하는 기능을 수행한다고 정리할 수 있다.

○ 종교적 기능

인도 탄트라 경전에 따르면 남녀의 성교는 우주와의 합일을 의미하고, 해탈의 중요한 수단이다. 그러나 인도에서 이러한 경향의 결말은 성적인 문란이었다.[45] 오늘날 성교를 신앙 수행의 주요 수단으로 삼는 종교가 있다면 이단으로서의 단죄를 피하기 어려울 것이다. 다만, 헌법적으로는 "종교의 영역에서 말하는 정통이냐 이단이냐 하는 것은 해당 종교 내부의 교리상의 문제일 뿐이고, 헌법적으로는 정통이든 이단이든 사회나 개인에게 해악을 끼치지 않는 이상 모두 종교의 자유로 보장된다."[46]

---

44)   김엘리 외, 앞의 책, 137~138쪽.
45)   이거룡 외, 『몸 또는 욕망의 사다리』, 한길사, 1999, 58~59쪽.
46)   대판 1971.9.28., 71도1465.

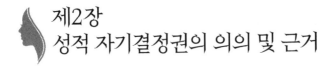

제2장
성적 자기결정권의 의의 및 근거

01. 성적 자기결정권의 의의 및 한계

O 용어의 문제

가장 일반적으로 사용되는 용어는 '성적 자기결정권(self-determi-nation 또는 right to sexual autonomy)'으로서 줄여서 '성적 자결권'이라고도 한다. 대법원은 소극적으로 원치 않는 성행위를 하지 않을 자유인 '성적 자유'와 적극적으로 성행위를 할 것인가를 결정할 수 있는 권리인 '성적 자기결정권'을 구별하는 입장을 판시한 바 있다.[47] 그러나 최근의 전원합의체 판결[48]에서는 양자를 구별하지 않고 '성적 자기결정권'으로 통일하고 있다. 일시적인 견해인지 견해의 변경인지는 좀 더 두고 보아야 한다.

한편, 헌법재판소의 일부 결정[49]에서는 '애정의 자유'라는 용어를 사용하고 있다. '애정의 자유'라는 용어와 관련하여 2002년 혼인빙자간음죄 처벌에 관한 형법 제304조 합헌결정[50]에서 소수의견인 '위헌의견'을 제시한 재판관 권성은 '애정의 자유'의 구체적 내용으로

---

47) 대판 2019.6.13., 2019도3341.
48) 대판(전원합의체) 2020.8.27., 2015도9436.
49) 헌재결 2009.11.26., 2008헌바58, 2009헌바191.
50) 헌재결 2002.10.31., 99헌바40, 2002헌바50 재판관 권성의 반대의견.

'상대선택의 자유', '애정표현의 자유', '구애수단의 자유'를 제시하고 있는데, 재미있는 부분이 있어 인용해 본다.

"애정의 자유는 우선 상대선택의 자유를 의미하거니와 이 선택권 행사의 주체에 대하여는 보다 냉정하고 깊은 본태적(本態的) 통찰이 우선 필요하다. 선택의 주체는 일견 남자로 보이지만 심층적 분석에 의하면 실은 여자가 그 주체임을 인류학적 통찰은 암시하고 있다.[51] 본태적 측면에서 볼 때 남자는 다수 후손의 확보에 때로 더 크게 이끌리는 본성적 경향이 있음에 반하여, 여자는 우수한 후손의 출산에 대한 기대와 그 양육에 대한 부담으로 인하여 생계와 안전을 보장할 상대의 능력도 함께 고려하게 되고 이 때문에 상대와의 거리를 좁힌 뒤 신중하게 생각하고 상대를 선택하는 본성적 경향을 가진다. 그러므로 혼인의 약속이나 빙자뿐만 아니라 그 밖의 모든 정황을 함께 고려하여 여자는 선택을 하는 것으로 보아야 한다.[52]

둘째로, 애정의 자유는 원래가 상대선택의 자유 이외에 애정표현의 자유와 구애수단의 자유를 포함한다. 구애수단은 본태적 측면에서 보면 상대의 환상을 유발하도록 과대포장되고 극적으로 연출되기 마련이므로 본래가 어느 정도의 기망을 그 요소로 하고 있다. 따라서 남자의 구애행위 속에는 천태만상의 다양한 형태로, 묵시적이든 명시적이든, 혼인에 관한 모종의 약속이 다른 구애수단과 함께 포함되어 있는 경우가 대부분이라고 보아야 한다.

셋째로, 혼인의 약속이나 빙자가 개입되지 아니한 채 이루어지는 이성관계도 있을 수 있음은 물론이고 진정한 혼인의 약속이 있었으나 이런저런 사정으로 그 약속이 불실의 것으로 끝나는 경우도 있을 수 있

---

51)   Helen F. Fisher, 박매영 옮김, 『性의 계약(The Sex Contract)』(NewYork, 1983), 정신
      세계사, 1993, 제167면 참조.
52)   David P. Barashand Judith EveLipton, 이한음 옮김, 『일부일처제의 신화(The Myth
      of Monogamy)』, 해냄, 2002, 제205면 및 286면 참조(아울러 39, 42, 58, 96, 103면
      참조).

다. 이처럼 이성관계 성립은 그 배경이 다양하고 그 경위가 내밀하고 그 진행에 변화가 많아서 제3자나 국가기관이 사후에 혼인이 빙자된 여부를 판정하기가 참으로 지난한 경우도 있게 된다."

일부에서는 '성적 자주권'[53]이라는 용어를 사용하기도 한다.

○ 성적 자기결정권의 의의

1) 학설

성적 자기결정권의 의의에 대해서 헌법학계에서는 통일된 견해가 존재하지 않고 단편적인 견해들이 거론되고 있는 수준이다. 즉, ① "성생활을 할 것인가, 결혼을 할 것인가, 어린이를 가질 것인가, 가족생활은 어떻게 할 것인가에 대한 자기결정권",[54] ② "혼전성교·혼외성교·동성애 등 성인 간의 합의에 의한 성적 행동에 관한 사항 등에 관하여 스스로 자유롭게 결정하고 그 결정에 따라 행동할 수 있는 권리",[55] ③ "개인이 각자 자신의 인생관을 기초로 확립된 성적 가치관에 따라 혼자서 행할 수 있는 성적 만족 행위를 결정하고 행할 수 있는 권리 또는 자신의 책임 하에 마음에 드는 상대방과 자율적으로 성적 접촉이나 성행위의 여부를 결정할 수 있고, 성적 의사(意思)가 합치된 상대방과 그 어떤 성적 접촉이나 성행위를 행

---

53) "성매매와 여성주의 - ICPR", 『한국인권뉴스』, 2010. 10. 16.
54) 김철수, 『헌법학개론』, 박영사, 2007, 498면.
55) 김주현, 「自己決定權과 그 制限」, 헌법재판소, 『헌법논총』 7집, 1996, 30쪽.

할 수 있는 권리"[56] 등이 그것이다. 위 견해 중 ②는 성교(sex)를 포함한 성행위(sexual activity)나 성적 행동(sexual behavior)에 국한하는 견해이고, ③의 경우 '성적 가치관'을 포함함으로써 최광의의 성(sexuality)의 의미로 이해하고 있다는 점에서 차이가 있다.

형법학계나 여성주의자들의 견해도 통일되지 못하고 두서없이 나열하는 수준이라 판단된다. ① "자신이 선호하는 성적 방향과 친밀한 관계 맺기의 상대, 시기, 방식 등을 자율적으로 선택하고 결정할 수 있는 권리 또는 성행위의 여부, 성행위의 파트너의 선택, 파트너를 선택한 이후에라도 어느 장소, 어느 시간에서 어떠한 내용과 방법으로 성행위를 할 것인가의 선택, 성행위를 중지할 시점의 선택 등 제반적인 측면에서의 자유로운 결정권",[57] ② "성적 가치관을 형성할 권리, 상대방을 선택할 권리, 의사에 반한 성적 행위를 강요당하지 않을 자유, 성적 수치심을 감내하지 않을 자유, 성생활의 가능성을 국가와 사회에 요구할 수 있는 권리",[58] ③ "여성의 섹슈얼리티가 가정이나 국가 등 남성 공동체의 소유가 아니라 여성 자신에게 속해 있음을 의미하는 것으로, 여성 스스로가 성적인 관계와 행위를 결정하고 선택할 권리"[59] 등으로 설명하고 있다.

---

56) 이희훈, 「성적 자기결정권과 성폭력 관련 법제 및 판례에 대한 헌법적 고찰」, 『헌법논총』 26집, 2015, 180쪽.
57) 백광훈, 「사이버성폭력에 관한 형사법적 검토」, 『수사연구』 2002년 1월호.
58) 홍성수, "여성의 자기결정권과 인권", 2013, 들숨날숨, 인권과 호흡하기 특강.
59) 김엘리 외, 앞의 책, 214쪽.

2) 헌법재판소의 입장

헌법재판소의 주류적 입장은 성교를 포함한 성행위에 한정해 이해하는 것이고, 일부 결정례에서 음란물에 접하지 않을 자유를 포함하면서 성적 행동으로 넓히기도 하고, '성적 관(觀)'을 포함함으로써 최광의의 성의 의미로 판시하기도 한다.

먼저 주류적 입장의 결정례를 보자.

(1) 성행위여부 및 그 상대방 결정의 자유

헌법재판소의 주류적 결정은 성적 자기결정권의 내용으로 '성행위여부 및 그 상대방을 결정할 수 있는'으로 좁게 이해하는 입장을 취하고 있다.[60]

(2) 성행위의 종류를 포함

헌법재판소는 배우자 있는 자의 간통행위 및 그와의 상간행위를 처벌하는 형법 제241조에 관한 2008년 10월 30일 자 합헌결정[61]에서 소수의견이지만 "성인(成人)이 쌍방의 동의 아래 어떤 종류의 성행위와 사랑을 하건, 그것은 개인의 자유 영역에 속하고"라고 판시함으로써 '성행위의 종류'를 내용에 포함하고 있다.

---

60) 헌재결 1990.9.10., 89헌마82; 헌재결 2001.10.25., 2000헌바60; 헌재결 2008.10.30., 2007헌가17·21, 2008헌가7·26, 2008헌바21·47; 헌재결 2015.2.26., 2009헌바17·205, 2010헌바194, 2011헌바4, 2012헌바57·255·411, 2013헌바139·161·267·276·342·365, 2014헌바53·464, 2011헌가31, 2014헌가4.

61) 헌재결 2008.10.30., 2007헌가17·21, 2008헌가7·26, 2008헌바21·47 재판관 김종대, 재판관 이동흡, 재판관 목영준의 위헌의견.

(3) 경제적 대가를 매개로 하여 성행위 여부를 결정(성매매)

한편, 헌법재판소는 '경제적 대가를 매개로 하여 성행위 여부를 결정할 수 있는 것' 즉, 성매매에 대하여 성적 자기결정권에 직접 포함된 것은 아니지만, 성적 자기결정권과 관련된 것으로 보고, 또한 성매매를 한 자를 형사처벌 하도록 규정한 「성매매알선 등 행위의 처벌에 관한 법률」(성매매처벌법) 제21조 제1항은 개인의 성적 자기결정권을 제한하는 규정이라고 판시하고 있다.[62]

(4) 혼인의 자유와 혼인에 있어서 상대방을 결정할 수 있는 자유

개인의 인격권·행복추구권은 개인의 자기운명결정권을 그 전제로 하고 있으며, 이 자기운명결정권에는 성적(性的) 자기결정권 특히 혼인의 자유와 혼인에 있어서 상대방을 결정할 수 있는 자유가 포함되어 있다.[63]

(5) 간통 및 상간(相姦)의 자유 포함 여부

배우자 있는 자의 간통행위 및 그와의 상간행위를 처벌하는 형법 제241조에 대한 2008년의 합헌결정[64]에서 다수의견은 "개인의 인격권·행복추구권에는 개인의 자기운명결정권이 전제되는 것이고, 이 자기운명결정권에는 성행위 여부 및 그 상대방을 결정할 수 있는 성적 자기결정권이 또한 포함되어 있으며 간통죄의 규정이 개인

---

62)   헌재결 2016.3.31., 2013헌가2.
63)   헌재결 1997.7.16., 95헌가6 내지 13.
64)   헌재결 2008.10.30., 2007헌가17·21, 2008헌가7·26, 2008헌바21·47.

의 성적 자기결정권을 제한하는 것임은 틀림없다."라고 판시함으로써, 간통이라는 행위의 선택도 성적 자기결정권의 보호범위에 포함된다는 전제하에 그에 대한 처벌규정이 성적 자기결정권을 제한하는 것이라고 판시하고 있다.

그러나 같은 결정에서 재판관 송두환은 "개인의 성적 자기결정권이 배우자 있는 자의 간통행위 및 그 상대방의 상간행위까지 보호하는 것인지는 의문이다. 개인의 '자기결정권'은 원하는 것은 언제든, 무엇이든 할 수 있다는 의미에서의 무제한적 자유를 포함하는 것은 아니다. 개인의 자기결정이 타인과의 관계를 결정하거나 타인에 대하여, 또는 사회에 대하여 영향을 미치게 되는 때에 타인과의 공존을 부정하는 자기결정은 사회적 존재로서 자신의 인격을 발현시키고 자아를 실현하기 위한 자기결정권의 순수한 보호영역을 벗어나게 된다. 이는 성적 자기결정권에 있어서도 마찬가지로, 성적 공동생활을 포함한 공동의 삶의 목적과 가치를 실현하기 위하여 일부일처제에 기초한 혼인이라는 사회적 제도를 선택하는 자기결단을 한 자가 배우자에 대한 성적 성실의무에 위배하여 간통행위로 나아가거나 또는 그러한 점을 알면서 상간하는 것은 간통행위자의 배우자 및 사회적·법적 제도로서의 혼인을 보호하는 공동체에 대한 관계에서 타인과의 공존을 부정하는 것이라는 점에서 '성적 자기결정권'의 보호영역에 포섭될 수 없다고 볼 것이다."라고 함으로써 간통행위와 상간행위는 성적 자기결정권의 보호범위에 포

함되지 않는다고 소수의견을 밝히고 있다.[65]

헌법재판소가 '성행위'를 넘어 범위를 확대한 결정례를 보자.

(6) 자신의 의사에 반하여 성적 수치심 또는 혐오감을 일으키는 글 등을 접하지 아니할 자유

심판대상조항이 통신매체이용음란행위를 처벌하는 이유는 전화, 컴퓨터 등을 이용한 음란행위라는 새로운 유형의 범죄가 빈발하는 상황에서 수신인인 피해자, 특히 여성과 미성년자가 자신의 의사에 반하여 성적 수치심 또는 혐오감을 일으키는 글 등을 접하지 아니하도록 하여 그들의 성적 자기결정권을 보호하고, 이를 통하여 건강한 사회질서를 확립하기 위해서이다.[66]

위의 결정은 음란물을 접하지 않을 자유로서 성적 행동을 포함한 판시이다.

(7) 성적 관(觀)의 확립, 상대방 선택, 성관계를 가질 권리

헌법재판소는 "성적 자기결정권은 각인 스스로 선택한 인생관 등을 바탕으로 사회공동체 안에서 각자가 독자적으로 성적 관(觀)을 확립하고, 이에 따라 사생활의 영역에서 자기 스스로 내린 성적 결정에 따라 자기책임하에 상대방을 선택하고 성관계를 가질 권리를 의미하는 것"이라고 하여 '성적 관(觀)'의 확립을 포함함으로써 범위

---

65) 헌재결 1997.7.16., 95헌가6 내지 13.
66) 헌재결 2016.3.31., 2014헌바397.

를 넓게 인정한 바 있다.[67] 그러나 이후에도 같은 입장을 유지한다고 예단하기는 어렵다. '성(性)'의 의의에 대해 헌법재판소가 정리된 입장을 갖고 있지 않기 때문이다.

3) 대법원 판례의 입장

대법원의 주류적 입장도 헌법재판소와 마찬가지로 성교를 포함한 성행위에 한정해 이해하는 입장이고, '성인의 원하지 않는 음란물에 접하지 않을 자유'라고 함으로써 '성적 행동'까지 포함한 판례를 선보이다, 최근 전원합의체 판례에서는 '성적 관념(觀念)'을 포함함으로써 최광의의 성의 의미로 판시한 바 있다. 대법원의 입장도 체계적으로 정리된 것이 아니기 때문에 앞으로의 추이는 지켜볼 일이다.

(1) '성행위 여부', '상대방 선택', '성행위의 방법'에 관한 자기결정

대법원의 주류적 판례는 '성적 자기결정권'의 내용으로 ① '성행위 여부', ② '상대방 선택', ③ '성행위의 방법'에 관한 자기결정을 들고 있다.[68]

(2) '성적 관념의 확립', '상대방의 선택'

최근의 전원합의체 판결[69]에서는 헌법재판소의 결정[70]을 반영하

---

67) 헌재결 2002.10.31., 99헌바40, 2002헌바50; 헌재결 2016.11.24., 2015헌바136.
68) 대판 2019.6.13., 2019도3341.
69) 대판(전원합의체) 2020.8.27., 2015도9436.
70) 헌재결 2002.10.31., 99헌바40 등.

여 "성적 자기결정권은 스스로 선택한 인생관 등을 바탕으로 사회 공동체 안에서 각자가 독자적으로 성적 관념을 확립하고 이에 따라 사생활의 영역에서 자기 스스로 내린 성적 결정에 따라 자기책임하에 상대방을 선택하고 성관계를 가질 권리로 이해된다."라고 판시함으로써 '성적 관념의 확립'을 그 내용에 포함하고 있다.

(3) '성인의 원하지 않는 음란물에 접하지 않을 자유' 또는 '성적 자기결정권에 반하여 성적 수치심을 일으키는 그림 등을 개인의 의사에 반하여 접하지 않을 권리'

대법원은 "개인의 다양한 개성과 독창적인 가치 실현을 존중하는 오늘날 우리 사회에서의 음란물에 대한 규제 필요성은 사회의 성윤리나 성도덕의 보호라는 측면을 넘어서 미성년자 보호 또는 성인의 원하지 않는 음란물에 접하지 않을 자유의 측면을 더욱 중점적으로 고려하여야 한다."[71]라고 판시함으로써 '성인의 원하지 않는 음란물에 접하지 않을 자유'를 소극적인 성적 자기결정권의 내용으로 판시한 바 있다.

또한 최근에는 "성폭력처벌법 제13조에서 정한 '통신매체이용음란죄'는 '성적 자기결정권에 반하여 성적 수치심을 일으키는 그림 등을 개인의 의사에 반하여 접하지 않을 권리'를 보장하기 위한 것으로 성적 자기결정권과 일반적 인격권의 보호, 사회의 건전한 성 풍속 확립을 보호법익으로 한다."라고 판시함으로써, '성적 자기결정

---

71)   대판 2008.3.13., 2006도3558.

권에 반하여 성적 수치심을 일으키는 그림 등을 개인의 의사에 반하여 접하지 않을 권리'를 성적 자기결정권의 내용으로 포함하고 있다.[72]

○ 성적 자기결정권의 내용

조국 교수는 "성적 자기결정권은 원치 않는 성교를 하지 않을 자유를 뜻한다."[73]라고 함으로써 성적 자기결정권의 소극적 측면만 인정하고 있다.

그러나 성적 자기결정권의 내용으로 소극적 측면만 인정할 이유는 없다. 대다수의 학계의 견해나 판례도 소극적·적극적 측면 모두 내용에 포함하고 있다. 대법원 판례도 "자신이 하고자 하는 성행위를 결정할 권리라는 적극적 측면과 함께 원치 않는 성행위를 거부할 권리라는 소극적 측면이 함께 존재하는데, 위계에 의한 간음죄를 비롯한 강간과 추행의 죄는 소극적 성적 자기결정권을 침해하는 것을 내용으로 한다."[74]라고 판시함으로써 소극적·적극적 측면을 모두 포함하고 있다.

정리하자면 성적 자기결정권의 의의는 다음과 같다.

먼저, 성적 자기결정권에서 '성'의 의미는 성교(sex)를 포함한 성행위(sexual activity)나 성적 행동(sexual behavior)만이 아니라, 성욕의

---

72)   대판 2017.6.8., 2016도21389; 대판 2018.9.13., 2018도9775.

73)   조국, 『형사법의 성편향』, 박영사, 2018, 9쪽.

74)   대판(전원합의체) 2020.8.27., 2015도9436.

만족을 비롯하여 성적 정체성, 성적 관점이나 가치관을 포함하는 최광의의 성(sexuality)을 의미한다.

둘째, 성적 자기결정권은 원하지 않는 상대와 원하지 않는 시간과 장소에서 성행위를 강요당하지 않을 자유라는 소극적 측면과 성욕 충족 내지는 성적 만족을 위해 필요한 모든 것에 대한 결정을 적극적으로 내릴 수 있는 적극적 측면을 모두 포함한다.

셋째, 구체적인 내용은 계약자유의 원칙에서 유추할 수 있다. 근대 사법의 기본 원리 중 하나인 계약자유의 원칙은 체결의 자유, 상대방 선택의 자유, 내용결정의 자유, 방식의 자유를 내용으로 한다. 따라서 성적 자기결정권도 ① 성행위를 할지 말지(결혼 전까지 혼전 순결을 지킬 것인지를 포함), 만일 성행위를 하기로 결정했다면 ② 누구를 상대로(이성이냐 동성이냐, 이성이라도 어떤 특정한 사람과 할 것이냐), ③ 언제(결혼 전, 결혼 후, 아니면 특정 시간의 감정에 따라, 성행위를 언제 중지할 것인가), ④ 어떤 방식으로(자위냐 성교냐, 아니면 포르노 감상이냐, 어떤 체위로 할 것인가, 피임을 할 것인가 말 것인가 등) ⑤ 왜 하는지(동기, 즉 사랑 또는 경제적 대가 등) 등을 포함한다.

● 성적 자기결정권 담론의 한계

성적 자기결정권은 자유권적 기본권의 일종이다. 자유권적 기본권은 '침해배제'를 주된 내용으로 한다. 따라서 성적 자기결정권의 내용에 적극적 측면이 포함된다 하더라도 무게 중심은 '원하지 않는 성행위를 하지 않을 자유'라는 측면에 쏠리게 된다. 따라서 현행 법제도 성적 자기결정권을 적극적으로 실현할 수단을 마련하는 내용보다 성적 자기결정권의 행사에 대한 '제한'(간통, 낙태, 성매매, 음란물 등)과 '침해'(강간, 유사강간, 강제추행 등 성폭력 등)에 대한 '보호'(주로 형사처벌)에 중점을 두고 있다. 현행 「장애인차별금지 및 권리구제 등에 관한 법률」 29조(성에서의 차별금지) 제1항은 "모든 장애인의 성에 관한 권리는 존중되어야 하며, 장애인은 이를 주체적으로 표현하고 향유할 수 있는 성적 자기결정권을 가진다."라고 상징적으로 선언하고 있고, 제2항은 "가족·가정 및 복지시설 등의 구성원은 장애인에 대하여 장애를 이유로 성생활을 향유할 공간 및 기타 도구의 사용을 제한하는 등 장애인이 성생활을 향유할 기회를 제한하거나 박탈하여서는 아니 된다."라고 규정하고 있다. 문제는 이를 위반할 경우에 대한 제재규정은 전혀 없다는 점이다. 얼마나 상징적이고 형식적인 구색 갖추기식의 입법인가를 알 수 있다.

성적 자기결정권은 헌법상 기본권이기 때문에 여성, 동성애자, 장애인 등 성적 약자 모두가 주체가 된다. 이들 성적 약자가 성적 자기결정권을 원하는 대로 행사하기 위해서는 사회경제적 지위가 개선되어야 한다. 그러나 성적 자결권에 관한 담론에서는 개인 차원의 자유권이라는 관점에서만 접근하고 있지, 권리를 실질적으로 행사할 여건, 즉 사회경제적 문제의 개선이라는 관점은 전혀 고려되지 않고 있다. 이는 성적 자기결정권에만 국한되는 문제가 아니라 모든 자유권적 기본권의 한계이기도 하다. 그래서 새로이 인정되는 기본권이 사회적 기본권(수익권, 사회권)이다. 앞으로 성적 자기결정권을 실효성 있게 하기 위해 성적 영역에 관한 사회적 기본권의 개념이 필요하다고 본다.

한편, 성적 자기결정권의 주체성만 강조하다보면 그에 대한 책임 문제 역시 여성에게 전가될 위험성도 존재한다. 여성이 성적 자기결정권을 온전히 행사하기 위해서는 여성의 사회경제적 지위가 남성과 대등해져야 하고, 여성의 성적 주체성을 부정하는 가부장제 이데올로기도 타파되어야 한다. 이러한 여건이 마련되지 않은 상태에서는 여성의 성적 자기결정권이 오히려 책임으로 돌려지기 쉽다는 점을 간과할 수 없다. 여성학자 정희진 씨의 표현처럼 "성적 자기결정권은, 개인의 자기 몸에 대한 결정 내용이 사회 혹은 상대방과의 상호작용과 사회적 맥락 안에서 형성된다는 사실을 간과하는, 추상적이고 현실 초월적인 논리"라고 할 수 있다.[75]

○ 성적 자기결정권의 내재적 한계

자유와 권리는 나만의 자유와 권리일 수는 없다. 따라서 자유권의 개념상 요구되는 한계로는 타인의 자유와 권리를 침해하지 않아야 한다는 것이 요구된다. 타인의 성적 자기결정권의 행사를 폭행이나 협박으로 침해하면서 나의 권리를 행사할 수는 없다. 따라서 성폭력(강간, 유사강간, 강제추행 등)은 성적 자기결정권의 행사라는 이유로 정당화될 수 없다.

둘째, 상대방이 설령 성행위에 동의를 했다 하더라도 상대방의 인간으로서의 존엄과 가치를 손상하거나 상대방의 인격권을 침해하

---

75) 정희진, 「성적 자기결정권을 넘어서」, 변혜정 엮음, 『섹슈얼리티 강의, 두 번째』, 동녘, 2006, 245쪽.

는 방식으로 행해져서는 안 된다. 예를 들어, 상대방에게 지나칠 정도로 성적인 수치심을 느끼게 하는 행위를 강요하거나 상대방에게 피학적 성행위를 강요하는 등 지나치게 모욕감을 줄 수 있는 권리행사도 허용되지 않는다.

셋째, 성적 자기결정권의 행사 과정에서 자기 스스로의 인간으로서의 존엄과 가치를 침해하는 행위도 허용되지 않는다. 아무리 성욕의 충족이 중요하다 하더라도 대상이 사람이 아니라 동물인 수간(獸姦)은 스스로의 존엄과 가치를 해하는 것이라고 할 수 있다.

넷째, 성적 자기결정권 행사의 결과 타 생명을 침해해서는 안 되는 한계가 있다. 만일 임신을 원치 않는 경우라면 서로에게 적절한 피임 수단을 강구해야 한다.

헌법재판소도 "개인의 성적 자기결정권도 국가적·사회적·공공복리 등의 존중에 의한 내재적 한계가 있는 것"이라고 판시[76]함으로써 '국가적·사회적·공공복리 등의 존중'이라는 한계를 제시한 바 있다.

성적 자기결정권의 한계를 준수하기 위해서는 무엇보다 성교육을 통한 바람직한 성문화의 정착이 필요하다. 성교육은 단순한 기술에 관한 교육이 아닌 인권에 관한 교육이라는 점이 중시되어야 한다. 수간(獸姦) 등의 경우를 제외하면 대부분의 성행위의 상대는 존엄과 가치를 지닌 사람이다. 따라서 성행위는 상대방의 인권과 인격을 존중해야 하는 것임을 가르치는 것이 성교육의 진정하고 궁극

---

76)   헌재결 1990.9.10., 89헌마82.

적인 목적이다.

02. 성적 자기결정권의 헌법적 근거

우리나라 학계와 대법원 판례, 헌재결정 모두 성적 자기결정권을
인정한다. 그러나 우리나라 헌법에는 성적자결권에 대한 명시적인
규정이 없기 때문에 헌법상의 근거를 어디에 둘 것인가에 대해서는
견해가 대립한다.

O 학설

1) 헌법 제10조의 인간의 존엄과 가치 규정 및 행복추구권

성적 자기결정권을 자기결정권에 포함되는 한 내용으로 보고, 자
기결정권의 근거를 헌법 제10조의 인간의 존엄과 가치 및 행복추
구권이라는 단일 조항에서 찾는 견해[77]이다. 헌법 제10조는 "모든
국민은 인간으로서의 존엄과 가치를 가지며, 행복을 추구할 권리를
가진다. 국가는 개인이 가지는 불가침의 기본적 인권을 확인하고
이를 보장할 의무를 진다."라고 규정하고 있다.

2) 헌법 제10조의 인간의 존엄과 가치 규정 및 헌법 제37조 제1항

이 견해도 성적 자기결정권을 자기결정권에 포함되는 것으로 보

---

77)　김철수, 앞의 책, 497~499쪽.

는데, 헌법적 근거에 대해서는 헌법 제10조만이 아니라 헌법 제37조 제1항을 추가하는 견해[78]이다. 헌법 제37조 제1항은 "국민의 자유와 권리는 헌법에 열거되지 아니한 이유로 경시되지 아니한다."라고 규정하고 있다.

3) 헌법 제17조의 사생활의 자유 규정

성적 자기결정권의 헌법적 근거를 헌법 제10조가 아니라 헌법 제17조의 사생활의 비밀과 자유에 관한 규정에서 도출하는 견해[79]이다. 일반적으로 헌법 제17조는 사생활의 비밀, 프라이버시에 관한 조항이라고 알려져 있기 때문에, 사생활과 성적 자결권이 무슨 관계가 있는가 의아할 수도 있다. 그러나 헌법 제17조는 "모든 국민은 사생활의 비밀과 자유를 침해받지 아니한다."라고 규정함으로써 사생활의 '비밀'만이 아니라 '자유'도 함께 규정하고 있다. 일반적으로 '사생활의 비밀'은 "외부의 자가 자신의 사적인 생활영역을 들여다보거나 공개하는 것에 대한 방어 및 보호"를 의미한다. 한편, '사생활의 자유'는 "개개인이 자신만의 삶을 구상하고 이를 자유로이 형성해 나감에 있어 누구로부터도 간섭이나 방해를 받지 않을 자유"를 의미한다.

헌법재판소는 "'사생활의 자유'란, 사회공동체의 일반적인 생활규

---

78)　정종섭, 『헌법학원론』, 박영사, 2015, 418쪽.
79)　한수웅, 『헌법학』, 법문사, 2011, 525~532쪽. 이와 같은 견해로는 김학성, 『헌법학원론』, 피엔씨미디어, 2014, 391쪽; 성낙인, 『헌법학』, 법문사, 2015, 1012~1013쪽; 홍성방, 『헌법학(중)』, 박영사, 2010, 127쪽.

범의 범위 내에서 사생활을 자유롭게 형성해 나가고 그 설계 및 내용에 대해서 외부로부터의 간섭을 받지 아니할 권리로서, 사생활과 관련된 사사로운 자신만의 영역이 본인의 의사에 반해서 타인에게 알려지지 않도록 할 수 있는 권리인 '사생활의 비밀'과 함께 헌법상 보장되고 있는 것이다."라고 판시하고 있다.[80]

이 견해는 헌법 제17조 가운데 '사생활의 비밀'이 아니라 '사생활의 자유'에서 성적 자기결정권의 헌법적 근거를 도출하는 입장이라고 할 수 있다. 헌법 제10조를 제외시키는 이유는 헌법 제10조는 일반조항으로서, 특별조항 내지는 개별적 기본권에 관한 조항인 헌법 제17조의 사생활의 자유가 우선하기 때문이라는 논리이다.

4) 헌법 제37조 제1항

헌법 제10조의 인간의 존엄과 가치를 누리기 위하여 필요한 것이라면 그 모두가 헌법 제37조 제1항의 헌법에 열거되지는 않았지만 경시되어서는 안 될 기본권에 해당하므로, 자기결정권에 포함된 성적 자기결정권은 헌법 제37조 제1항에서 보장된다는 견해[81]이다.

○ 헌법재판소

헌법재판소는 성적 자기결정권의 헌법적 근거에 대해 자기운명결정권을 들고 있다. 다만, 자기운명결정권의 근거에 대해서 헌법 제

---

80)　헌재결 2001.8.30., 99헌바92.
81)　권영성, 『헌법학원론』, 법문사, 2009, 310~311쪽.

10조의 인간의 존엄과 가치·행복추구권 단일조항에 의해 도출하는 입장이 주류적이고, 헌법 제10조와 제17조 사생활의 비밀과 자유를 결합하는 입장이 있다.

1) 헌법 제10조의 인간의 존엄성과 행복추구권 및 헌법 제17조의 사생활의 비밀과 자유에 그 헌법적 기초를 두는 자기운명결정권(1차 혼인빙자간음죄 사건)

헌법 제10조에서 보장하는 인격권 및 행복추구권, 헌법 제17조에서 보장하는 사생활의 비밀과 자유는 타인의 간섭을 받지 아니하고 누구나 자기운명을 스스로 결정할 수 있는 권리를 전제로 하는 것이다. 이러한 권리내용 중에 성적 자기결정권이 포함되는 것은 물론이다.[82]

2) 헌법 제10조의 인격권과 행복추구권의 전제인 자기운명결정권

헌법 제10조는 개인의 인격권과 행복추구권을 보장하고 있고, 인격권과 행복추구권은 개인의 자기운명결정권을 전제로 한다. 이러한 자기운명결정권에는 성행위 여부 및 그 상대방을 결정할 수 있는 성적 자기결정권이 포함되어 있고, 경제적 대가를 매개로 하여 성행위 여부를 결정할 수 있는 것 또한 성적 자기결정권과 관련되어 있다 볼 것이므로 심판대상조항은 개인의 성적 자기결정권을 제

---

82)　헌재결 2002.10.31., 99헌바40, 2002헌바50.

한한다.[83]

O 대법원 판례 : 헌법 제10조의 인격권과 행복추구권

대법원 판례의 입장은 헌법 제10조라는 단일한 조항에서 근거를 도출하되, 구체적으로는 행복추구권만이 아니라 인격권도 포함하는 입장이라고 할 수 있다. 즉, 대법원은 "자기결정권은 헌법 제10조에서 규정한 개인의 인격권과 행복추구권에 의하여 보호되는 권리이다."라고 판시하고 있다.[84]

O 비판 및 검토

헌법재판소도 "사생활의 비밀은 국가가 사생활영역을 들여다보는 것에 대한 보호를 제공하는 기본권이며, 사생활의 자유는 국가가 사생활의 자유로운 형성을 방해하거나 금지하는 것에 대한 보호를 의미한다. 구체적으로 사생활의 비밀과 자유가 보호하는 것은 ① 개인의 내밀한 내용의 비밀을 유지할 권리, ② 개인이 자신의 사생활의 불가침을 보장받을 수 있는 권리, ③ 개인의 양심 영역이나 성적 영역과 같은 내밀한 영역에 대한 보호, ④ 인격적인 감정세

---

83) 헌재결 1990.9.10., 89헌마82; 헌재결 1997.7.16., 95헌가6 내지 13; 헌재결 2001.10.25., 2000헌바60; 헌재결 2002.10.31., 99헌바40등; 헌재결 2008.10.30., 2007헌가17·21, 2008헌가7·26, 2008헌바21·47; 헌재결 2009.11.26., 2008헌바58, 2009헌바191; 헌재결 2015.2.26., 2009헌바17·205, 2010헌바194, 2011헌바4, 2012헌바57·255·411, 2013헌바139·161·267·276·342·365, 2014헌바53·464, 2011헌가31, 2014헌가4; 헌재결 2016.3.31., 2013헌가2.

84) 대판(전원합의체) 2009.5.21., 2009다17417; 대판(전원합의체) 2020.8.27., 2015도9436.

계의 존중의 권리와 ⑤ 정신적인 내면생활이 침해받지 아니할 권리 등이다."85)라고 판시함으로써 '성적 영역과 같은 내밀한 영역에 대한 보호'가 사생활에 해당됨을 인정하고 있다.

또한 "직업의 자유 침해 여부에 관하여 보건대, 침해한 기본권 주체의 행위에 적용될 수 있는 여러 기본권들 중의 하나가 다른 기본권에 대하여 특별법적 지위에 있는 경우에는 기본권의 경합은 성립되지 않고 특별법적 지위에 있는 기본권이 우선적으로 적용되고 다른 기본권은 배제된다",86) "헌법 제10조 전문의 행복추구권은 다른 개별적 기본권이 적용되지 않는 경우에 한하여 보충적으로 적용되는 기본권이라 할 것이므로, 이 사건에서 행복추구권에 앞서 적용되는 공무담임권의 침해 여부에 대해 판단하는 이상 따로 행복추구권 침해 여부를 판단할 필요는 없다."87)라고 판시함으로써 행복추구권이 개별적 기본권보다 보충적인 기본권이라고 판시하고 있다.

이는 보충적 기본권인 일반적 행동자유권과 특별관계인 표현의 자유 및 선거권과의 관계에서도 마찬가지라고 판시한 바 있다. 즉, "보호영역으로서의 '선거운동'의 자유가 문제 되는 경우 표현의 자유 및 선거권과 일반적 행동자유권으로서의 행복추구권은 서로 특별관계에 있어 기본권의 내용상 특별성을 갖는 표현의 자유 및 선거권이 우선 적용된다."88)는 것이 헌법재판소의 입장이다.

---

85)　헌재결 2003.10.30,, 2002헌마518.
86)　헌재결 2005.10.27,, 2004헌바41.
87)　헌재결 2006.3.30., 2005헌마598.
88)　헌재결 2004.4.29., 2002헌마467.

헌법 제37조 제1항과 사생활의 자유와의 관계도 특별규정인 사생활의 자유가 우선적으로 적용된다고 할 수 있다.

결론적으로 성적 자기결정권의 헌법적 근거는 헌법 제17조의 '사생활의 자유' 단일 조항에서 찾는 것이 타당하다.

제 **2** 편
성적 자기결정권의 주체

현재 대부분의 남성들에게 성은 넘쳐나고 있다. 따라서 성적 자기결정권의 주체를 논하는 데 대부분의 평균적인 남성들을 포함하는 것은 의미가 없다. 성적 자기결정권의 주체를 논하는 이유는 여성, LGBT(레즈비언, 게이, 양성애자, 성환전자) 등의 성적 소수자를 포함한 '성적 약자'의 주체성을 강조하기 위해서다.

제1장
여성

01. 여성의 성적 주체성

○ 헌법상 기본권 주체 인정 및 한계

헌법적 차원에서는 모든 국민이 기본권의 주체로 인정되기 때문에 여성도 당연히 성적 자기결정권의 주체이다. 하지만 여성이 현실적으로 성적 자기결정권의 주체가 되기 위해서는 극복해야 할 것들이 많다. 먼저 여성의 성적 주체성을 부정하기 위한 담론인 '생물학적 결정론', '유교문화와 가부장제 이데올로기'라는 장벽을 깨야 한다. 생물학적 결정론은 남성의 성욕은 주체할 수 없을 정도로 강하기 때문에 어떤 형태로든 분출되고 충족되어야 하는데, 여성은 성욕 자체가 없거나 약하기 때문에 성에 관해 적극적으로 표현하거나 만족을 추구해서는 안 된다고 주장한다. 전통적인 유교문화와 결합된 가부장제 이데올로기는 여성들에게 가문과 제사를 잇기 위해 반드시 아들을 낳아야 한다고 강요함으로써 여성들의 성을 '생식을 위한 성'에 한정했다. 더군다나 피의 순수성을 보장하기 위한 필요에서 여성들의 성적 욕망을 철저히 억압·부정하고 순결과 정조를 강요했다. 반면에 남성들의 경우 가문을 잇기 위함이라는 명분 아래 축첩과 성매매를 비공식적으로 인정하는 등 이중적 성기준이 지배했다.

○ 여성이 진정한 주체가 되기 위한 조건

따라서 첫째, 여성이 성적 자기결정권의 진정한 주인이 되기 위해서는 여성의 성적 주체성을 부인하는 이데올로기에서 벗어나야 한다. 가장 먼저 내 몸과 성에 있어 내가 주인이라는 주체성을 확립해야 한다. 누구도 나의 동의가 없으면 내 몸에 함부로 손을 대서는 안 되고, 내가 성행위를 하고 싶을 때 적극적으로 의사를 표시하겠다는 주체의식을 갖는 것이 중요하다. 과거 1960년대 '성해방' 내지 '성혁명'이 유행할 때 여성들의 성의식도 많이 개방적으로 변화되었다. 그러나 성에 관한 관점을 명확히 정리하고 주체로 서지 못한 상태에서의 성적 개방은 남성의 쾌락을 위한 도구나 대상으로 전락하는 결과를 낳을 수 있다.

트로브리안드의 원주민은 남편이 아내에게 성적인 봉사라는 부채를 지고 있으며, 아내는 그러한 봉사를 당연히 받아야 할 뿐만 아니라 그것에 대한 대가를 지불해야 한다는 견해를 가지고 있다.[89]

둘째, 여성에 대해 부과되는 맹목적인 순결 이데올로기를 타파하고 순결교육 위주의 성교육을 폐지해야 한다. 물론 순결이나 정조라는 가치가 무의미하다는 말은 아니다. 성적 자기결정권의 내용에 성행위를 '할지'에 대한 결정만이 아니라 '말지'에 관한 결정도 포함되기 때문에, 비구니나 천주교 수녀들처럼 평생이든 아니면 결혼하기 전까지든 성행위를 하지 않고 순결을 지키겠다는 결정도 당연히

---

89) 말리노프스키, 한완상 역, 『미개사회의 성과 억압』, 삼성출판사, 1986, 72쪽.

존중되어야 한다.

문제는 '강요된' 순결이데올로기와 교육의 폐해이다. 우리나라에서는 복중 세례나 모태신앙이 자랑스럽게 여겨지기도 하지만, 독일 기본법에서는 종교에 대한 관점이 형성되기 전까지 세뇌에 의한 선택을 하지 못하도록 종교의 자유를 만 18세 이상의 국민에게만 인정하고 있다. 나는 신이 없다고 믿고, 있어도 무능력한 신은 필요 없다는 무신론적 신앙관을 갖고 있다. 그러나 아들에게 내 종교관에 대해 말을 한 적이 한 번도 없다. 아들이 성장하면서 다양한 종교에 대해 자연스럽게 접하면서 스스로 종교관을 형성하도록 존중했던 것이다.

어릴 때부터 맹목적이고 반복적으로 "순결을 지켜야 한다", "여성은 성을 알아서도, 탐닉해서도 안 된다."라는 내용의 교육은 세뇌교육에 다름 아니다. 스스로가 다양한 정보나 교육을 통해 성적 관점을 형성할 여지를 주지 않는 것이다. 이런 교육을 받고 자란 여성은 자신의 내면에 존재하는 성적 욕망을 깨닫지도 못하고, 어쩌다 그런 충동을 느낀다 하더라도 철저히 억압하는 태도를 내면화하게 된다. 성적 자기결정권의 헌법적 근거가 대법원이나 헌법재판소에 의하면 헌법 제10조의 행복추구권이다. 맹목적인 순결 교육은 성적 욕구의 적절한 해소나 충족으로 인해 얻게 되는 '행복'을 박탈하는 반인권적 교육이다.

그래서 여성 스스로 성적 관점을 형성하기 전까지 일방적이고 강요된 순결 교육은 폐기해야 한다. 다만, 다양한 성적 정보를 접하고 교육을 받은 후 내린 결정이 결혼 전까지 순결을 지키겠다는 것이라면, 그 결정은 당연히 존중되어야 한다.

정조나 순결도 모든 사회에서 필연적으로 요구되는 것이 아니라는 사실도 음미할 필요가 있다. 어떤 사회에서는 친구에게 아내를 빌려주거나 친구 간에 아내를 교환하는 관습을 가짐으로써 남성 간의 유대를 통해 협동심을 강화하기도 하고, 어떤 사회에서는 같은 혈통에 속하는 모든 남자들이 서로 상대방의 아내에게 접근하는 것을 허용하기도 한다.[90)]

셋째, 성적 주체가 되기 위해서는 성의 토대이자 근원인 '몸'에 대해 이해하고 긍정적인 태도를 지닐 필요가 있다. 성적 주체가 되려면 먼저 자기 몸이 어떻게 생겼는가 알아야 한다. 임상수 감독의 영화 〈처녀들의 저녁식사〉에서 '김연이(진희경 분)'가 샤워 도중 자신의 성기를 거울로 관찰하려다 팔이 부러지는 장면이 나온다. 남성의 성기는 외부로 돌출된 형태라 굳이 거울을 이용하지 않아도 어떤 모양인지 쉽게 알 수 있다. 그러나 여성의 성기는 거울을 이용해서 관찰을 해야 제대로 볼 수가 있다. 영화 속 연이처럼 자신의 몸을 스스로 확인하려는 주체적인 자세가 필요하다.

내 몸에 대한 탐색 다음으로 필요한 것은 자신의 성감대가 어디인가를 확인하는 것이다. 여성들의 경우 대부분 공알(음핵)이 가장 예민한 성감대인데, 그 외의 부분은 개인마다 다르다. 어떤 여성은 가슴, 특히 유두인 경우도 있고, 입술, 목덜미, 허벅다리 안쪽, 겨드랑이, 발가락 등 다양하다. 내 자신이 나의 성감대를 먼저 확인하

---

90)   마가렛 미드, 앞의 책, 242~243쪽.

고 난 후, 성행위를 할 때 상대방에게 내 성감대를 애무해 달라고 적극적으로 요구할 수 있어야 한다. 내 몸에 대해 아는 것은 단순한 관찰만으로는 부족하다. 다양한 전문서적을 통해 성에 관한 다양한 지식을 축적할 필요가 있다.

넷째, 성에 대해서 부끄럽거나 수치스럽다는 태도를 극복하고 성을 자연스러운 인간의 감정이나 욕구로 받아들여야 한다. 자신의 성기에 대해서도 부끄럽거나 징그럽다는 편견을 버려야 한다. 또한 성기에 대한 호칭부터 편견 없이 자연스럽게 표현하고 받아들여야 한다. 성기를 지칭하는 순우리말은 '자지', '보지'이다. 그러나 어느 순간 이 말들은 '욕'이나 '비하'의 의미로 사용되고 있는 현실을 부인하기 어렵다. 그래서 여성학자들도 다음과 같이 많은 고민을 하고 있고, 사용하더라도 조심스럽게 표현하고 있을 정도이다.

"일방적이고 남성 중심적인 혼전 성관계의 각본을 상호적인 것으로 변화시켜야 한다. 특히 여성이 성적 자기 결정권을 가지려면 성을 금기시하고 자신의 몸을 억압하도록 체화된 습관들을 바꿀 필요가 있다. 성기를 '그것, 거기'라고 표현한다거나 자신의 성기가 어떻게 생겼는지 모른 채 살아가는 여성들이 많다. 사실 성기를 '자지, 보지'라고 부르기 위해서는 대단한 용기가 필요하다. 여성들은 자기 몸을 억압하는 데 익숙해졌기 때문에 성적인 욕망을 표현하고 의지대로 행동할 수 있으려면 먼저 성과 관련된 언어와 친숙해지고, 자신의 몸과 친해져야 한다."[91]

"'보지'는 여성의 성기를 가리키는 우리나라 말이다. 하지만 그동안 보지는 남성들에 의해 무욕적인 '욕'으로 사용되었다. 남성과 뚜렷하게

---

91)   이숙경, 「낙태 보고서」, 한국성폭력상담소, 『섹슈얼리티 강의』, 동녘, 1999, 235쪽.

구별되는 여성의 성기를 부르는 '보지' 즉 '여성임'이 상대를 모욕하는 수단인 욕이 되는 일은 여성을 비하하는 문화이기에 가능하다. 남성들의 이러한 의식을 바꾸기 위해 일부 페미니스트는 이에 상응하는 다른 용어를 개발해야 한다는 주장을 하며, 일부는 그 용어를 복원해 여성의 몸에 드리워진 폭력과 부정성을 극복해야 한다고 주장한다. 필자는 후자 쪽에 더 가까워 (주로 여성들만을 대상으로 하는) 성교육에서 '보지'라고 불러 보거나 불러 보게 했다. 그렇게 시도했을 때, 기존에 비하되고 혐오스런 것으로 치부된 욕이었던 '보지'에서 자유로울 수만은 없었으나, 그럼에도 《버자이너 모놀로그》에서 말하듯, 이 용어를 불러 봄으로써, '여성임'을 스스로 부끄러워하거나 수치스러워했던 모욕감이 조금은 씻기는 느낌을 공유한 적이 있다. 그 의미를 정화함으로써 맛보는 해방감이 상당히 컸던 것이다. 아직까지 여성계에서 이에 대해 정리되어 토론된 적은 없으며, 나 역시 혼란스러운 상태다. 이러한 혼란 속에서 장소나 대상에 따라 '보지'의 사용 여부를 결정하고 있는 중이다."[92]

우에노 치즈코 씨가 쓴 책 『여성 혐오를 혐오한다』의 옮긴이 나일등도 여성의 경우 '여성기',[93] '보지',[94] '버자이너'[95] 남성의 경우 '남근'[96]이나 '고추'[97], '페니스'[98] '물건'[99] 등으로 조심스럽게 '보지'라는 표현을 은근슬쩍 사용하고 있다.

92) 원사, 「자위하기」, 한국성폭력상담소, 『섹슈얼리티 강의, 두 번째』, 동녘, 2006, 110~111. 각주 6.
93) 우에노 치즈코, 앞의 책, 15, 22, 43, 56쪽.
94) 우에노 치즈코, 앞의 책, 43쪽.
95) 우에노 치즈코, 앞의 책, 38, 149쪽.
96) 우에노 치즈코, 앞의 책, 35, 136, 141, 142, 145,147, 148, 149쪽.
97) 우에노 치즈코, 앞의 책, 38, 115쪽.
98) 우에노 치즈코, 앞의 책, 38, 135쪽.
99) 우에노 치즈코, 앞의 책, 38, 150쪽.

개인적으로는 외국어인 '페니스'(penis), '버자이너'(vagina), '벌버'(vulva)라는 용어보다 '자지'와 '보지'라는 용어가 성에 관한 편견도 없애고 아름다운 우리말을 사용하는 장점도 있다고 생각한다. 그러나 현실은 아직 그러한 의도를 순수하게 받아들이기 어렵다는 것도 잘 알기 때문에, 이 책에서도 공식적인 용어로는 여성의 경우 성기 전체를 지칭할 때는 '여성의 성기', 일부를 지칭할 때는 '질', '공알(음핵의 순우리말) 등을 사용하고, 남성의 경우 성기 전체를 지칭할 때는 '남근', 특정 부위만 지칭할 때는 '음경'이나 '귀두'라는 용어를 사용하기로 한다. 책은 공식적인 성격이라 그럴 수밖에 없지만, 친밀감이 형성된 친구나 애인 사이에서는 자연스럽게 사용해 볼 것을 권한다. 어떤 말의 의미도 사용하는 사람에 따라 달리 정의될 수 있는 것이고, 어떤 '맥락'에서 사용하느냐에 따라 달라지게 마련이다. 상대방을 비하하거나 욕의 의미로 사용하는 것이 아니라는 공감대가 형성되는 관계의 상대에게는 편견 없는 순우리말을 사용하는 것이 좋다고 생각한다.

다섯째, 성적 흥분을 느낄 때 성행위를 하고 싶다고 당당하게 말할 수 있어야 한다. 남성들의 경우 먼저 성행위를 하고 싶다고 표현하는 것은 자연스러운 것으로 이해되듯이, 여성의 경우에도 마찬가지로 성적 표현이 자연스러운 것으로 이해되어야 한다. 이러한 표현에 대해 '밝히는 여자'라고 받아들이는 남성이라면 즉시 헤어지는 결단이 필요하다. 나의 주체적인 결정과 요구를 존중하지 않는다는 것은 나의 기본권을 존중하지 않는다는 의미이고, 내 인격을 존중하지 않는다는 의미이다. 그런 상대랑 성관계를 이어갈 필요는 없다. 아예 일반적인 관계인 인간관계마저 차단하든지, 아니면 인간관계는 유지하되 특수한 관계인 성관계만 차단하든지, 가부간에 결단을 내려야 한다.

여섯째, 피임의 여부와 피임기구의 선택에 있어서는 여성이 주도적으로 선택권을 행사해야 한다. 물론 가능하면 상대방과의 대화로 적절한 피임수단이 무엇인지 결정하는 것이 가장 좋다. 그러나 아직도 성행위 시 성감이 좋지 않다고 콘돔 사용을 꺼리는 남성들이 많은 현실에서, 최종적인 결정권과 주도권은 여성이 가져야 정당하다고 생각한다. 남성이야 사정하고 나면 그만이지만, 임신의 가능성을 갖고 있는 여성에게는 성행위 이후가 더 중요하기 때문이다. 피임을 거부하는 남성에게는 여성도 성행위 자체를 즉시 거부하자.

일곱째, 나의 성적 자기결정권을 존중하는 남자를 만나지 못했다면 적극적으로 자위행위를 하는 것이 좋다. 남성 주도의 일방적인 성행위에 마지못해 응하는 것보다, 스스로 주체적으로 성적 욕구를 해결할 수 있는 수단이 자위행위이다. 자위행위를 적절하게 활용하면 구질구질하게 남성에게 매달릴 필요가 없게 되고, 피임이나 여러 가지 성적 협상에서도 남성에게 일방적으로 밀리지 않을 수 있다. "레스비언이 구성해 가고 있는 독자적 성애와 성적 쾌락의 교류는 우리에게 여성을 성적 피해자로서만이 아니라 쾌락을 지닌 성적 주체자로서 바라볼 수 있도록 한다."[100]라는 제안도 고려하기

---

100)　박민선, 「한국 레스비언의 성과 삶」, 한국성폭력상담소, 『섹슈얼리티 강의』, 동녘, 1999, 274쪽.

바란다. 물론 동성애는 '성적 지향'의 문제이기 때문에 이런 성적 지향을 갖지 않는 여성의 경우에는 고려대상이 아니겠지만.

여성의 성적 자기결정권이 여성 개인의 주체적인 의식으로만 보장될 수는 없다. 여성의 남성에 대한 경제적 의존이 지속되는 한 여성이 자기결정권에 근거해서 남성의 성적 욕구를 거부하기는 현실적으로 어렵다. 따라서 여성의 성적 자기결정권을 온전히 행사하기 위해서는 먼저 여성의 사회경제적 지위가 향상되어야 한다. 고용에 있어서의 차별 금지를 포함해서 성 평등한 사회를 만들기 위한 연대가 절실히 필요한 이유이다.

○ 한계원리로서의 자기책임의 원칙

모든 자율적 판단과 결정에는 그에 대한 책임이 따르기 마련이다. 내가 적극적으로 원해서 성행위를 하고 난 후 마음이 변했다고, 그에 대한 책임을 남성에게 전가한다면 이는 성적 자기결정권을 스스로 부인하게 되는 결과가 된다. 자기책임의 원칙은 성적 자기결정권의 개념 정의에도 포함되어 있다. 헌법재판소의 개념 정의에 따르면 "성적 자기결정권은 각인 스스로 선택한 인생관 등을 바탕으로 사회공동체 안에서 각자가 독자적으로 성적 관(觀)을 확립하고, 이에 따라 사생활의 영역에서 자기 스스로 내린 성적 결정에 따라 자기책임 하에 상대방을 선택하고 성관계를 가질 권리를 의미하는 것이다."[101]라고 하여 '자기책임 하에'라는 것을 강조하고 있다. 이어서 헌법재판소는 "여성의 입장에서도 그 상대 남성이 설혹 결혼을 약속하면서 성행위를 요구한다고 하더라도 혼전 성관계를 가질 것인지 아닌지는 여성 스스로 판단하고 그에 따르는 책임도 스스로 지는 것이 원칙이다."[102]라고 판시하고 있다.

또한 여성의 자기결정권에 대한 침해에 대한 과보호도 여성의 주체성을 부인하는 결과가 될 수 있다. 먼저 여성 스스로의 결정과 그에 대한 책임을 존중해야지, 여성의 성적 나약성만 일방적으로 강조하면서 법이 이에 대해 과보호를 하는 것은 여성을 유아시하거나 여성의 판단능력 자체를 부인하는 것이다. 이와 관련해서 논란이 됐던 것이 '혼인빙자간음죄(약칭 혼빙간)'의 문제이다. 강간죄의 경우 폭행이나 협박으로 성적 자기결정권을 침해하는 범죄인데, 혼인빙자간음죄는 '사기'로 성적 자기결정권을 침해하는 범죄이다. 헌법재판소에 의해 위헌결정이 나기 전 형법 제304조(혼인빙자 등에 의한 간음)에서는 "혼인을 빙자하거나 기타 위계로써 음행의 상습 없는 부녀를 기망하여 간음한 자는 2년 이하의 징역 또는 500만원 이하의 벌금에 처한다."라고 규정하고 있었다. 대법원은 "혼인빙자간음죄의 구성요건은 혼인을 빙자하는 위계로써 음행의 상습 없는 부녀를 기망하여 간음함으로써 이루어지는 것"이라고 하여 '빙자'와 '위계(僞計)'를 같은 의미로 보고, 기망의 정도에 관해서는 "기망은 그 기망행위의 내용이 진실이라고 가정할 때 음행의 상습 없는 평

---

101)   헌재결 2002.10.31., 99헌바40, 2002헌바50.
102)   헌재결 2002.10.31., 99헌바40, 2002헌바50.

균적 사리 판단력을 가진 부녀의 수준에서 보아 간음에 응하기로 하는 자기 결정을 할 만한 정도여야 한다."고 판시[103]한 바 있다.

혼인빙자간음죄에 대한 위헌 여부는 두 번 다투어졌는데, 2002년 결정에서는 '합헌결정'이 났고, 2009년 결정에서는 '위헌결정'이 났다. 2002년의 합헌결정에서 헌법재판소는 "성의 순결성을 믿고 있는 여성에게도 상대방을 평생의 반려자로 받아들이겠다는 엄숙한 혼인의 다짐 앞에서는 쉽사리 무너질 수밖에 없다."[104]라는 논거를 제시하고 있다. 여성을 '성의 순결성'을 믿고 있는 존재로 인식한다는 것은 가부장적 이데올로기를 내면화한 표현이고, 또한 여성은 '혼인의 다짐' 앞에서 '쉽사리 무너질 수밖에 없는' 존재로 규정하고 있다. 시대착오적인 결정이라고 하지 않을 수 없다. 더 나아가 같은 결정에서 "성교행위로 인한 여성의 임신가능성 등 신체구조상의 차이로 보나, 여전히 사회 속에 뿌리 깊은 남성본위의 사고방식에 혼전 성관계에 대한 남녀차별적인 인식 등을 고려할 때, 성문제에 있어서 여성은 도저히 남성과 대등한 입장에 있다고 볼 수 없다."라고 판시함으로써 '신체구조상의 차이'가 여성의 성적 자기결정권의 행사에 제약요소로 작용한다는 견해를 밝히고 있다. 이러한 표현은 프로이트의 "해부학적 구조는 운명이다."라는 말을 떠올리게 한다. 생물학적 결정론에 입각한 결정이다. 다만, 같은 결정에서도 재판관 권성은 소수의견인 반대의견에서 "혼인의 약속을 포함한 모든 사정을 종합하여 여자가 상대를 선택하는 현상을 부인하는

---

103)   대판 2002.9.4., 2002도2994.
104)   헌재결 2002.10.31., 99헌바40, 2002헌바50.

것은 여자의 이성(理性)과 생래의 판단력을 미오(迷悟), 불신하는 데에서 비롯된 것이다."라는 타당한 의견을 제시한 바 있다. 더 나아가 재판관 주선회는 반대의견에서 "여성이 혼전 성관계를 요구하는 상대방 남자와 성관계를 가질 것인가의 여부를 스스로 결정한 후 자신의 결정이 착오에 의한 것이라고 주장하면서 국가에 대하여 상대방 남성의 처벌을 요구하는 것은 여성 스스로가 자신의 성적 자기결정권을 부인하는 행위이다. 마찬가지로, 결혼을 약속했다고 하여 성관계를 맺은 여성의 착오를 국가가 형벌로써 사후적으로 보호한다는 것은, '여성이란 남성과 달리 성적 자기결정권을 자기 책임 아래 스스로 행사할 능력이 없는 존재, 즉 자신의 인생과 운명에 관하여 스스로 결정하고 형성할 능력이 없는 열등한 존재'라는 것의 규범적 표현이다. 나아가, 이 사건 법률조항은 남녀 평등의 사회를 지향하고 실현해야 할 국가의 헌법적 의무(헌법 제36조 제1항)에 반하는 것이자, 여성을 유아시(幼兒視)함으로써 여성을 보호한다는 미명 아래 사실상 국가 스스로가 여성의 성적 자기결정권을 부인하는 것이다."라는 설득력 있는 주장을 하고 있다.

결국 주선회 재판관의 소수의견은 시간이 흐른 2009년 결정에서 다수의견으로 채택되게 된다. 2009년 결정에서 여성부장관은 "이 사건 법률조항은 피해자가 부녀로 한정되어 남성에 대한 차별 소지가 있고, 여성을 성적 의사결정의 자유도 제대로 행사할 수 없는 존재로 비하하고 있다는 점 등에서 헌법상 평등원칙에 위배되는 성격을 내재하고 있다."라는 의견을 제시한 바 있다. 헌법재판소의 다수의견은 다음과 같다.

"여성이 혼전 성관계를 요구하는 상대방 남자와 성관계를 가질 것인 가의 여부를 스스로 결정한 후 자신의 결정이 착오에 의한 것이라고 주장하면서 국가에 대하여 상대방 남성의 처벌을 요구하는 것은 여성 스스로가 자신의 성적 자기결정권을 부인하는 행위이다. 남성이 결혼을 약속했다고 하여 성관계를 맺은 여성만의 착오를 국가가 형벌로써 사후적으로 보호한다는 것은 '여성이란 남성과 달리 성적 자기결정권을 자기책임 아래 스스로 행사할 능력이 없는 존재, 즉 자신의 인생과 운명에 관하여 스스로 결정하고 형성할 능력이 없는 열등한 존재'라는 것의 규범적 표현이다. 그러므로 이 사건 법률조항은 남녀 평등의 사회를 지향하고 실현해야 할 국가의 헌법적 의무(헌법 제36조 제1항)에 반하는 것이자, 여성을 유아시(幼兒視)함으로써 여성을 보호한다는 미명 아래 사실상 국가 스스로가 여성의 성적 자기결정권을 부인하는 것이 되는 것이다. 나아가 개인 스스로 선택한 인생관·사회관을 바탕으로 사회공동체 안에서 각자의 생활을 자신의 책임 아래 스스로 결정하고 형성하는 성숙한 민주시민이 우리 헌법이 지향하는 바람직한 인간상이라는 점에 비추어 볼 때, 결국 이 사건 법률조항이 보호하고자 하는 여성의 성적 자기결정권은 여성의 존엄과 가치에 역행하는 것이라 하지 않을 수 없다."[105]

02. 여성의 성에 대한 편견

성은 과연 본능인가? 성욕은 본능적인 욕구지만, 성욕의 충족이나 해소는 철저하게 사회가 허용하는 방식에 따라야 한다는 것은

---

105) 헌재결 2009.11.26., 2008헌바58, 2009헌바191. 이 결정은 헌재결 2002.10.31., 99헌바40, 2002헌바50에서의 재판관 주선회의 반대의견을 다수 헌법재판관이 채택한 결과임.

상식처럼 보인다. 그러나 그 문제는 그리 간단하지 않다. 아직도 여전히 과학의 이름으로 절대적이고 불변하는 본능을 인정하려는 논의가 끊이지 않기 때문이다. 생리정서론, 본질론, 성과학 패러다임 (정신 의학적 모델, 심리 분석학적 모델, 생물학적 모델), 본질주의 또는 생물학적 결정론으로 주장되는 것들이 그러한 예들 가운데 하나이다.

성의 본질을 본능이라 주장하는 이론은 일견 타당한 듯이 보이지만, 그것이 초래하는 폐단은 매우 심각하다. 만일 성이 본능일 뿐이라면 성에 관한 각종 범죄나 일탈에 대해 사회가 할 수 있는 일이란 아무것도 존재할 수 없다. 고작해야 거세나 유전자 조작 등 물리적·화학적 처방을 내릴 수 있을 뿐이지만, 인간의 존엄에 반하는 그런 처방이 법적으로 가능하지 않기 때문이다. 결국 사회는 본능이라는 이유로 어쩔 수 없이 범죄나 일탈행위를 묵인 내지는 승인할 수밖에 없게 된다. 남성의 성충동은 본능적으로 억제할 수 없는 것이기 때문에 강간이나, 성매수, 외도나 간통은 본질적이고, 절대적이고, 피할 수 없는 숙명이라고 인정할 수밖에 없다.

앞서 '성의 본질'이라는 제목 아래 다룬 글에서 나는 성의 본질을 본능으로 이해하는 본질주의 내지 생물학적 결정론에 반대의견을 밝힌 바 있다. 성은 단순한 본능만은 아니고, 사회문화적 환경에 의해 영향을 받는다는 양 측면을 동시에 인정하는 통합론적 관점을 지지한다. 대부분 성욕 자체는 본능이지만, 성욕의 충족이나 해소는 철저하게 사회가 허용하는 방식과 규범을 따라야 한다는 의미에서 사회성을 띤다고 주장한다. 그러나 나는 성욕의 인식이나 발생 자체도 또한 사회성을 띤다는 점을 강조하고 싶다. 일본의 이시하마 아츠미는 남성의 발기를 방광의 팽창으로 일어나는 생리적인 '반사적 발기'와 심리적인 영향에 의한 '에로틱 발기'로 구분한다.[106] 동물의 경우에는 호르몬의 작용에 의해 발정기가 되어야-물론 일부 예외는 있지만-비로소 성적인 욕구를 느끼지만, 인간은 심리적 영향에 의해서도 성욕을 느끼는 것이다. 과연 인간에게 순수한 본능적 요소와 사회문화적 영향에 의해 변형된 요소를 구분하는 것이 가능할까 의문이 들 정도로 인간의 본능은 그 자체가 이미 사회적인 성격을 띠고 있는 것이다.

이하에서는 성이 본질적이고 절대적으로 생물학적으로 결정되어 있다는 시각을 배제하는 전제에서 여성의 성에 관해 그릇되게 인식되고 있는 편견들을 성기, 성감대, 성욕, 성행위로 구분하여 설명하기로 한다.

○ 여성의 성기에 대한 편견

1) 여성의 성기는 남근의 결여체

보나팔트 나폴레옹이 괴테를 만나서 한 말은 "정치는 운명이다."라는 것이다. 프로이트는 이 말을 바꿔 "해부학적 구조는 운명이다."[107]라는 유명한 말을 통해 남녀 간 성기의 해부학적 차이는 이후의 심리적 발달과정을 지배할 정도로 숙명적인 것이라는 편견을 가지고 있다. 즉, 여성은 남성의 성기인 남근의 존재를 발견하면서,

---

106)   이시하마 아츠미, 손영수 옮김, 『섹스 사이언스』, BLUE BACKS, 1997.
107)   지그문트 프로이트, 앞의 책, 52쪽.

자신에게는 남근이 결핍되어 있다는 것을 알고 열등감과 질투를 느끼게 된다는 것이다. 이는 남근에 대한 부러움과 선망(남근선망, penis envy)으로 이어지는데(거세콤플렉스), 이에 대해 여성은 첫째, 자신의 음핵에 불만을 가지게 되고 성욕에 대한 전반적인 반감으로 성생활을 전반적으로 중지하거나 둘째, 자신도 언젠가 페니스를 지니게 되리라는 희망을 포기하지 않고 서서 소변을 보려고 하는 등 마치 반항이라도 하듯 자신의 남성성을 지나치게 강조하거나(남성콤플렉스) 셋째, 페니스에 대한 집착을 포기하고 대체물로서 아기를 소망하여 아버지를 애정의 대상으로 선택하고 오이디푸스콤플렉스의 여성적 형태로 나아가는 반응을 보인다고 한다. 이처럼 여성은 남근이 없는 거세된 상태로 태어났기 때문에 남자의 경우처럼 거세콤플렉스에 의해 오이디푸스콤플렉스를 포기함으로써 초자아를 발달시키기 못하고, 질투 등 심리적 미성숙을 초래한다는 것이 프로이트의 견해이다.[108]

해부학적으로 분명 여성의 성기는 남근과 다르다. 여성의 성기는 남근과 그 외관상의 형태가 다를 뿐만 아니라 기능도 다르다. 문제는 그것이 과연 프로이트의 견해처럼 극복할 수 없는 숙명인가 아니면 사회가 남근과 여성의 성기에 부여한 가치판단의 결과인가 하는 점이다. 프로이트의 기본적인 문제는 시대나 국가에 따른 인간의 개별성을 인식하지 못하고, 고정불변의 보편적인 인간을 전제로 하고 있다는 점이다. 영국의 문화인류학자인 말리노프스키가 트로

---

108)   지그문트 프로이트, 앞의 책.

브리안드 군도의 원주민의 행태를 연구한 『미개사회의 성과 억압』이라는 유명한 책을 보면 모계제인가 부계제인가에 따라 오이디푸스콤플렉스가 다른 양상으로 전개될 수 있음이 잘 나타나 있다. 또한 미국의 문화인류학자인 마가렛 미드나 기타의 문화인류학자들의 연구는 각 종족에 따라서 남성과 여성에 대한 가치부여나 성역할이 절대적인 것이 아니라는 것을 증명하고 있다. 이는 시몬 드 보봐르가 주장하듯이 여자가 남근을 부러워하는 것은 남근 자체의 구조나 기능이 우월해서가 아니라, 단지 남근이 상징하는 남성적 특권에 불과하다는 주장도 가능한 것으로 보인다.

이처럼 여성의 성기와 남근의 해부학적 차이가 그에 대한 가치부여나 심리적 발달단계에 미치는 영향에 대한 합의된 정설은 없다. 그렇다면 '여성의 성기는 남근의 결여체'라는 식의 섣부른 가치평가를 내릴 것이 아니라, 여성의 성기와 남근의 있는 그대로의 모습을 사실 그대로 받아들이고, 각각의 독자적 기능을 객관적으로 평가하는 태도가 올바를 것이다. 프로이트가 말년에 "나는 결국 여자들이 무엇을 원하는지 알 수 없다."라고 고백함으로써 여성의 성과 심리에 관한 자신의 근본적 무지를 시인한 경우에는 더욱 말할 것도 없다.

2) 더럽고 추한 기관

여성의 성기뿐만 아니라 남근을 포함하여 성기에 대하여 더럽고 추한 것으로 인식하는 편견이 존재한다. 조르쥬 바타이유는 "성적 기관들은 원칙적으로 육체의 부패와는 무관하다. 오히려 성기의 기능은 그것을 정반대의 자리에 위치시킨다. 그럼에도 드러 난 내부의 점액질은 금방 농이 터져 나올 것 같은 상처를 생각나 게 하며, 육체의 생명을 시체의 부패에 연결시킨다. 더 나아가, 배 설물의 더러움은 그 성적 기관들을 더욱 죽음과 연관시킨다."[109] 라고 함으로써 성기 자체에 대해 부정적으로 인식하고 있다. 또한 프로이트도 "생식기는 그 자체가 아름다움으로 향한 인간 신체 발달의 한 부분을 차지하지는 않는다. 즉 생식기는 여전히 동물 적인 것으로 남아 있고, 그래서 사랑 역시 그 본질에 있어서는 과 거에 그랬던 것처럼 동물적인 것으로 남아 있다."라고 표현함으로 써 성기를 동물적인 것, 아름답지 못한 존재로 인식하고 있다.[110]

미국과 같이 성에 관해 개방적인 사회에서도 클린턴의 이른바 '지 퍼게이트'를 계기로 오럴섹스가 유행하게 되었다니, 우리의 경우 구 강성교(펠라티오fellatio나 커닐링구스cunnilingus)가 얼마나 외면당했는지 를 짐작하기는 어렵지 않다. 우리는 성적인 욕구를 해소하기 위해 때로는 물리적 폭력으로, 때로는 돈을 주면서까지 여성의 성기를 찾는데, 정작 여성의 성기 자체는 왜 그처럼 추하고 더러운 존재로 인식하는 것일까? 이 이율배반적이고 모순된 인식은 어떻게 가능 한 것인가? 그것은 바로 남성 중심적이고 일방적인 성행위의 오랜 행태 때문이다. 즉 여성의 성기를 남성의 성욕 충족을 위한 수단으 로서만 바라보고, 여성의 성기 자체에 대해서는 혐오하는 것이다. 성행위를 통해 여자도 함께 만족을 누리는 것이 당연하다는 인식

---

109)   조르주 바타이유, 조한경 옮김, 『에로티즘의 역사』, 민음사, 1998, 179쪽.
110)   지그문트 프로이트, 앞의 책, 176쪽.

을 하게 되면 음핵에 대한 사전 애무는 필연적이라는 인식을 하게 된다. 그런 인식을 가질 때 "여성의 성기는 더러워서 빨지 못하겠다."라면서도 남근은 빨아 주기를 원하는 이기적인 성행태는 사라질 것이다.

여성의 성기에 대한 인식도 그 시대의 사회문화적 가치관의 한 반영이다. 여성과 여성의 몸, 여성의 성기에 대해 어떤 가치를 부여하느냐에 따라 인식이 달라지는 것이다. 내가 여성의 성기를 처음 본 것은 고등학교 때이다. 물론 직접 본 것은 아니고 수업 시간에 여성의 성기가 적나라하게 찍힌 포르노 사진을 친구들이 돌려 보기에 잠깐 보게 되었다. 그때 느낌은 다소 충격적이었다. 내가 상상했던 이미지와 너무 달랐기 때문이다. 예쁘고 사랑스러운 존재라는 상상과는 너무 달랐다. 그러나 그건 내 주관적인 환상에 불과한 것이다. 나 혼자 상상하고 나 혼자 실망한다는 것이 얼마나 어리석은 일인가? 여성의 성기는 나의 상상과 무관하게 객관적 실체로서 존재하는 것이다. 대학에 입학한 후 여성학을 개인적으로 공부하게 되면서, 여성에 대한 가치가 바뀌고 나니 여성의 성기에 대한 인식도 달라지게 되었다.

여성들 스스로도 자신의 성기에 대해 부끄럽거나 징그럽다고 생각하는 경우가 많다. 이제 생각을 바꿀 필요가 있다. 여성들도 자신의 성기에 대해 당당하고 자랑스럽게 생각하는 태도가 필요하다. 영화 『처녀들의 저녁식사』에서 '은호정(강수연 분)'의 다음과 같은 대사는 그래서 더 주체적이고 멋지다고 생각한다.

"야! 걔네 건 그냥 가운데 덜렁덜렁 튀어나온 거밖에 더 돼? 귀여운 걸로 따지나 마술 같은 걸로 따지나 우리 거만 한 것들이 어딨겠니? 안 그래?"

3) 공알은 작은 남근

프로이트는 음핵을 작은 남근으로 인식하고 있다. 그래서 남아든 여아든 서로의 생식기의 차이를 발견한 후 한동안은 작은 남근인 음핵이 언젠가 자랄 것이라는 믿음을 갖는다고 한다. 이처럼 음핵은 기본적으로 남성적 성격을 갖기 때문에, 여성이 음핵을 통한 자위행위로부터 쾌락을 얻는 것은 남성적인 행위라고 주장한다. 그리고 음핵을 통한 남성적 쾌락을 포기하고 여성적인 '질 쾌락'으로 나아가지 않는 한 온갖 신경증적 고착에 머무르게 된다고 한다.

공알[111]은 성적 쾌감에 미치는 기능에 있어서 남성의 귀두에 해당할 정도로 신경세포가 밀집한 성감대의 핵심이다. 그런 의미에서 공알을 작은 남근이라고 표현하는 것은 이해할 수 있다. 그러나 그것이 성적 쾌감에 있어서의 기능 간 유사성을 지칭하는 비유적인 표현이 아니라, 가치적·심리적 평가가 덧붙여져 남근에 대한 열등감으로 이해되거나 이후의 심리적 발달에까지 관련시키는 것은 문제이다. 공알은 그냥 공알일 뿐이다. 그것은 작은 남근도 아니고, 남성적 성격을 띤 성감대도 아니고, 단지 여성의 성기에 필연적으로 존재하는 여성 고유의 성 기관이라고 이해하는 것이 정당하다.

---

111) '공알'은 순우리말로서 한자어로는 음핵(陰核), 영어로는 클리토리스(clitoris)이다. 필자는 굳이 한자어나 외국어를 쓸 필요가 없다고 생각하여 '공알'이라는 용어를 사용하기로 한다.

○ 여성의 성감대에 대한 편견

성감대란 인체에서 성적 자극을 민감하게 느끼는 부위를 말한
다. 남성의 1차 성감대는 음경-특히 귀두-, 정낭에 국한되어 단조롭
지만 여성의 경우는 공알, 소음순, 대음순, 질전정 등이 이에 속한
다. 남성의 성감대는 단순하기 때문에 성감의 고조도 급진적인 데
반해, 여성의 경우는 성감대가 복잡한 만큼 점진적, 정서적으로 고
조된다.[112]

여성의 성적 쾌락에 민감한 성감대와 관련해서 프로이트와 마스
터즈 & 존슨은 견해를 달리한다. 프로이트는 여성이 유아기에는
음핵을 통해 성적 쾌감을 느낀다는 것을 인정하지만, 신경증 없이
정상적인 심리발달을 이루기 위해서는 음핵에 의한 쾌감을 포기하
고 질에 의한 쾌감으로 전환해야 한다고 강조한다.

또한 현실적으로도 여성의 성감대가 질이라는 상식이 만연해 있
다. 흔히들 남성은 성적인 능력이 우월해야 하고 주색을 겸비해야 영
웅이라는 인식이 있는데, 남성의 성적 능력은 ① 음경의 크기, ② 발
기의 강직성, ② 발기의 지속성, ③ 한 번의 성행위 시 연속적인 성교
횟수, ④ 재발기의 신속성 등으로 평가된다. 이는 철저하게 '성기 중심
적'이고 '남성 중심적'인 성관념이라고 할 수 있다. 전통적인 속설은
여성의 성적 만족을 무시한 채 음경이 크고 발기의 지속시간이 길면
여자는 만족할 것이라는 지극히 자기중심적이고 자기만족적인 입장
을 대변하고 있고, 이는 여성의 성감대가 질이라는 견해를 암암리에

---

112)   추영국 외, 『신경향 성의 과학』, 아카데미서적, 2000, 74~75쪽.

전제하고 있는 것이다. 그러나 유감스럽게도 질은 성적 쾌감을 느끼고 전달할 수 있는 성 신경세포가 거의 발달하지 않은 기관이다. 오히려 마스터즈와 존슨의 연구에 의하면 여성의 주요한 성감대는 질이 아닌 음핵이다. 즉, 음핵의 자극이나 애무 없는 여성의 성적 만족은 불가능하다.

그렇다면 남성이 설령 여성을 성적으로 만족시키고자 한다면 음경을 크게 하려고 확대수술을 한다거나 음경을 단련시켜 발기의 지속시간을 늘리려는 무모한 노력을 포기하는 것이 옳다는 결론이 나온다. 이처럼 성에 대한 그릇된 지식은 "남자는 여자를 성적으로 만족시켜야 한다."라는 의무감과 더불어 자신의 성적 무능력에 대한 중압감으로 내모는 결과를 초래하는 것이다.

◉ 여성의 성욕에 대한 편견

전통적으로 남성의 성욕은 강렬하고 충동적이므로 즉시 충족해야 하는 것인 데 반하여 여성은 성욕이 없는 존재이고, 성욕을 가져서도 안 되며, 성욕의 표현은 더더욱 안 되는 것으로 여겨져 왔다. 따라서 여성은 고작 생명을 생산하기 위한 생식의 필요에서, 남성의 성욕을 충족시켜 줄 의무에서 수동적이고 소극적으로 음경을 받아들이기만 하는 존재였다. 남성의 성욕은 강하고 억제할 수 없으므로 때로는 외도(간통)도 해야 하고, 성매매도 필요하고, 심지어 강간조차 정당화되었다. 이에 반해 여성은 성욕 자체가 없거나 있더라도 약하기 때문에 억제할 수 있고, 억제할 수 있음에도 불구하고 참지 않으면 그것은 윤리적으로 문제가 되었던 것이다. 그러나 모든 여성을 그렇게 대하면 남성들의 성욕 충족이 불가능하기 때문에 일종의 돌연변이로서 성판매여성의 존재를 요구할 수밖에 없었다. 또한 여성은 성욕을 거의 느끼지 못하는 존재이기 때문에 성행위를 할 때 전희니 하여 번거롭게 준비를 할 필요가 없었고, 따라서 남성의 성행위는 서울대 인류학과 전경수 교수의 표현에 의하면 '박고 싸는' 행위에 불과하였다.

그러나 지금은 생식을 위한 성(부부간의 성)과 쾌락을 위한 성(혼전의 성, 혼외의 성)의 구분을 부인하고 생식과 쾌락을 동시에 충족하려는 사람들이 많이 늘어나고 있는 현실이다.

원시시대의 신화에는 여성의 강한 성욕에 대한 공포심이 표현되는 내용이 많다.

구약성서인 「판관기」 제16장을 보면 희대의 영웅이자 판관인 삼손을 유혹하여 파멸로 이끈 블레셋 여인인 들릴라 또는 델릴라에 관한 이야기가 나온다. 들릴라는 삼손의 힘의 비밀을 알아내어 삼손의 머리카락을 잘라 힘을 없애고, 결국 삼손은 눈을 뽑히게 되고 비참하게 죽고 만다.

말리노프스키의 『미개사회의 성과 억압』이라는 책을 보면 트로브리안드 아일랜더 부족과 쿠워머 마타코 부족은 여성의 성욕이 남성보다 더 강하다고 믿는다는 내용이 나온다. 남태평양의 부족들은 대체로 남성이나 여성이나 성적 욕망의 차이가 없다고 믿는다(Marshall, 1971). 이러한 사실들은 남성과 여성의 성욕에 대한 가정들이 타고난 본능의 차이에 의한 것이 아니라 사회문화적으로 구성

된 것임을 뒷받침해 준다.[113]

『킨제이보고서』에 따르면 여성의 절반 정도가 혼전에 성교 경험이 있고, 26%의 유부녀가 간통 경험이 있는 것으로 나타났다.[114] 이 보고서가 처음 출판된 때가 1948년이니 지금은 그 비율이 훨씬 더 높을 것으로 추정된다.

또한 여성의 성욕에 대한 편견은 마스터즈와 존슨의 연구로 그릇된 것임이 증명되었다. 여성은 성욕을 느끼지 못하거나 성욕이 없는 무성적(無性的) 존재가 아니라, 오히려 한 번의 성행위에서 여러 번 오르가슴을 느낄 수 있는(멀티 오르가슴, multi-orgasm) 대단히 성적인 존재인 것이다. 마스터즈와 존슨은 인간의 성반응에 관한 생체실험을 통해 여성은 남성과 달리 여러 차례 오르가슴을 경험할 수 있다는 사실을 증명했다. 실험 결과에 따르면 젊은 여성이 한 번의 성교에서 6~12회 오르가슴에 도달한 사례도 있고, 어떤 여성은 남편이 사정하고 나서 수음으로 25회, 곧바로 모조음경을 삽입하여 21회 등 모두 46번의 오르가슴을 한 번 누운 자리에서 경험한 사례도 있다.[115] 또한 마스터즈와 존슨은 성적 흥분에 대한 신체적 반응은 본질적으로 여자나 남자나 같다는 것을 증명했다.

사실 여성의 성욕에 관한 편견이 없다면 여성은 오히려 축복받은 성적인 존재라는 사실을 시인할 수밖에 없다. 남성은 아무리 성욕이 강렬하게 인다 하더라도 발기가 되지 않으면 성교를 할 수가 없

---

113)   이재경 외, 앞의 책, 93쪽.
114)   이인식, 앞의 책, 83쪽.
115)   이인식, 앞의 책, 85쪽.

음에 비해, 여성은 성적 흥분을 느끼지 않더라도 성교를 할 수 있는 존재이다. 남성은 아무리 정력이 강하다 하더라도 사정 후 재발기까지 일정한 시간이 흐를 때까지는 성교가 불가능하지만, 여성은 여러 번의 성교를 통해 계속적인 오르가슴이 가능한 존재이다. 그렇다면 과연 누가 더 성적인 존재이고, 축복이 누구에게 있는가?

○ 여성의 성행위에 대한 편견

흔히 남성들은 성행위에 대해 여성을 "먹었다", "따먹었다"라고 표현한다. 인본주의적인 심리학자 에리히 프롬도 "남성은 자기 자신을, 자신의 남근을 여성에게 준다. 최고조에 달했을 때 남자는 여자에게 정액을 준다. 그는 능력을 소유한 이상, 정액을 주지 않고 참을 도리가 없다. 만약 주지 못한다면 그는 성불구자이다. 여성에게 있어서도, 비록 좀 더 복합적이긴 해도 의미는 동일하다. 여자도 자기 자신을 준다. 수용하는 행위로써 여자는 주고 있는 것이다."[116]라고 함으로써 여성의 성행위를 애매하기는 하지만 수용적이고 수동적인 것으로 이해한다. 또한 프로이트의 제자이자 여성 정신의학자인 헬렌 도이취도 성행위는 "남성 쪽에서는 '가학적(加虐的)인 점유행위'이고 여성 쪽에서는, '매저키즘적 종속'"[117]이라고 함으로써 여성의 성행위는 기본적으로 수동적이고 피학적인 것이라는 주장하고 있다. 고 마광수 교수는 아예 한술 더 떠서 보다 노골

---

116)   에리히 프롬, 『사랑의 기술』, 이완희 옮김, 문장사, 1987, 36쪽.
117)   바이올러 클라인, 김한경 옮김, 『여자란 무엇인가』, 지평, 1990, 123면에서 재인용.

적으로 "성기의 구조로 보아 남성은 항상 공격적이기 때문에 주로 새디스틱한 쾌감을 즐기고 여성은 항상 받아들이는 입장이기 때문에 주로 매조키스틱한 쾌감을 즐긴다. …… 성기의 구조상 여성은 매조키스트라야 행복해진다."라고 표현하고 있다.[118]

그러나 과연 그것이 정직한 견해일까? 우리가 음식을 먹을 때 "입으로 음식물을 먹는다."라고 표현하지, "입이 음식물에 의해서 먹힌다"거나 "음식물이 입을 먹었다."라고 표현하지는 않는다. 그렇다면 "먹는다"와 "따먹는다"라는 성행위에 대한 비유적 표현을 하고자 한다면 오히려 "여성이 남성을 먹는다"라고 표현해야 일상의 언어 감각과 일치할 것이다. 여성의 성기는 입과 유사한 것이기 때문에 입은 여성의 성기로, 음경은 음식물로 이해하고 먹는다는 것은 여성의 성행위를 지칭해야 비유가 타당하기 때문이다.

그렇다면 이제 여성의 성행위를 수동적인 것으로만 이해하는 편견을 버리는 것이 올바르다는 결론이 나온다. 여성상위 내지 기승위의 체위는 말할 것도 없이 여성이 남성을 '먹는', '흡입하는' 주체적인 행위이다. 성행위의 시작과 진행, 종료를 여성이 주도적으로 이끄는 체위이기 때문이다. 그러나 남성상위의 체위에서도 마찬가지로 여성은 주체적이다. 그녀는 자신의 주체적인 결단으로 성행위에 임하고 있는 것이기 때문이다. 물론 일방적으로 남성의 요구에 의해 강요되는 성행위에서는 여성은 그저 누워서 다리를 벌리고 곗돈 생각이나 하면서 수동적인 성행위를 할 수도 있다. 그러나 그것

---

118)   마광수, 『나는 야한 여자가 좋다』, 자유문학사, 1989, 76~77쪽.

은 여성의 성적 주체성을 부인하는 남성에 의해 결과적으로 나타나는 현상일 뿐, 그것이 모든 성행위에서 여성이 필연적으로 취해야만 하는 것은 아니다. 여성의 성적 주체성을 인정하는 인간적인 성행위에 있어서는 여성의 성행위의 능동성을 인정하지 않으면 안 될 것이다.

○ 결론

우리는 한때 여성은 성욕이 없거나 있더라도 약한 존재라는 편견을 가졌다. 그리고 남성의 제한 없는 성적 쾌락을 위해서는 모든 여성의 성욕을 부인해서는 안 되기 때문에 '창녀'라는 성적으로 문란하고 지극히 성적인 여성을 설정하고 여성을 이분화시켜 왔다.

그러나 여성의 성에 대한 편견을 버리고 객관적으로 판단한다면 오히려 여성이 더욱더 성적인 존재라는 사실을 인정하지 않으면 안 된다. 물론 성 자체를 추하고 더러운 동물적인 것으로 이해한다면 그것은 오히려 저주가 될 것이다. 그렇지 않고 성 자체를 아름답고 즐거운 행복의 원천으로 인식한다면 그것은 축복으로 받아들여질 것이다. 나는 후자의 입장에서 여성이 오히려 성적인 면에서 축복을 받은 존재라고 판단한다. 다만 그런 축복을 인정하지 않으려는 남성들에 의해 오랜 기간 억압되었을 뿐이다.

그러나 우리가 여성의 성에 대한 편견을 버리고 여성을 대등한 성의 주체로서 존중하고, 더불어 함께 나누는 성을 영위하지 못한다면, 미래에 여성의 성에 대한 편견이 무너졌을 때 남성은 오로지 여성의 배려를 구걸하는 일이 일어나지 않으리라고 누가 장담하겠는가?

"당신도 알다시피 여자란 존재는 원래 한 번의 성행위로 만족할 수 없잖아요? 여러 번의 오르가슴을 느끼는 것이 당연한 여자가 오직 한 남자만 바라보고 산다는 것은 너무 가혹한 일이 아니겠어요? 나도 당신을 좀 더 오래 배려하고 싶지만 남자는 생물학적으로 여러 번의 성행위가 불가능한 존재잖아요. 이해할 수 있죠? 대신에 외박은 하지 않을게요. 남자친구와 성행위를 마치면 늦게라도 돌아올 거니까 기다리지 말고 먼저 자고 있어요."

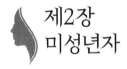

제2장
미성년자

01. 미성년자의 개념

　민법 제4조는 "사람은 19세로 성년에 이르게 된다."라고 규정하고 있다. 따라서 현행법상 미성년자는 원칙적으로 19세 미만의 사람을 말한다. 그러나 행정법에서는 이를 '영유아', '아동·청소년'으로 구별하고 있다. 「청소년의 성보호에 관한 법률」은 2009. 6. 9. 전부개정으로 법률의 명칭을 「아동·청소년의 성보호에 관한 법률」로 개정했는데, 개정 이유로는 "아동도 이 법에 따른 보호대상임을 명확히" 하고자 한다고 밝히고 있다. 그러나 아동을 청소년과 구별해서 별도로 다루는 규정이 없기 때문에 성적 자기결정권이란 측면에서 볼 때 개정의 의미는 거의 없다고 할 수 있다.

　영유아보육법 제2조 제1호에 따르면 '영유아'란 "6세 미만의 취학 전 아동"을 말한다. 유아교육법 제2조 제1호에 따르면 '유아'란 "만 3세부터 초등학교 취학 전까지의 어린이"를 말한다.

　현행법상 아동과 청소년의 연령은 통일되어 있지 않다. 아동복지법상 '아동'은 18세 미만인 사람(제3조 제1호), 「아동·청소년의 성보호에 관한 법률」상의 '아동·청소년'은 19세 미만의 자(다만, 19세에 도달하는 연도의 1월 1일을 맞이한 자는 제외)(제2조 제1호), 「청소년 기본법」

상 '청소년'이란 9세 이상 24세 이하인 사람(제3조 제1호), 「청소년 보호법」상 '청소년'이란 만 19세 미만인 사람(제2조 제1호)을 말한다. 법률마다 규율 목적이 다르기 때문에 이런 차이가 발생할 수도 있지만, 기본적으로 아동에 대한 통일적인 관점이 결여된 게 원인이라고 생각한다.

헌법재판소는 보호대상인 아동·청소년의 연령을 몇 살로 정할 것인가의 문제는 원칙적으로 국회가 재량으로 결정할 입법재량이라고 판시하고 있다.

> "국가가 성매매 등으로부터 특별히 보호하여야 할 아동·청소년의 연령을 몇 살로 정할 것인가의 문제는, 정신적·신체적 성숙도, 교육적·사회적·문화적 환경, 세계 각국의 추세 등 여러 가지 요소를 종합적으로 고려하여 결정되어야 할 입법정책의 문제로서 현저하게 불합리하고 불공정한 것이 아닌 한 입법자의 재량에 속한다고 보아야 한다."[119)

이어 「아동·청소년의 성보호에 관한 법률」 '19세 미만의 자'라는 규정에 대해서는 "합리적인 재량의 범위를 벗어난 것으로 보기 어렵다"고 하여 합헌결정을 내렸다.

> "아동·청소년성보호법상의 아동·청소년은 현행 학제상 고등학교 3학년 이하에 해당하는 점, 유엔 아동권리조약도 모든 형태의 성착취와 성학대로부터 보호되어야 할 아동의 연령을 18세 미만의 자로 규정하고 있는 점, 성인의 성매매 자체는 금지하지 아니하고 있는 일본, 독일, 캐나다 등의 여러 나라에서도 18세 미만인 자와의 성매매에 대해서만큼

---

119)   헌재결 2011.10.25., 2011헌가1.

은 특별한 규율을 가하고 있는 점 등에 비추어 볼 때, 비록 연령별 발달정도에 따라 개인마다 차이가 있어 실질에 부합하지 않는 경우가 있더라도, 아동·청소년성보호법이 19세 미만의 자(다만 19세에 도달하는 해의 1월 1일을 맞이한 자는 제외)를 기준으로 획일적인 구분을 하고 있는 것은 법률관계의 안정과 객관성을 위하여 부득이한 것으로서 합리적인 재량의 범위를 벗어난 것으로 보기 어렵다. 따라서 이 사건 법률조항이 형벌의 개별화 원칙에 반한 과잉 형벌이라고 할 수 없다."[120)

02. 미성년자의 성적 주체성

성적 자기결정권의 주체는 헌법상 대한민국 국민이면 누구나 될 수 있으므로, '영유아'나 '아동·청소년'도 당연히 주체이다. 다만, 미성년자의 경우 육체적·정신적으로 성숙하는 과정에 있기 때문에 이들의 기본권 행사는 법률에 따라 제한될 수 있다. 이와 관련된 용어가 '기본권 보유능력(향유능력)'과 '기본권의 행사능력'이다.

○ '기본권 보유능력(향유능력)'과 '기본권의 행사능력'

'기본권 보유능력'이란 기본권의 주체가 될 수 있는 능력으로서 기본권의 향유능력이라고도 한다. 헌법상 모든 국민은 기본권 보유능력을 가진다. 따라서 '영·유아'든 '아동·청소년'이든 모두 기본권 보유능력을 갖는다. 한편, '기본권의 행사능력'은 특정 기본권을 현실

---

120)   앞의 결정.

적으로 행사할 수 있는 능력으로서 '기본권의 행위능력'이라고도
한다.

특히 미성년자의 기본권 행사능력은 개별적 기본권에 따라 다르
다. 예컨대, 선거권과 피선거권의 경우 기본권 보유능력을 가진 사
람이라도 일정한 연령에 달해야 기본권 행사능력이 인정된다. 공직
선거법 제15조 제1항은 "18세 이상의 국민은 대통령 및 국회의원의
선거권이 있다."라고 규정하고 있고, 같은 법 제16조 제1항은 "선거
일 현재 5년 이상 국내에 거주하고 있는 40세 이상의 국민은 대통
령의 피선거권이 있다. 이 경우 공무로 외국에 파견된 기간과 국내
에 주소를 두고 일정기간 외국에 체류한 기간은 국내거주기간으로
본다", 제2항은 "25세 이상의 국민은 국회의원의 피선거권이 있다."
라고 규정하고 있다. 한편, 국민투표법 제7조는 "19세 이상의 국민
은 투표권이 있다."라고 규정하고 있다. 도로교통법 제82조 제1항
제1호는 "18세 미만(원동기장치자전거의 경우에는 16세 미만)인 사람은
운전면허를 받을 수 없다."라고 규정하여 18세 미만의 사람을 운전
면허의 결격사유로 규정하고 있다.

다만, 인간의 존엄과 가치·행복추구권, 신체의 자유 등에 있어서
는 기본권 보유능력과 기본권 행사능력이 일치한다. 따라서 양자
의 관계는 "기본권 보유능력≧기본권 행사능력"이라고 할 수 있다.

● 성적 주체성을 적극적으로 인정하는 견해

고대 그리스의 경우, 성인 남성과 소년 사이의 동성애가 유행한
바 있다. 남성 간의 동성애가 인격적으로 미성숙한 존재인 여성에

대한 이성애보다 오히려 순수하고 아름다운 관계라고 보았던 것이다. 플라톤도 동성애를 자연스러운 것으로 인정했다. 그러나 고대 그리스의 동성애를 아름답게만 볼 수는 없다. 아직 정신적으로 성숙하지 못한 소년과 성인과의 동성애는 대등한 당사자 간의 애정이라고 인정할 수 없기 때문이다. 오늘날의 시각으로 보면 그루밍 성범죄에 해당할 수 있는 행위이다.

지그문트 프로이트는 유아에게도 성 본능이 존재한다고 주장한 대표적인 사람이다. 그는 유아기 성욕의 표현 수단으로 엄지손가락 빨기와 자가성애를 들고 있다. 유아의 감각적인 빨기는 오르가슴의 성질을 지닌 운동 반응으로까지 나아가고, 젖을 실컷 빨고 발그레한 뺨에 행복한 미소를 띤 채 잠이 든 아기의 모습은 성적인 만족감을 얻었을 때의 전형적인 표정이라고 주장한다. 아이들은 3세에서 5세 사이, 성적인 생활이 첫 번째 절정에 이르는 것과 거의 동시에 알려는 본능 또는 탐구하려는 본능으로 여겨질 수도 있는 행동의 조짐을 보이기 시작한다. 프로이트에 따르면 성적 조직의 발달단계는 전성기기(前性器期)와 잠복기, 성기기로 나뉘는데, 전성기기는 다시 ① 구강기 또는 야만적인 전성기기와 ② 가학적 항문기 조직 단계, ③ 남근기(음핵기)로 나뉜다. 결론적으로 어린 시절(약 다섯 살 경) 성욕의 최종 결과가 어른이 되어 나타나는 명확한 형태의 성욕에 거의 근접하게 된다고 주장한다.[121]

한편, 사회나 문화에 따라서는 어린이의 성적 행위에 대한 금기

---

121)　지그문트 프로이트, 앞의 책, 294, 296~297, 312~313, 318~319, 378쪽.

가 없는 사회도 존재한다. 말리노프스키의 『미개사회의 성과 억압』은 트로브리안드 군도에서 생활하는 원주민의 성에 관한 보고서이다. 이에 따르면 약 5, 6세 무렵에 드러나는 성기(性器) 형태의 유아적 성욕에 대하여 아무런 억압이나 검열 그리고 도덕적 비난이 존재하지 않는다. 아이들은 어릴 때에 이미 같은 또래나 약간 위의 친구들에 의하여 초보적인 성행위를 실습받게 되는데, 어른들은 그러한 유희에 아무런 간섭을 하지 않는다. 아이들의 오락을 이야기할 때, 원주민들은 종종 그것을 '교접하는 재미' 또는 '결혼놀이를 한다'라고 말하기도 한다.[122]

사춘기가 되면 부쿠마툴라(bukumatula)라고 하는 특별한 가옥에 애인을 동반한 3~6명의 청년들이같이 거주한다.[123] 원주민들은 어릴 때부터 성적 억압이 존재하지 않기 때문에 신경증 환자가 거의 없는데, 주변의 성적 억압이 강한 원주민들의 경우에는 신경증 환자가 대부분이라고 한다.

미성년자의 성적 주체성을 가장 적극적으로 옹호하고 지지하는 대표적인 사람으로는 빌렐름 라이히를 들 수 있다. 그는 『성혁명』이라는 책에서 어린이와 청소년의 모든 성 권리를 보장하고, 사춘기 청소년의 성 접촉을 허용하고 실제로 권장할 것, 청소년들에게 성욕구를 충족시킬 수 있도록 필요한 공간과 피임 기구들을 제공할 것을 강조한다.[124] 그는 육체적으로 성숙하게 되는 평균 나이를

---

122)   말리노프스키, 앞의 책, 76, 86, 87쪽.
123)   말리노프스키, 앞의 책, 93쪽.
124)   빌헬름 라이히, 앞의 책, 56쪽.

14~15살로 보고 있다.[125]

○ 아동·청소년의 성적 자기결정권 행사의 제한

미성년자도 원칙적으로 기본권의 주체가 된다. 그러나 기본권의 성질상 특정한 기본권의 행사는 인정되지 않을 수도 있고, 미성년자의 보호필요성에 의해 기본권의 행사에서 성인보다 많은 제한을 받는 경우가 있다. 특히 성적 자기결정권의 행사에는 성인보다 많은 제한이 따른다. 또한 아동의 보호와 양육에 충돌되는 이익은 기본권으로 주장될 수 없다.

대법원도 "정신적으로 미성숙하고 충동적이며 경제적으로도 독립적이지 못한 아동·청소년의 특성 … 아동·청소년은 성적 가치관과 판단능력이 충분히 형성되지 아니하여 성적 자기결정권을 행사하고 자신을 보호할 능력이 부족한 경우가 대부분"이라고 판시[126]하고 있다.

대법원은 아동·청소년을 대상으로 한 범죄사건의 경우 아동·청소년을 특별히 보호한다는 입장을 견지해 오고 있다. 다음과 같은 판례가 대법원의 기본 입장이라고 할 수 있다.

> "법원도 아동·청소년이 피해자인 사건에서 아동·청소년이 특별히 보호되어야 할 대상임을 전제로 판단해 왔다. 대법원은 아동복지법상 아동에 대한 성적 학대행위 해당 여부를 판단함에 있어 아동이 명시적인 반대 의사를 표시하지 아니하였더라도 성적 자기결정권을 행사하여

---

125) 빌헬름 라이히, 앞의 책, 124쪽.
126) 대판 2015.2.12., 2014도11501, 2014전도197.

자신을 보호할 능력이 부족한 상황에 기인한 것인지 가려보아야 한다는 취지로 판시하였고(대법원 2015. 7. 9. 선고 2013도7787 판결 참조), 아동복지법상 아동매매죄에 있어서 설령 아동 자신이 동의하였더라도 유죄가 인정된다고 판시하였다(대법원 2015. 8. 27. 선고 2015도6480 판결 참조). 아동·청소년이 자신을 대상으로 음란물을 제작하는 데에 동의하였더라도 원칙적으로 청소년성보호법상 아동·청소년이용음란물 제작죄를 구성한다는 판시(대법원 2015. 2. 12. 선고 2014도11501, 2014전도197 판결 참조)도 같은 취지이다."[127]

또한 아동·청소년은 18세 또는 19세 미만으로서 이들 간의 연령 차이가 크기 때문에 개인별로 차이가 있음을 고려해야 한다고 판시하고 있다.

"위계에 의한 간음죄가 보호대상으로 삼는 아동·청소년, 미성년자, 심신미약자, 피보호자·피감독자, 장애인 등의 성적 자기결정 능력은 그 나이, 성장과정, 환경, 지능 내지 정신기능 장애의 정도 등에 따라 개인별로 차이가 있으므로 간음행위와 인과관계가 있는 위계에 해당하는지 여부를 판단함에 있어서는 구체적인 범행 상황에 놓인 피해자의 입장과 관점이 충분히 고려되어야 하고, 일반적·평균적 판단능력을 갖춘 성인 또는 충분한 보호와 교육을 받은 또래의 시각에서 인과관계를 쉽사리 부정하여서는 안 된다."[128]

---

127)   대판(전원합의체) 2020.8.27., 2015도9436.
128)   대판(전원합의체)2020.8.27., 2015도9436.

○ 적극적 성적 자기결정권 행사의 제한 : 미성년자에 대한 의제강간·의제강제추행

형법 제305조 제1항은 "13세 미만의 사람에 대하여 간음 또는 추행을 한 자는 제297조(강간), 제297조의2(유사강간), 제298조(강제추행), 제301조(강간 등 상해·치상) 또는 제301조의2(강간 등 살인·치사)의 예에 의한다."라고 하여 미성년자 의제강간죄와 의제강제추행죄를 규정하고 있고, 「성폭력범죄의 처벌 등에 관한 특례법」 제7조에서는 가중처벌규정을 두고 있다. 즉, 강간의 경우 "무기징역 또는 10년 이상의 징역"(제1항), 유사성교의 경우 "7년 이상의 유기징역"(제2항), 강제추행의 경우 "5년 이상의 유기징역"(제3항)으로 가중처벌한다.

통상적인 강간죄의 경우 '폭행 또는 협박'이 있어야 하지만, 13세 미만인 사람에 대하여는 '폭행 또는 협박'이 없이 자발적인 동의가 있는 경우에도 강간죄 또는 강제추행죄의 예에 의하여 처벌한다. 즉, 13세 미만의 미성년자에 대해서는 성적 자기결정권의 행사를 전적으로 부정하고 있는 것이다. 13세 미만의 사람에 대한 간음은 '폭행, 협박, 위계, 위력'이 없이 간음한 경우에도 무조건 강간죄로 다룬다는 의미에서 '의제강간'이라고 표현한다. 본죄가 성립하려면 고의가 있어야 하므로 행위자는 피해자가 13세 미만이라는 사실을 인식하고 행위를 하여야 한다.

헌법재판소는 "13세 미만의 미성년자는 정신적·육체적으로 미성숙할 뿐만 아니라, 아직 성적 자기결정권의 의미도 제대로 이해하지 못하므로, 특별히 그들의 정상적인 성적 발달을 보호할 필요가 있"다고 판시[129]하고 있다.

"13세 미만의 아동은 신체 및 정신적으로 미숙한 단계의 인격체라는 점에서 13세 이상 19세 미만의 아동·청소년과 유사한 특징을 가지고 있다. 하지만 13세 미만의 연령은 아직 성적인 행위에 어떠한 사전 인식이 없는 단계로서 성적인 침해를 받는 경우 최악의 결과가 발생할 수 있는 시기라는 점에서 13세 이상의 아동·청소년과 동일하게 평가하기 어려우며, 13세 미만의 아동에 대한 행위는 그 범죄의 불법성이 13세 이상의 아동·청소년에 대한 행위보다 매우 중대하다고 할 수 있다. 또한 13세 미만의 아동은 행위 상대방에 위험성 인지 능력 및 범죄사태 파악에 대한 인식 능력이 매우 취약한 단계이어서 폭행·협박에 대한 대처능력이 청소년에 비하여 현저하게 떨어져 스스로를 보호할 수 있는 능력을 기대하기 어렵다. 따라서 이들 13세 미만의 아동을 그 범죄행위로부터 보호할 필요성은 13세 이상의 청소년의 경우에 비하여 매우 강하다.[130]

2017년 경남 진주의 32세 초등학교 여교사가 12세 초등학교 6학년 남학생을 유혹하여 성관계를 맺은 사건이 있는데, 이 여교사는 형법 제305조 위반으로 유죄판결을 받았다. 2015년 서울의 영어 학원의 31세 여성 강사는 수강생인 13세 중학생을 유혹하여 성관계를 맺었는데, 중학생의 나이가 13세였기에 형법 제305조 위반으로 기소되지 못하고 아동복지법 제17조 위반으로 기소되어 유죄판결을 받았다. 2016년 대구의 33세 중학교 여교사는 15세 중학교 남학생과 합의 성관계를 맺었지만, 남학생이 13세 이상이라 처벌할 수

---

129) 헌재결 2018.1.25., 2016헌바272.
130) 헌재결 2011.11.24., 2011헌바54.

없었다. 42세 연예기획사 대표자와 15세 여중생의 성관계 사건에서도 대법원은 최종적으로 강간죄 무죄판결을 내렸다.[131]

종전의 13세 미만의 미성년자에 대한 의제강간 규정에 대해서는 위와 같은 여러 사건이 발생하면서 비판이 제기되었고, 연령을 상향해야 한다는 의견이 대두되었다. 참고로 OECD 국가 중 의제강간 최저기준을 13세로 하는 나라는 일본과 한국 두 나라뿐이었다(스페인의 경우 12세로 가장 낮다). 14세를 최저기준으로 하는 나라는 이탈리아, 아이슬란드, 헝가리 등이고, 15세를 최저기준으로 하는 나라는 독일, 프랑스, 오스트리아, 스웨덴, 그리스, 체코, 슬로바키아, 폴란드 등이며, 16세를 최저기준으로 하는 나라는 영국, 미국의 다수 주, 캐나다, 오스트레일리아, 뉴질랜드, 네덜란드, 룩셈부르크, 포르투갈, 핀란드 등이다.[132]

이러한 비판을 반영하여 2020. 5. 19. 개정 형법 제305조에서 신설된 제2항은 "13세 이상 16세 미만의 사람에 대하여 간음 또는 추행을 한 19세 이상의 자는 제297조, 제297조의2, 제298조, 제301조 또는 제301조의2의 예에 의한다."라고 규정하고 있다. 이는 13세 이상 16세 미만의 미성년자의 경우에는 정신적이나 경제적으로 대등한 입장에 있는 동년배들 간의 성교만 허용하고, 대등하지 않은 19세 이상의 성인과의 성교는 금지하고 있는 것이다. 즉, 형법은 13세 이상 16세 미만의 미성년자의 경우 성적 자기결정권의 행사를 부분적으로 인정하고, 16세 이상 19세 이상의 미성년자에 대해서만

---

131) 조국, 앞의 책, 76쪽.
132) 조국, 앞의 책, 77쪽.

성적 자기결정권을 전면적으로 인정하고 있다.

만으로 13세면 우리나라 나이로는 14~ 15세 정도로서 중학교 재학 중인 학생들이고, 만 16세면 우리 나이로는 17~18세로서 고등학교 재학 중인 학생들이 이에 해당한다. 중·고등학생들의 현실적인 통계로 보더라도 13세 이상 청소년들의 일부가 성교 경험이 있는 것으로 나타난다. 《조선일보》의 보도에 따르면 삼성서울병원 산부인과 이동윤 교수 연구팀의 '2013~2015년 청소년건강행태 온라인 조사' 결과 전체 청소년의 성관계 경험률은 5.3%였으며, 남학생(7.4%)이 여학생(3.1%)보다 높았고, 성경험을 한 청소년이 성관계를 시작한 평균 연령은 13세라고 한다.[133]

이와 같은 현실을 고려할 때 일부 고등학생의 경우까지 성적 자기결정권의 행사를 제한하는 것은 부당하다. 현재 프랑스 대통령인 에마뉘엘 마크롱(Emmanuel Macron)은 고등학교 재학 중인 15세일 때, 프랑스어 교사로 재직 중인 40세 기혼여성 브리짓 트로뉴와 사랑에 빠졌고, 결국 트로뉴가 이혼한 후 결혼했다. 우리나라 현행 형법에 따르면 브리짓 트로뉴는 형사처벌을 면치 못할 것이다. 적어도 고등학교에 재학 중인 나이의 경우 성적 자기결정권의 행사를 보장하기 위해 연령을 '16세 미만'에서 독일, 프랑스, 오스트리아, 스웨덴, 그리스, 체코, 슬로바키아, 폴란드 등과 같이 '15세 미만'으로 하향조정하는 것이 타당하다. 『춘향전』의 주인공 성춘향과 이몽룡이 처음 성교를 한 나이가 16세로, 만으로 계산하면 14세 내지

---

133) "중고생 5.3% 성관계 경험…절반 이상은 피임 안 해…첫 성경험 연령 평균 13세", 『조선일보』 2017. 3. 22.

15세이다. 지금 형법의 입장은 조선시대보다 미성년자의 성적 자기 결정권의 행사를 더욱 제한하고 있다는 점도 음미할 부분이다. 참고로 조국 교수는 형법 제305조에 제2항을 신설하여 "양육·교육 기타 관계로 인하여 자기의 보호를 받는 16세 미만의 사람"과의 합의 성교를 범죄화하고, 성인 교사·강사와 16세 이상 19세 미만 미성년 학생 간의 성교인 경우에는 형사처벌이 아니라 행정제재를 가하자고 제안한 바 있다.[134] 이른바 '그루밍 성범죄'를 막기 위한 취지라고 생각한다.

다만 13세 미만이더라도 폭행·협박으로 간음 또는 추행한 때에는 강간죄나 강제추행죄가 성립하고, 「성폭력범죄의 처벌 등에 관한 특례법」 제7조에 의하여 가중처벌된다.

2019. 1. 15. 개정으로 신설된 「아동·청소년의 성보호에 관한 법률」 제8조의2(13세 이상 16세 미만 아동·청소년에 대한 간음 등)에 관한 규정은 형법 제305조 제2항의 신설로 의미를 상실하였다. 즉, 같은 법 제8조의2 제1항은 "19세 이상의 사람이 13세 이상 16세 미만인 아동·청소년(제8조에 따른 장애 아동·청소년으로서 16세 미만인 자는 제외한다)의 궁박(窮迫)한 상태를 이용하여 해당 아동·청소년을 간음하거나 해당 아동·청소년으로 하여금 다른 사람을 간음하게 하는 경우에는 3년 이상의 유기징역에 처한다", 동조 제2항은 "19세 이상의 사람이 13세 이상 16세 미만인 아동·청소년의 궁박한 상태를 이용하여 해당 아동·청소년을 추행한 경우 또는 해당 아동·청소년으로

---

134)   조국, 앞의 책, 79쪽.

하여금 다른 사람을 추행하게 하는 경우에는 10년 이하의 징역 또는 1천500만 원 이하의 벌금에 처한다."라고 규정함으로써 13세 이상 16세 미만인 아동·청소년의 경우에도 '궁박한 상태를 이용'하여 간음·추행한 경우를 처벌하도록 하고 있다. 그러나 이 조항은 종전 형법처럼 13세 미만의 자에 대해서만 의제강간죄로 처벌하던 종전 형법을 전제로 하여 13세 이상 16세 미만의 아동·청소년이라 하더라도 '궁박'을 이용하면 예외적으로 처벌할 수 있도록 처벌 범위를 확대한 것이다. 그러나 형법 개정으로 '궁박'을 이용하지 않은 경우에도 처벌이 가능해졌기 때문에 무의미한 규정이 되었다.

03. 자위행위

○ 자위행위의 의의

자위행위(masturbation)란 상대방 없이 자기 스스로 성적 흥분을 느끼기 위해 성감대를 자극하는 행위를 말한다. 자위행위를 다른 말로는 수음(手淫), 용두질, 오나니즘, 딸딸이라고 한다. 수음은 '손으로 하는 음란행위'라는 뜻인데, 조선시대에도 궁녀들이 나무로 만든 모조 음경을 사용한 점이나 오늘날 자동 기계장치와 같은 자위용 도구가 사용되면서 수음이라는 용어는 적절하지 않게 되었다. 용두질의 사전적 정의는 "남성이 여성과의 육체적 결합 없이 자기의 생식기를 주무르거나 다른 물건으로 자극하여 성적 쾌감을 얻는 일을 낮잡아 이르는 말"로서 남성의 자위행위를 지칭하는 말이고, 딸딸이는 젊은이들 사이에서 남성의 자위행위를 지칭하기 위해 쓰이는 은어이다. 한때 구성애 씨가 TV 방송에서 딸딸이라는 말을 사용한 적이 있다. 오나니즘(onanism)은 『구약성서』중 「창세기」에 나오는 오난의 일화에서 유래된 말이다.

> "유다는 오난에게 이르기를 형수에게 장가들어 시동생으로서 할 일을 하여 형의 후손을 남기라고 하였다. 그러나 그 씨가 자기 것이 되지 않을 줄 알고 오난은 형수와 한자리에 들었을 때 정액을 바닥에 흘려 형에게 후손을 남겨주지 않으려 하였다. 그가 한 이런 짓은 야훼의 눈에 거슬리는 일이었으므로 야훼께서는 그도 죽이셨다(창세기 38:8~10)."

미성년자의 경우 임신과 출산의 위험이 없이 성적 충동이나 긴장을 해소시킬 수 있는 방법은 자위행위일 것이다. 그러나 자위행위는 미성년자만 하는 것은 아니다. 결혼한 부부 가운데도 상당히 많은 사람들이 자위행위를 하기도 한다.

○ 자위행위에 대한 부정적 평가와 금기의 역사

그러나 생식을 위한 성만을 정상적인 성으로 인정하던 시대에는 자위를 변태 내지 도착으로 취급했다. 중세 신학자 토마스 아퀴나스(Thomas Aquinas)는 자위행위와 같이 성행위의 성격이 성행위의 목적인 생식과 일치하지 않는 경우가 강간보다 더 지옥에 떨어질 대죄라고 주장한 바 있다.

고대 중국의 도가에서 유래한 방중술은 '교접하되 사정하지 않는다'는 '접이불루(接而不漏)'와 '정액을 돌려 뇌를 보충한다'는 '환정보뇌(還精補腦)'를 핵심적인 내용으로 하고 있다.[135] 이러한 사상의 근저에는 정액은 생명의 정수이기 때문에 가능하면 사정하지 않아야 건강에 좋다는 것과 평생 만들어지는 정액의 양이 한정돼 있다는 생각이 깔려 있다. 따라서 사정을 자주 하게 되면 나중에 불임이 되거나 수명이 단축된다는 근거 없는 결론이 도출되는 것이다. 그러나 정액은 사정하지 않는다고 저장되는 것이 아니라 방광을 통해 배출되는 것이며, 매일 새로운 정자들이 만들어지고 있다는 것이 과학적인 설명이다.

19세기 과학의 시대에 들어서도 이런 평가는 달라지지 않았다. 당시의 의료계는 자위행위가 눈을 멀게 하고, 정신이상, 심장병, 폐결핵, 간질, 치매, 소아마비와 류머티즘을 일으키며 결국 죽음에 이르게 한다고 경고했다.

그 외에도 "자위를 하면 장님이 된다", "자위를 한 손에는 털이 많이 난다", "자위행위를 하면 코가 비뚤어진다", "피부가 창백해지거나 여드름이 난다", "성기가 변형된다", "자위행위를 하면 키가 안 자라고 머리가 나빠진다."라는 것도 자위행위에 대한 그릇된 편견들이다.

이런 생각 때문에 한때는 자위행위를 막기 위해 남성들의 경우 날카로운 못으로 둘러싸인 쇠로 만든 도구에 자물쇠를 채우고 잠자는 동안 생식기 주위에 착용시켰다. 여성의 경우에는 더욱 잔인

---

135)   양해림 외, 앞의 책, 282쪽.

하게도 음핵을 마비시키거나 절단하고 질구를 막아 버렸다.

○ 자위행위의 순기능

그러나 오늘날에는 자위행위가 자연스러운 성행위로 인정될 뿐만 아니라, 성적 긴장의 완화와 여성의 오르가슴에 오히려 순기능을 한다는 것이 강조되고 있다. 지그문트 프로이트에 따르면 성적 본능의 원천은 '충동'이나 '흥분'이고, 성적 본능의 궁극적인 목적은 '성적 충동이나 욕구의 해소'이다. 성적 흥분으로 인한 긴장상태를 해소함으로써 오히려 정신적인 안정을 찾게 되고, 깊은 잠을 잘 수 있고, 공부에도 집중할 수 있게 된다.

자위행위는 성행위의 예행연습이 될 수 있다는 점도 강조된다. 성행위를 하기 전에 성감대가 어디인지를 확인하게 되고, 상대의 성감대에 대한 배려와 존중하는 마음도 배울 수 있게 된다. 남성들의 경우, 여유 있는 상태에서의 자위행위를 통해 사정을 참는 훈련을 함으로써 조루증을 방지하는 효과를 거둘 수가 있다. 물론 부모님이나 다른 이에게 들킬까 봐 불안한 마음 때문에 조급하게 자위행위를 하면 오히려 조루증이 심화될 수가 있다. 자위행위는 자연스러운 것이기 때문에 수치심이나 죄의식, 불안감을 갖지 말고 편안한 마음으로 즐기듯 하는 것이 좋다. 여성의 경우 자위행위를 통해 불감증을 치료하고 성교 시 오르가슴에 이르는 시간을 단축할 수 있다.

알프레드 킨제이(Alfred Kinsey)가 발표한 『킨제이보고서』에 따르면 남성의 92%, 여성의 62%가 자위경험이 있다고 한다. 킨제이에 따르면 여성의 경우 결혼 전의 자위행위와 결혼 후 성교 시의 오르가슴 간에는 강한 상관이 있다. 결혼 전에 자위 오르가슴을 경험해 본 적이 없는 여성 중 1/3이 결혼 후 첫 5년 동안 성교 오르가슴을 경험하지 못한 데 비해, 혼전에 자위 경험이 있는 사람 중에는 13%만이 결혼 후 같은 기간 동안에 오르가슴에 실패했다고 한다.

○ 자위의 방법

남성의 경우 주로 귀두를 손가락을 이용해 마찰하는 방법을 사용하는데, 요즘은 모조 여성의 성기나 섹스인형, 섹스로봇까지 등장하고 있다. 최근에는 쿠팡에서 실제 여대생의 음부를 본 따 만든 남성용 자위기구를 판매하면서, 여성을 성적 도구화한다는 비판에 휘말리기도 했다.

대법원은 남성용 자위기구에 대한 일련의 판결에서 형상 및 색상 등에 있어서 여성의 외음부를 그대로 옮겨 놓은 것이나 다를 바가 없는 정도일 경우에는 '음란한 물건'에 해당하지만, 여성의 성기를 사실 그대로 표현하였다고 하기에는 크게 부족해 보이는 경우에는 '음란한 물건'에 해당하지 않는다고 하고 있다.

즉, 피고인이 2002. 3. 25.부터 같은 해 4. 25.경까지 그가 경영하는 '핑키'라는 성인용품점에서 남성용 자위기구인 일명 '체이시'라는 음란한 물건을 공연히 전시하여 기소된 사안에서 1심과 2심은 "이 사건 남성용 자위기구의 형태가 여성의 성기와 유사하다 하더라도 이 사건과 같이 길거리나 밖에서 보이는 쇼윈도에 진열되는 것이 아니라 성인들을 대상으로 하는 성인용품점의 내부진열대 위에 진열되어 판매되는 경우라면 그 형태만을 들어 이를 일반인의 정상적인 성적 수치심을 해치고 선량한 성적 도의관념에 반하는 음란한 물건이라 할 수 없다."라는 이유로 무죄판결을 내렸는데, 대법원은 유죄 취지로 파기환송하였다.

> "이 사건 기구와 같은 남성용 자위기구가 그 시대적 수요가 있고 어느 정도의 순기능을 하고 있으며 은밀히 판매되고 사용되는 속성을 가진 것은 사실이나, 이 사건 기구는 사람의 피부에 가까운 느낌을 주는 실리콘을 재질로 사용하여 여성의 음부, 항문, 음모, 허벅지 부위를 실제와 거의 동일한 모습으로 재현하는 한편, 음부 부위는 붉은색으로, 음모 부위는 검은색으로 채색하는 등 그 형상 및 색상 등에 있어서 여성의 외음부를 그대로 옮겨놓은 것이나 진배없는 것으로서, 여성 성기를 지나치게 노골적으로 표현함으로써 사회통념상 그것을 보는 것 자체만으로도 성욕을 자극하거나 흥분시킬 수 있고 일반인의 정상적인 성적 수치심을 해치고 선량한 성적 도의관념에 반한다고 하지 않을 수 없다."136)

한편, 피고인이 실리콘을 소재로 하여 여성의 특정 신체부위를 개괄적인 형상과 단일한 재질, 색상을 이용하여 재현한 남성용 자위기구를 전시한 사안에서 무죄를 선고한 원심판결을 유지하고 있다.

"이 사건 물품은 남성용 자위기구로서의 기능과 목적을 위하여 사람의 피부와 유사한 질감, 촉감, 색상을 가진 실리콘을 소재로 하여 여성의 특정 신체부위를 개괄적인 형상과 단일한 재질, 색상을 이용하여 재현한 것일 뿐, 단순히 저속하다거나 무란한 느낌을

---

136) 대판 2003.5.16., 2003도988.

준다는 정도를 넘어서서 존중·보호되어야 할 인격을 갖춘 존재인 사람의 존엄성과 가치를 심각하게 훼손·왜곡하였다고 평가할 수 있을 정도로 노골적인 방법에 의하여 성적 부위를 적나라하게 표현 또는 묘사한 것으로 보이지 않는다."[137]라고 판시함으로써 무죄를 선고한 원심판결을 유지하고 있다.

또한 유사한 사안에서 "남성용 자위기구로서 그 일부는 성인 여성의 엉덩이 윗부분을 본떠 실제 크기에 가깝게 만들어졌고 그 재료로는 사람의 피부에 가까운 느낌을 주는 색깔의 실리콘을 사용함으로써 여성의 신체 부분을 실제와 비슷하게 재현하고 있기는 하나, 부분별 크기와 그 비율 및 채색 등에 비추어 그 전체적인 모습은 실제 사람 형상이라기보다는 조잡한 인형에 가까워 보이는 점, 이 사건 물건 가운데 여성의 성기를 형상화한 부분에 별도로 선홍색으로 채색한 것이 있으나, 그 모양과 색상 등 전체적인 형상에 비추어 여성의 외음부와 지나치게 흡사하도록 노골적인 모양으로 만들어졌다고 할 수 없고, 오히려 여성의 성기를 사실 그대로 표현하였다고 하기에는 크게 부족해 보이는 점 등을 종합하여 보면, 이 사건 물건이 사회통념상 일반 보통인의 성욕을 자극하여 성적 흥분을 유발하고 정상적인 성적 수치심을 해하여 성적 도의관념에 반하는 것이라고 보기 어렵고, 이 사건 물건을 전체적으로 관찰하여 볼 때 그 모습이 상당히 저속한 느낌을 주는 것은 사실이지만 이를 넘어 사람의 존엄성과 가치를 심각하게 훼손·왜곡하였다고 평가

---

137)   대판 2014.5.29., 2014도3312.

할 수 있을 정도로 노골적으로 사람의 특정 성적 부위를 적나라하게 표현 또는 묘사한 것으로 보기는 어렵다."[138]라고 판시하고 있다.

여성의 경우 공알(음핵)이나 젖꼭지 등을 손이나 딜도 등의 도구를 사용하여 자극하거나, 베개나 철봉 등에 음부를 비비거나, 손가락이나 모조 음경, 오이 등 음경 대용물에 콘돔을 끼워 질에 삽입하거나 하는 방법으로 자위행위를 한다. 여성용 자위기구도 사용되고 있는데, 대법원은 여성용 자위기구나 돌출콘돔이 음란한 물건에 해당하지 않는다고 판시하고 있다.

> "음란한 물건이라 함은 성욕을 자극하거나 흥분 또는 만족케 하는 물품으로서 일반인의 정상적인 성적 수치심을 해치고 선량한 성적 도의관념에 반하는 것을 가리킨다고 할 것인바, 여성용 자위기구나 돌출 콘돔의 경우 그 자체로 남성의 성기를 연상케 하는 면이 있다 하여도 그 정도만으로 그 기구 자체가 성욕을 자극, 흥분 또는 만족시키게 하는 물건으로 볼 수 없을 뿐만 아니라 일반인의 정상적인 성적 수치심을 해치고 선량한 성적 도의관념에 반한다고도 볼 수 없으므로 음란한 물건에 해당한다고 볼 수 없다."[139]

자위행위를 하려면 남성이나 여성이나 손을 청결하게 씻고, 자위행위 후에도 성기 주위를 깨끗하게 씻는 등 보건위생수칙을 철저하게 지켜야 한다.

자위는 통상은 본인 혼자 하는 것이 일반적인데, 동성 간 또는 이성 간에 상호적으로 자위행위를 교환하기도 한다. 이에 관한 용

---

138)   대판 2014.7.24., 2013도9228.
139)   대판 2000.10.13., 2000도3346.

어를 '상호자위' 내지 '쌍방자위'로 부를지, 아니면 타인을 위한 행위이기 때문에 '타위행위'라고 부를지에 대해서는 연구가 필요한 부분이다.

04. 형사법적 보호

위계에 의한 간음죄를 비롯한 강간과 추행의 죄는 소극적 성적 자기결정권을 침해하는 행위이다.[140)]

○ 강간·강제추행죄

아동·청소년(13세 이상 19세 미만)을 대상으로 한 성범죄의 경우에는 일반법인 형법이 아니라 특별법에 의해 가중해서 처벌함으로써, 아동·청소년의 성적 자기결정권에 대한 보호를 강화하고 있다.

먼저, 강간죄의 경우 형법 제297조 '3년 이상의 유기징역'에 처하는데, 「아동·청소년의 성보호에 관한 법률」 제7조 제1항은 '무기징역 또는 5년 이상의 유기징역'에 처한다. 유사강간의 경우 형법 제297조의2에서는 '2년 이상의 유기징역', 「아동·청소년의 성보호에 관한 법률」 제7조 제2항에서는 '5년 이상의 유기징역'에 처한다.

강제추행죄에 대해서 형법 제298조는 '10년 이하의 징역 또는 1천 500만 원 이하의 벌금', 「아동·청소년의 성보호에 관한 법률」 제7조 제

---

140) 대판(전원합의체) 2020.8.27., 2015도9436.

3항은 '2년 이상의 유기징역 또는 1천만 원 이상 3천만 원 이하의 벌금'에 처한다.

최근에 형기를 마치고 만기출소한 조두순과 같이 13세 미만의 미성년자에 대한 강간죄를 저지른 경우에는 「성폭력범죄의 처벌 등에 관한 특례법」 제7조 제1항에서 "무기징역 또는 10년 이상의 징역", 유사강간의 경우에는 동조 제2항에서 "7년 이상의 유기징역", 강제추행죄의 경우에는 동조 제3항에서 "5년 이상의 유기징역"에 처한다고 규정하고 있다.

○ 미성년자·심신미약자에 대한 위계·위력에 의한 간음죄

1) 현행 법률 규정

현행 형법은 성인에 대해서는 "업무, 고용 기타 관계로 인하여 자기의 보호 또는 감독을 받는 사람"(제303조 제1항)이나 "법률에 의하여 구금된 사람을 감호하는 자"가 간음한 경우(동조 제2항) 외에는 위계나 위력에 의한 간음죄를 처벌하지 않는다. 그러나 형법 제302조는 "미성년자 또는 심신미약자에 대하여 위계 또는 위력으로써 간음 또는 추행을 한 자는 5년 이하의 징역에 처한다."라고 규정함으로써 제한 없이 위계·위력에 의한 간음죄를 처벌한다.

형벌도 성인의 경우 "업무, 고용 기타 관계로 인하여 자기의 보호 또는 감독을 받는 사람"의 경우 "7년 이하의 징역 또는 3천만 원 이하의 벌금"(제303조 제1항), "법률에 의하여 구금된 사람을 감호하는 자"가 간음한 경우 "10년 이하의 징역"(같은 조 제2항)에 처하는 데, 「아동·청소년의 성보호에 관한 법률」 제7조 제5항에서는 위계 또는 위력간음·강제추행죄의 경우에도 동법상의 단순 강간죄(무기징역 또는 10년 이상의 징역)나 강제추행죄(5년 이상의 유기징역)와 마찬가지의 형벌에 처한다고 규정함으로써 처벌을 강화하고 있다(같은 조 제5항). 미성년자나 심신미약자의 경우 방어능력이 취약하다는 점을 고려해서 폭행·협박의 정도에 이르지 않은 경우에도 처벌하도록 한 것이다.

2) 아동·청소년의 보호 필요성

대법원은 아동·청소년의 보호 필요성에 대해 다음과 같이 판시하고 있다.

> "아동·청소년을 보호하고자 하는 이유는, 아동·청소년은 사회적·문화적 제약 등으로 아직 온전한 자기결정권을 행사하기 어려울 뿐만 아니라, 인지적·심리적·관계적 자원의 부족으로 타인의 성적 침해 또는 착취행위로부터 자신을 방어하기 어려운 처지에 있기 때문이다. 또한 아동·청소년은 성적 가치관을 형성하고 성 건강을 완성해 가는 과정에 있으므로 아동·청소년에 대한 성적 침해 또는 착취행위는 아동·청소년이 성과 관련한 정신적·신체적 건강을 추구하고 자율적 인격을 형성·발전시키는 데에 심각하고 지속적인 부정적 영향을 미칠 수 있다. 따라서 아동·청소년이 외관상 성적 결정 또는 동의로 보이는 언동을 하였다 하더라도, 그것이 타인의 기망이나 왜곡된 신뢰관계의 이용에 의한 것이라면, 이를 아동·청소년의 온전한 성적 자기결정권의 행사에 의한 것이라고 평가하기 어렵다. 위계에 의한 간음죄가 보호대상으로 규정한 미성년자, 심신미약자, 피보호자·피감독자, 장애인 등도 나이, 정신기능 등의 장애, 행위자와 피해자 사이의 종속적인 관계 등으로 인해 피해자가 행위자를 비롯한 외부의 영향으로부터 자신을 방어하기 어렵고 성적 자기결정권 행사 과정에서 내부 정신작용이 왜곡되기 쉽다는

점에서는 아동·청소년의 경우와 본질적인 차이가 없다."[141)

헌법재판소도 "13세 미만의 미성년자는 정신적·육체적으로 미성숙할 뿐만 아니라, 아직 성적 자기결정권의 의미도 제대로 이해하지 못하므로, 특별히 그들의 정상적인 성적 발달을 보호할 필요가 있는바, 13세 미만의 미성년자에 대한 위력 또는 폭행·협박에 의한 추행죄는 모두 '13세 미만의 아동이 외부로부터의 부적절한 성적 자극이나 물리력의 행사가 없는 상태에서 심리적 장애 없이 성적 정체성 및 가치관을 형성할 권익'을 보호법익으로 한다고 볼 수 있다."라고 판시하고 있다.[142)

3) 보호법익

「성폭력범죄의 처벌 등에 관한 특례법」 제7조 제5항에서 규정한 13세 미만의 사람에 대한 위력에 의한 추행죄는 '13세 미만의 아동이 외부로부터의 부적절한 성적 자극이나 물리력의 행사가 없는 상태에서 심리적 장애 없이 성적 정체성 및 가치관을 형성할 권익'을 보호법익으로 한다.[143)

4) '미성년자'와 '심신미약자'의 의의

위 법률상에서 미성년자'는 형법 제305조 및 「성폭력범죄의 처벌

---

141)   대판(전원합의체) 2020.8.27., 2015도9436.
142)   헌재결 2018.1.25., 2016헌바272.
143)   대판 2013.1.16., 2011도7164, 2011전도124.

등에 관한 특례법」 제7조 제5항의 관계를 살펴볼 때 '13세 이상 19세 미만의 사람'을 가리키는 것으로 보아야 하고, '심신미약자'란 정신기능의 장애로 인하여 사물을 변별하거나 의사를 결정할 능력이 미약한 사람을 말한다.[144]

5) '위계'의 판단 기준

'위계'의 판단 기준은 최근 전원합의체 판결을 통해 변경되었다. 종전에는 "위계란 행위자가 간음 또는 추행의 목적으로 상대방에게 오인, 착각, 부지를 일으키고는 상대방의 그러한 심적 상태를 이용하여 간음 또는 추행의 목적을 달성하는 것을 말하고, 여기에서 오인, 착각, 부지라고 함은 간음행위 또는 추행행위 자체에 대한 오인, 착각, 부지를 말하는 것이지, 간음행위 또는 추행행위와 불가분적 관련성이 인정되지 않는 다른 조건에 관한 오인, 착각, 부지를 가리키는 것이 아니다."[145]라고 판시함으로써 "간음행위 또는 추행행위 자체에 대한 오인, 착각, 부지"만 인정하고, "다른 조건에 관한 오인, 착각, 부지"로 인한 경우는 제외하였다.

요즘 유치원이나 초등학교에서 성교육이 실시됨으로써 간음, 즉 성교의 의미를 알고 있는 상태에서 성교의 의미에 대한 모르는 사람은 유아 정도에 불과할 것이다. 결국 대법원은 비현실적인 판단 기준을 제시함으로써 위계에 의한 간음죄의 성립을 어렵게 하고 피해자 보호보다는 오히려 범죄인에게 유리한 법해석을 했던 것이다.

---

144)   대판 2019.6.13., 2019도3341.
145)   대판 2014.9.4., 2014도8423, 2014전도15.

이와 같은 문제를 인식하고 최근에 대법원은 전원합의체 판결을 통해 '오인, 착각, 부지의 대상'이 간음행위 자체만이 아니라 '간음행위에 이르게 된 동기나 간음행위와 결부된 금전적·비금전적 대가'와 같은 요소를 포함하는 것으로 판례를 변경했다. 지극히 타당한 판례 변경이라고 할 수 있다.

> "'위계'라 함은 행위자의 행위목적을 달성하기 위하여 피해자에게 오인, 착각, 부지를 일으키게 하여 이를 이용하는 것을 말한다. 행위자가 간음의 목적으로 피해자에게 오인, 착각, 부지를 일으키고 피해자의 그러한 심적 상태를 이용하여 간음의 목적을 달성하였다면 위계와 간음행위 사이의 인과관계를 인정할 수 있고, 따라서 위계에 의한 간음죄가 성립한다. 왜곡된 성적 결정에 기초하여 성행위를 하였다면 왜곡이 발생한 지점이 성행위 그 자체인지 성행위에 이르게 된 동기인지는 성적 자기결정권에 대한 침해가 발생한 것은 마찬가지라는 점에서 핵심적인 부분이라고 하기 어렵다. 피해자가 오인, 착각, 부지에 빠지게 되는 대상은 간음행위 자체일 수도 있고, 간음행위에 이르게 된 동기이거나 간음행위와 결부된 금전적·비금전적 대가와 같은 요소일 수도 있다. 다만 행위자의 위계적 언동이 존재하였다는 사정만으로 위계에 의한 간음죄가 성립하는 것은 아니므로 위계적 언동의 내용 중에 피해자가 성행위를 결심하게 된 중요한 동기를 이룰 만한 사정이 포함되어 있어 피해자의 자발적인 성적 자기결정권의 행사가 없었다고 평가할 수 있어야 한다. 이와 같은 인과관계를 판단함에 있어서는 피해자의 연령 및 행위자와의 관계, 범행에 이르게 된 경위, 범행 당시와 전후의 상황 등 여러 사정을 종합적으로 고려하여야 한다."[146]

---

146)   대판(전원합의체) 2020.8.27., 2015도9436.

위 판례는 36세 남성인 피고인이 고등학교 2학년 ○○○의 행세를 하며 채팅 애플리케이션을 통하여 14세의 피해자를 사귀게 되었는데, 피고인이 ○○○을 스토킹하는 여성의 행세를 하며 피해자에게 자신도 ○○○을 좋아하는데 ○○○을 좋아하면 무엇이든 해야 한다고 도발하는 한편, ○○○의 행세도 하며 피해자에게 자신을 스토킹하는 여성 때문에 너무 힘들고 만약 자신과 헤어지기 싫다면 그 여성의 요청대로 자신의 선배와 성관계 해 달라고 부탁하였고, 결국 ○○○과 헤어질 것이 두려웠던 피해자는 ○○○의 선배를 만나 성관계하는 데에 동의하였고, 피고인이 ○○○의 선배 행세를 하며 피해자를 간음한 사건이다.

피고인의 위 행위에 대해 대법원은 "피해자가 위와 같은 오인에 빠지지 않았다면 피고인과의 성행위에 응하지 않았을 것이다. 피해자가 오인한 상황은 피해자가 피고인과의 성행위를 결심하게 된 중요한 동기가 된 것으로 보이고, 이를 자발적이고 진지한 성적 자기결정권의 행사에 따른 것이라고 보기 어렵다. 따라서 피고인은 간음의 목적으로 피해자에게 오인, 착각, 부지를 일으키고 피해자의 그러한 심적 상태를 이용하여 피해자를 간음한 것이므로 이러한 피고인의 간음행위는 위계에 의한 것이라고 평가할 수 있다."라고 하여 위계에 의한 간음죄를 인정하고 있다.

6) '위력'의 판단 기준

'위력'은 '폭행' 정도에 이르지 않는 유형력의 행사를 의미한다. '위력'의 의미와 판단 기준에 대해 대법원은 다음과 같이 판시하고 있다.

"'위력'이란 피해자의 자유의사를 제압하기에 충분한 힘을 말하고, 유형적이든 무형적이든 묻지 않고 폭행·협박뿐만 아니라 사회적·경제적·정치적인 지위나 권세를 이용하는 것도 가능하며, 현실적으로 피해자의 자유의사가 제압될 필요는 없다. 위력으로써 추행하였는지는 행사한 유형력의 내용과 정도, 행위자의 지위나 권세의 종류, 피해자의 연령, 행위자와 피해자의 관계, 그 행위에 이르게 된 경위, 구체적인 행위 모습, 범행 당시의 정황 등 여러 사정을 종합적으로 고려하여 판단하여야 한다."147)

대법원은 피고인이 아파트 엘리베이터 내에 13세 미만인 갑(여, 11세)과 단둘이 탄 다음 갑을 향하여 성기를 꺼내어 잡고 여러 방향으로 움직이다가 이를 보고 놀란 갑 쪽으로 가까이 다가감으로써 위력으로 갑을 추행하였다고 하여 「성폭력범죄의 처벌 등에 관한 특례법」 위반으로 기소된 사안에서, 피고인의 행위가 위력에 의한 추행에 해당한다고 판시하고 있다.148)

또한 피고인이 2018. 3. 11. 01:35경부터 같은 날 03:50경까지 사이에 광명시 소재 '○○호텔' △△△호실에서 고등학교에 재학 중인 16세의 여학생에게 필로폰을 제공하여, 약물로 인해 사물을 변별하거나 의사를 결정할 능력이 미약한 상태에 빠진 피해자가 제대로 저항하거나 거부하지 못한다는 사정을 이용하여 피해자를 추행하기로 마음먹고, 화장실에서 샤워를 하고 있던 피해자에게 다가가 피해자에게 자신의 성기를 입으로 빨게 하고, 피해자의 항문에 성

---

147)   대판 2020.7.9., 2020도5646.
148)   대판 2013.1.16., 2011도7164, 2011전도124.

기를 넣기 위해 피해자를 뒤로 돌아 엎드리게 한 다음, 피해자의 항문에 손가락을 넣고, 샤워기 호스의 헤드를 분리하여 그 호스를 피해자의 항문에 꽂아 넣은 후 물을 주입함으로써 추행한 사건에서 위력에 의한 추행죄의 성립을 인정하고 있다.[149]

○ 아동·청소년성착취물의 제작·배포 등(조주빈에 의한 N번방 관련 규정)

1) 관련규정

형법 제243조는 '음화반포 등'이라는 제목 아래 "음란한 문서, 도화, 필름 기타 물건을 반포, 판매 또는 임대하거나 공연히 전시 또는 상영한 자는 1년 이하의 징역 또는 500만 원 이하의 벌금에 처한다."라고 규정하고 있다. 「정보통신망 이용촉진 및 정보보호 등에 관한 법률」 제44조의7 제1항 제1호는 '불법정보의 유통금지 등'라는 제목으로 "누구든지 정보통신망을 통하여 음란한 부호·문언·음향·화상 또는 영상을 배포·판매·임대하거나 공공연하게 전시하는 내용의 정보를 유통하여서는 아니 된다."라고 규정하고 있고, 이를 위반할 경우 "1년 이하의 징역 또는 1천만 원 이하의 벌금에 처한다(제74조 제1항 제2호)."라고 규정하고 있다.

그러나 동의에 의해 촬영한 음란한 물건이 아니라 대상자의 의사에 반하여 불법으로 촬영한 경우에는 「성폭력범죄의 처벌 등에 관한 특례법」 제14조 제1항에 따라 "7년 이하의 징역 또는 5천만 원 이하의 벌금", 제1항에 따른 촬영물 또는 복제물을 반포·판매·임대·

---

149)   대판 2019.6.13., 2019도3341.

제공 또는 공공연하게 전시·상영(반포 등)한 자 또는 제1항의 촬영이 촬영 당시에는 촬영대상자의 의사에 반하지 아니한 경우(자신의 신체를 직접 촬영한 경우를 포함한다)에도 사후에 그 촬영물 또는 복제물을 촬영대상자의 의사에 반하여 반포 등을 한 자는 "7년 이하의 징역 또는 5천만 원 이하의 벌금"(제2항), 영리를 목적으로 촬영대상자의 의사에 반하여 「정보통신망 이용촉진 및 정보보호 등에 관한 법률」 제2조 제1항 제1호의 정보통신망을 이용하여 제2항의 죄를 범한 자는 "3년 이상의 유기징역"(제3항), 제1항 또는 제2항의 촬영물 또는 복제물을 소지·구입·저장 또는 시청한 자는 "3년 이하의 징역 또는 3천만원 이하의 벌금"에 처하고(제4항), 상습으로 제1항부터 제3항까지의 죄를 범한 때에는 그 죄에 정한 형의 2분의 1까지 가중한다(제5항). 여기서 특별히 주목을 끄는 것은 2020. 5. 19. 개정으로 신설된 제4항으로서 아동·청소년을 대상으로 한 것이 아닌 성인 대상의 불법촬영물의 경우에도 단순히 소지·구입·저장 또는 시청한 경우까지 형사처벌을 할 수 있도록 되었다. 또한 같은 법 제14조의2에서는 '허위영상물 등의 반포 등'에 관한 규정을 신설함으로써 소위 말하는 '딥페이크'에 대한 처벌조항을 신설했다.

한편, 불법촬영물의 대상이 성인이 아니라 아동·청소년인 경우에는 특별 규정을 두어 처벌을 강화하고 있다.

2) '아동·청소년성착취물'의 의의

「아동·청소년의 성보호에 관한 법률」 제2조 제5호는 "아동·청소년성착취물이란 아동·청소년 또는 아동·청소년으로 명백하게 인식될 수 있는 사람이나 표현물이 등장하여 제4호의 어느 하나에 해당하는 행위를 하거나 그 밖의 성적 행위를 하는 내용을 표현하는 것으로서 필름·비디오물·게임물 또는 컴퓨터나 그 밖의 통신매체를 통한 화상·영상 등의 형태로 된 것을 말한다.'라고 규정하고 있다.

3) 입법연혁

2011. 9. 15. 일부개정 때 "아동·청소년이 등장하여"라는 표현을 "아동·청소년 또는 아동·청소년으로 인식될 수 있는 사람이나 표현물이 등장하여"라고 바꿈으로써, 아동·청소년이용음란물의 범위를 확대하였다. 이에 따라 처벌대상이 되는 표현물의 범위는 ① 아동·청소년이 실제 등장하는 음란물의 경우만이 아니라, ② 가상의 아동·청소년이용음란물을 이용한 경우까지 확대되었다. 한편, 가상의 아동·청소년이용음란물은 다시 '아동·청소년으로 인식될 수 있는 사람'이 등장하는 경우와 '아동·청소년으로 인식될 수 있는 표현물'이 등장하는 경우로 나누어 볼 수 있다. 전자는 아동·청소년으로 인식될 수 있는 성인 등 실제 사람이 등장하는 경우를 의미하고, 후자는 실제 아동·청소년이 아니라 아동·청소년의 이미지가 성적 행위의 주체 내지 대상으로 묘사된 경우를 의미한다.

또한 종전에는 '아동·청소년이용음란물'이라는 용어를 사용했는데, 2020. 6. 2. 일부개정 때 '아동·청소년성착취물'이라는 용어로 변경되었다. 개정 이유로는 "아동·청소년을 대상으로 하는 음란물은 그 자체로 아동·청소년에 대한 성착취 및 성학대를 의미하는 것임에도 불구하고, 막연히 아동·청소년을 '이용'하는 음란물의 의미로 가볍게 해석되는 경향이 있는바, '아동·청소년이용음란물'을 '아동·청소년성착취물'이라는 용어로 변경함으로써 아동청소년이용음란물이 '성착취·성학대'를 의미하는 것임을 명확히 하고, 아동·청소년성착취물 관련 범죄 규모와 형태가 갈수록 교묘해지고 있지만, 우리나라의 아동·청소년성착취물 관련 범죄에 대한 처벌이 지나치게 관대해 실효성이 떨어진다는 비판이 커지고 있는바, 아동·청소년성착취물 관련 범죄에 대한 처벌을 강화함으로써 경각심을 제고하는 한편, 아동·청소년성착취물 관련 범죄를 저지른 사람을 수사기관에 신고한 사람에 대하여 포상금을 지급할 수 있는 근거를 마련하는 등 현행 제도의 운영상 나타난 일부 미비점을 개선·보완하려는 것"이라고 밝히고 있다.

4) 명확성 원칙 위배 여부

위 조항에 대해서 헌법재판소에서 위헌 여부가 다투어졌는데, 쟁점은 '아동·청소년으로 명백하게 인식될 수 있는 사람'이나 '표현물', '그 밖의 성적 행위' 부분이 명확성 원칙에 위배되는가가 주된 것이다. 또한 위배 여부, 실제 아동·청소년이 등장하는 표현물과 실제 등장하지는 않고 가상의 아동·청소년이용음란물 제작 등의 행위를 같이 처벌하는 것이 과잉금지원칙과 평등원칙에 위배되지 않는가의 문제도 다투어졌다.

명확성의 원칙과 관련해서 다수의견은 다음과 같다.

"아동청소년성보호법의 입법목적, 가상의 아동·청소년이용음란물의 규제 배경, 법정형의 수준 등을 고려할 때, "아동·청소년으로 인식될 수 있는 사람"은 일반인의 입장에서 실제 아동·청소년으로 오인하기에 충분할 정도의 사람이 등장하는 경우를 의미함을 알 수 있고, "아동·청소년으로 인식될 수 있는 표현물" 부분도 아동·청소년을 상대로 한 비정상적 성적 충동을 일으키기에 충분한 행위를 담고 있어 아동·청소년을 대상으로 한 성범죄를 유발할 우려가 있는 수준의 것에 한정된다고 볼 수 있으며, 기타 법관의 양식이나 조리에 따른 보충적인 해석에 의하여 판단 기준이 구체화되어 해결될 수 있으므로, 위 부분이 불명확하다고 할 수 없다. '그 밖의 성적 행위' 부분도 아동청소년성보호법 제2조 제4호에서 예시하고 있는 '성교 행위, 유사 성교 행위, 신체의 전부 또는 일부를 접촉·노출하는 행위로서 일반인의 성적 수치심이나 혐오감을 일으키는 행위, 자위행위'와 같은 수준으로 일반인으로 하여금 성적 수치심이나 혐오감을 일으키기에 충분한 행위, 즉 음란한 행위를 의미함을 알 수 있고, 무엇이 아동·청소년을 대상으로 한 음란한 행위인지 법에서 일률적으로 정해놓는 것은 곤란하므로 포괄적 규정 형식을 택한 불가피한 측면이 있다. 따라서 심판대상조항은 죄형법정주의의 명확성원칙에 위배되지 아니한다."[150]

이에 대해 재판관 박한철, 김이수, 이진성, 김창종 등은 다음과 같이 반대의견을 피력하고 있다.

"'아동·청소년으로 인식될 수 있는 표현물' 부분은 실제 아동·청소년이 등장하는 것으로 오인하기에 충분할 정도로 묘사된 표현물만을 의미하는 것인지, 아니면 단순히 그림, 만화로 표현된 아동·청소년의 이미지도 모두 이에 해당할 수 있는 것인지 판단하기 어려우므로 처벌되는 행위가 무엇인지 미리 예측할 수 있다고 할 수 없고, 그 판단을 법집행기관이나 법관의 보충적 해석에 전적으로 맡기고 있으므로 자의적 법 해석 내지 집행을 초래할 우려마저 있다. '그 밖의 성적 행위' 부

---

150)   헌재결 2015.6.25., 2013헌가17·24, 2013헌바85.

분도, 2005. 12. 29. 법 개정으로(법률 제7801호) 성적 행위의 범위를 포괄적으로 규정하면서 음란한 내용을 표현한 것에 국한하지 않는 것으로 개정한 취지를 고려할 때 다수의견과 같이 반드시 음란한 행위를 의미한다고 단정하기 어렵고, 아동청소년성보호법 제2조 제4호에서 이미 '신체의 전부 또는 일부를 접촉·노출하는 행위로서 일반인의 성적 수치심이나 혐오감을 일으키는 정도에 이르는 행위'라는 개방적이고 포괄적 규정을 두고 있으므로, 통상의 판단능력을 가진 사람의 입장에서 볼 때 그 외에 처벌대상이 되는 '그 밖의 성적 행위'가 무엇을 의미하는지 예측하기 어렵다."[151]

5) '아동·청소년으로 인식될 수 있는 표현물'의 의미와 판단 기준

대법원은 '아동·청소년으로 인식될 수 있는 표현물'의 의미와 판단 기준에 다음과 같이 판시하고 있다.

"'아동·청소년으로 명백하게 인식될 수 있는 표현물'이란 사회 평균인의 시각에서 객관적으로 보아 명백하게 청소년으로 인식될 수 있는 표현물을 의미하고, 개별적인 사안에서 표현물이 나타내고 있는 인물의 외모와 신체발육에 대한 묘사, 음성 또는 말투, 복장, 상황 설정, 영상물의 배경이나 줄거리 등 여러 사정을 종합적으로 고려하여 신중하게 판단하여야 한다."[152]

한편 대법원은 "국가형벌권의 자의적인 행사로부터 개인의 자유와 권리를 보호하기 위하여 형벌법규는 엄격히 해석되어야 하고 명문의 형벌법규의 의미를 피고인에게 불리한 방향으로 지나치게 확

---

151)   헌재결 2015.6.25., 2013헌가17·24, 2013헌바85.
152)   대판 2019.11.28., 2015도12742.

장해석하거나 유추해석하는 것은 죄형법정주의 원칙에 어긋나는 것으로 허용되지 않"기 때문에 다음과 같이 제한적으로 해석하고 있다.

> "'아동·청소년이용음란물'은 '아동·청소년'이나 '아동·청소년 또는 아동·청소년으로 인식될 수 있는 사람이나 표현물'이 등장하여 그 아동·청소년 등이 제2조 제4호 각 목의 행위나 그 밖의 성적 행위를 하거나 하는 것과 같다고 평가될 수 있는 내용을 표현하는 것이어야 한다."[153]

> "'아동·청소년으로 인식될 수 있는 사람이 등장하는 아동·청소년이용음란물'이라고 하기 위해서는 주된 내용이 아동·청소년의 성교행위 등을 표현하는 것이어야 할 뿐만 아니라, 등장인물의 외모나 신체발육 상태, 영상물의 출처나 제작 경위, 등장인물의 신원 등에 대하여 주어진 여러 정보 등을 종합적으로 고려하여 사회 평균인의 시각에서 객관적으로 관찰할 때 외관상 의심의 여지 없이 명백하게 아동·청소년으로 인식되는 경우라야 하고, 등장인물이 다소 어려 보인다는 사정만으로 쉽사리 '아동·청소년으로 인식될 수 있는 사람이 등장하는 아동·청소년이용음란물'이라고 단정해서는 아니 된다."[154]

6) 아동·청소년성착취물의 제작·배포 등 위반죄

「아동·청소년의 성보호에 관한 법률」 제11조에서는 "아동·청소년성착취물을 제작·수입 또는 수출한 자는 무기징역 또는 5년 이상의 유기징역"(동조 제1항), "영리를 목적으로 아동·청소년성착취물을

---

153)   대판 2013.9.12., 2013도502.
154)   대판 2014.9.24., 2013도4503.

판매·대여·배포·제공하거나 이를 목적으로 소지·운반·광고·소개하거나 공연히 전시 또는 상영한 자는 5년 이상의 징역"(동조 제2항), "아동·청소년성착취물을 배포·제공하거나 이를 목적으로 광고·소개하거나 공연히 전시 또는 상영한 자는 3년 이상의 징역"(동조 제3항), "아동·청소년성착취물을 제작할 것이라는 정황을 알면서 아동·청소년을 아동·청소년성착취물의 제작자에게 알선한 자는 3년 이상의 징역"(동조 제4항), 아동·청소년성착취물을 구입하거나 아동·청소년성착취물임을 알면서 이를 소지·시청한 자는 1년 이상의 징역"(동조 제5항)에 처한다고 규정하고 있다. 박사방을 운영하다 검거된 조주빈의 경우 1심인 서울중앙지방법원에서 징역 40년, 취업제한 10년, 신상정보공개 10년, 위치추적장치 부착 30년, 유치원·초등학교 출입금지, 피해자접근 금지, 몰수, 추징을 선고한 바 있다.

위 처벌규정이 과잉금지원칙 위배되는지 여부와 관련해서 헌법재판소의 다수의견은 다음과 같이 판시하고 있다.

"가상의 아동·청소년이용음란물이라 하더라도 아동·청소년을 성적 대상으로 하는 표현물의 지속적 유포 및 접촉은 아동·청소년의 성에 대한 왜곡된 인식과 비정상적 태도를 형성하게 할 수 있고, 아동·청소년을 잠재적 성범죄로부터 보호하고 이에 대해 사회적 경고를 하기 위해서는 가상의 아동·청소년이용음란물의 배포 등에 대해서 중한 형벌로 다스릴 필요가 있다. 또한 가상의 아동·청소년이용음란물은 실제 아동·청소년이 등장하는 경우와 마찬가지로 아동·청소년을 상대로 한 비정상적 성적 충동을 일으키기에 충분한 정도의 것으로서 아동·청소년을 대상으로 한 성범죄로부터 아동·청소년보호를 위한 최소한의 불가피한 경우로 한정되며, 죄질과 비난가능성 면에서 일반적인 음란물과 차이가 있으므로 심판대상조항이 형법상 음화반포죄나 「정보통신

망 이용촉진 및 정보보호 등에 관한 법률」 위배(음란물유포)에서 정한
법정형보다 더 중한 법정형을 정하고 있다고 하더라도 책임과 형벌 사
이에 비례성을 상실하고 있다고 볼 수 없으며, 아동·청소년의 성보호
라는 공익의 중대함을 고려할 때 법익의 균형성 또한 충족한다. 따라
서 심판대상조항은 과잉금지원칙에 위배되지 않는다."155)

대법원도 아동·청소년을 이용한 음란물 제작을 처벌하는 이유에
대해 헌법재판소의 다수의견과 유사하게 판시하고 있다.

"아동·청소년이용음란물은 직접 피해자인 아동·청소년에게는 치유
하기 어려운 정신적 상처를 안겨줄 뿐만 아니라, 이를 시청하는 사람
들에게까지 성에 대한 왜곡된 인식과 비정상적 가치관을 조장한다. 따
라서 아동·청소년을 이용한 음란물 '제작'을 원천적으로 봉쇄하여 아
동·청소년을 성적 대상으로 보는 데서 비롯되는 잠재적 성범죄로부터
아동·청소년을 보호할 필요가 있다. 특히 인터넷 등 정보통신매체의
발달로 음란물이 일단 제작되면 제작 후 제작자의 의도와 관계없이 언
제라도 무분별하고 무차별적으로 유통에 제공될 가능성이 있다."156)

이에 대한 헌법재판소 재판관 박한철, 김이수, 이진성, 김창종
의 반대의견은 다음과 같다.

"가상의 아동·청소년이용음란물에의 접촉과 아동·청소년을 상대로
하는 성범죄 발생 사이에 인과관계가 명확히 입증된 바 없음에도 이를
이유로 가상의 아동·청소년이용음란물의 경우를 성적 착취를 당하는
일차적 피해 법익이 존재하는 실제 아동·청소년이 등장하는 경우와 동

---

155)   헌재결 2015.6.25,, 2013헌가17·24, 2013헌바85,
156)   대판 2018.9.13., 2018도9340.

일하게 중한 법정형으로 규율하는 것은 유해성에 대한 막연한 의심이나 유해의 가능성만으로 표현물의 내용을 광범위하게 규제하는 것으로 허용되지 않는다. 설령 이를 규제할 필요가 있다 하더라도, 가상의 아동·청소년이용음란물의 경우 실제 아동·청소년이 그 제작 과정에서 성적 대상으로 이용되지 않음에도 잠재적 성범죄의 촉매가 될 수 있다는 이유만으로 실제 아동·청소년이 등장하는 경우와 동일하게 위와 같이 중한 형으로 규율하는 것은 형벌의 비례성 측면에서도 적합하지 않다."[157]

포르노 규제와 관련해서도 이와 유사한 논쟁이 벌어지고 있다. 로빈 모간은 "포르노그래피는 이론이고, 강간은 실천이다."라고 주장하지만, 연출된 포르노가 실제 성범죄로 연결된다는 점에 관해 인과관계를 단정하기는 어렵다는 주장도 만만치 않다. 소수의견은 이런 점을 강조하는데, 성인이 아닌 아동·청소년의 성적 자결권에 대한 침해를 보호한다는 특수성을 감안할 때 다수의견이 설득력이 있다.

평등원칙 위배 여부에 관해서 다수의견은 다음과 같이 판시하고 있다.

"가상의 아동·청소년이용음란물과 실제의 아동·청소년이 등장하는 아동·청소년이용음란물은 모두 아동·청소년에 대한 비정상적 성적 충동을 일으켜 아동·청소년을 상대로 한 성범죄로 이어지게 할 수 있다는 점에서 죄질 및 비난가능성의 정도에 거의 차이가 없고, 법정형의 상한만이 정해져 있어 법관이 법정형의 범위 내에서 얼마든지 구체적

---

157)   헌재결 2015.6.25,, 2013헌가17·24, 2013헌바85.

타당성을 고려한 양형의 선택이 가능하므로 심판대상조항이 형벌체계
상 균형을 상실하여 평등원칙에 반한다고 볼 수 없다."158)

한편, 대법원은 자기결정권의 정당한 행사에 해당한다고 볼 수
있는 예외적인 경우에 해당하는지 여부에 대한 판단 기준에 대해
다음과 같이 판시하고 있다.

"청소년성보호법 제11조 제1항은 아동·청소년이용음란물을 제작·
수입 또는 수출한 자를 처벌하고 있는데, 객관적으로 아동·청소년
이 등장하여 성적 행위를 하는 내용을 표현한 영상물을 제작하는
한, 대상이 된 아동·청소년의 동의하에 촬영한 것이라거나 사적인
소지·보관을 1차적 목적으로 제작한 것이라고 하여 위 조항의 '아
동·청소년이용음란물'에 해당하지 아니한다거나 이를 '제작'한 것이
아니라고 할 수 없다."라고 하여 아동·청소년이 등장한 음란물이면
원칙적으로 처벌대상이 되고, "다만 아동·청소년인 행위자 본인이
사적인 소지를 위하여 자신을 대상으로 '아동·청소년이용음란물'에
해당하는 영상 등을 제작하거나 그 밖에 이에 준하는 경우로서, 영
상의 제작행위가 헌법상 보장되는 인격권, 행복추구권 또는 사생
활의 자유 등을 이루는 사적인 생활 영역에서 사리분별력 있는 사
람의 자기결정권의 정당한 행사에 해당한다고 볼 수 있는 예외적인
경우에는 위법성이 없다고 볼 수 있을 것이다."라고 하여 예외를 허

---

158)   헌재결 2015.6.25., 2013헌가17·24, 2013헌바85.

용하고 있다. 구체적인 판단 기준으로는 "영상의 제작행위가 이에 해당하는지 여부는 아동·청소년의 나이와 지적·사회적 능력, 제작의 목적과 그 동기 및 경위, 촬영 과정에서 강제력이나 위계 혹은 대가가 결부되었는지 여부, 아동·청소년의 동의나 관여가 자발적이고 진지하게 이루어졌는지 여부, 아동·청소년과 영상 등에 등장하는 다른 인물과의 관계, 영상 등에 표현된 성적 행위의 내용과 태양 등을 종합적으로 고려하여 신중하게 판단하여야 한다."[159]

따라서 "아동·청소년의 동의가 있다거나 개인적인 소지·보관을 1차적 목적으로 제작하더라도 청소년성보호법 제11조 제1항의 '아동·청소년이용음란물의 제작'에 해당한다고 보아야 한다."라고 보고, "피고인이 직접 아동·청소년의 면전에서 촬영행위를 하지 않았더라도 아동·청소년이용음란물을 만드는 것을 기획하고 타인으로 하여금 촬영행위를 하게 하거나 만드는 과정에서 구체적인 지시를 하였다면, 특별한 사정이 없는 한 아동·청소년이용음란물 '제작'에 해당한다. 이러한 촬영을 마쳐 재생이 가능한 형태로 저장이 된 때에 제작은 기수에 이르고 반드시 피고인이 그와 같이 제작된 아동·청소년이용음란물을 재생하거나 피고인의 기기로 재생할 수 있는 상태에 이르러야만 하는 것은 아니다. 이러한 법리는 피고인이 아동·청소년으로 하여금 스스로 자신을 대상으로 하는 음란물을 촬영하게 한 경우에도 마찬가지"라고 판시[160]하고 있다.

---

159)　대판 2015.3.20., 2014도17346.
160)　대판 2018.9.13., 2018도9340.

이 판례는 '피고인이 카카오톡 메신저를 이용하여 피해자에게 돈을 주겠다고 말한 다음 피해자로 하여금 피해자의 스마트폰에 부착된 카메라로 피해자를 대상으로 한 자위행위 등 음란행위 장면을 촬영하도록 지시하였고, 그에 따라 피해자가 자신의 스마트폰에 부착된 카메라로 음란행위 장면을 촬영'한 사건인데, 아동·청소년이용음란물의 제작에 해당한다는 원심판결을 유지하고 있다.

세)에게 낙태수술비를 벌도록 해 주겠다고 유인하였고, 을로 하여금 병의 성매매 홍보용 나체사진을 찍도록 하였으며, 병이 중도에 약속을 어길 경우 민형사상 책임을 진다는 각서를 작성하도록 한 후, 자신이 별건으로 체포되어 구치소에 수감 중인 동안 병이 을의 관리 아래 12회에 걸쳐 불특정 다수 남성의 성매수 행위의 상대방이 된 대가로 받은 돈을 병, 을 및 갑의 처 등이 나누어 사용한 사안에서, 병의 성매매 기간 동안 갑이 수감되어 있었다 하더라도 위 갑은 을과 함께 미성년자유인죄, 구 청소년의 성보호에 관한 법률상의 청소년이용음란물제작·배포 등 죄의 책임을 진다고 한 원심판단을 수긍하고 있다.[161)]

대법원은 30대의 기혼인 초등학교 교사가 피해자들이 아동·청소년임을 알고도 단지 성적 행위를 목적으로 접근하여 스마트폰 채팅 애플리케이션을 통하여 몇 차례 연락하고 만난 후 단기간 내에 만 12세에 불과한 아동들을 비롯한 여러 피해자를 만나 성적 행위를 하고 그중 일부를 동영상으로 촬영하여 보관해 온 사건에서

---

161)   대판 2010.9.9., 2010도6924.

아동·청소년이용음란물의 제작에 해당한다고 판시[162]하고 있다.

한편, 20대 중반의 회사원인 피고인이 자신의 나이를 속이면서 처음부터 피해자가 중학교 3학년생인 아동·청소년임을 알고도 단지 성적 행위를 목적으로 피해자에게 인터넷 채팅을 통해 접근하여 몇 차례 연락하고 만난 적이 있고, 피해자는 지적 장애 3급으로서 사물을 분별하거나 의사를 결정할 능력이 미약한 상태이며, 피고인은 피해자와 처음 만난 날에 성관계를 2회 가지는 등 몇 차례 만나 성관계를 가지면서 사진 촬영을 하였는데 그 후 얼마 안 되어 다른 아동·청소년을 만나 성관계를 가지면서 유사한 방법으로 사진을 촬영하여 보관해 왔고, 피고인이 모텔에서 피해자와 성관계를 갖는 장면 또는 피해자의 나체 사진을 촬영할 당시 피해자가 순간적으로 거부감을 표시하기도 하였으나 피고인의 계속된 요청에 할 수 없이 소극적으로 응했고 일부 사진에 대해서는 지워 달라고 요청하기도 한 사안에서, 대법원은 위 촬영행위가 청소년성보호법 제11조 제1항에서 규정하는 아동·청소년이용음란물의 제작에 해당한다고 판시[163]하고 있다.

또한 "피고인이 아동·청소년인 피해자를 협박하여 스스로 「아동·청소년의 성보호에 관한 법률」 제2조 제4호의 어느 하나에 해당하는 행위 또는 그 밖의 성적 행위에 해당하는 아동·청소년 자신의 행위를 내용으로 하는 화상·영상 등을 생성하게 하고 이를 인터넷 사이트 운영자의 서버에 저장시켜 피고인의 휴대전화기에서 재생할

---

162) 대판 2015.2.12., 2014도11501, 2014전도197.
163) 대판 2015.3.20., 2014도17346.

수 있도록 한 경우, 간접정범의 형태로 같은 법 제11조 제1항에서 정한 아동·청소년이용음란물을 제작하는 행위에 해당"한다고 판시164)하고 있다.

○ 성매매

1) 성매매피해자로 처벌 면제

「성매매알선 등 행위의 처벌에 관한 법률」 제2조 제4호는 "성매매피해자란 ① 위계, 위력, 그 밖에 이에 준하는 방법으로 성매매를 강요당한 사람, ② 업무관계, 고용관계, 그 밖의 관계로 인하여 보호 또는 감독하는 사람에 의하여 「마약류관리에 관한 법률」 제2조에 따른 마약·향정신성의약품 또는 대마에 중독되어 성매매를 한 사람, ③ 청소년, 사물을 변별하거나 의사를 결정할 능력이 없거나 미약한 사람 또는 대통령령으로 정하는 중대한 장애가 있는 사람으로서 성매매를 하도록 알선·유인된 사람, ④ 성매매 목적의 인신매매를 당한 사람을 말한다."라고 규정함으로써 청소년이나 심신이 미약한 사람이나 일정한 장애인의 경우 성매매피해자라고 인정하고 처벌하지 않고 있다.

「아동·청소년의 성보호에 관한 법률」 제2조 제6의2호에서도 "성매매 피해아동·청소년이란 피해아동·청소년 중 제13조 제1항165)의 죄

---

164) 대판 2018.1.25., 2017도18443.
165) 아동·청소년의 성을 사는 행위를 한 자는 1년 이상 10년 이하의 징역 또는 2천만 원 이상 5천만 원 이하의 벌금에 처한다.

의 상대방 또는 제13조 제2항[166]·제14조(아동·청소년에 대한 강요행위 등)·제15조(알선영업행위 등)의 죄의 피해자가 된 아동·청소년을 말한다."라고 규정하고 있다.

같은 법 제38조에서는 성매매 피해아동·청소년에 대한 조치 등에 관해 규정하고 있다. 같은 조 제1항은 "「성매매알선 등 행위의 처벌에 관한 법률」 제21조 제1항에도 불구하고 제13조 제1항의 죄의 상대방이 된 아동·청소년에 대하여는 보호를 위하여 처벌하지 아니한다."라고 규정함으로써 성매매 피해아동·청소년에 대한 형사처벌을 면제하고 있다. 이는 아동·청소년의 경우 육체적·심리적·경제적 측면에서 취약하기 때문에, 이들의 자발적인 성매매를 인정하지 않고 피해자로 봄으로써 형사처벌을 하지 않겠다는 입법정책적 고려를 한 것이라고 할 수 있다.

대신에 같은 조 제2항에서는 "검사 또는 사법경찰관은 성매매 피해아동·청소년을 발견한 경우 신속하게 사건을 수사한 후 지체 없이 여성가족부장관 및 성매매 피해아동·청소년 지원센터를 관할하는 특별시장·광역시장·특별자치시장·도지사·특별자치도지사(이하 "시·도지사"라 한다)에게 통지하여야" 하고, 같은 조 제3항에서는 "여성가족부장관은 통지를 받은 경우 해당 성매매 피해아동·청소년에 대하여 보호시설 또는 상담시설과의 연계, 제47조의2에 따른 성매매 피해아동·청소년 지원센터에서 제공하는 교육·상담 및 지원 프로그램 등의 참여하는 조치를 하여야 한다."라고 규정하고 있다.

---

166)　아동·청소년의 성을 사기 위하여 아동·청소년을 유인하거나 성을 팔도록 권유한 자는 1년 이하의 징역 또는 1천만 원 이하의 벌금에 처한다.

성매매를 통한 성적 욕구의 충족이라는 성행위의 동기나 목적에 대한 결정도 성적 자기결정권의 내용에 포함된다. 헌법재판소도 '경제적 대가를 매개로 하여 성행위 여부를 결정할 수 있는 것' 즉, 성매매에 대하여 성적 자기결정권에 직접 포함된 것은 아니지만, 성적 자기결정권과 관련된 것으로 보고 있다.[167] 그러나 헌법재판소는 성인과 달리 아동·청소년들의 경우 성매매에 관한 한 성적 자기결정권의 주체로 인정하지 않는다.

> "아동·청소년들은 아직 성적 가치관과 판단능력이 충분히 형성되지 않은 상태라는 점, 아동·청소년들은 사회적으로나 경제적으로나 약자에 해당하며, 많은 아동·청소년들이 가출 또는 절대적 빈곤 상태에서 생활비나 숙식을 제공받기 위해 성매매에 나서는 점 등을 고려하면, 아동·청소년은 보호의 대상에 해당할 뿐 자발적 성매매의 주체라 볼 수 없다."[168]

아동·청소년이나 미성년자와 달리 성인의 경우에는 성매매의 피해자로 보지 않고 처벌을 하고 있다.

> "성매매처벌법 제2조 제4호는 '성매매 피해자'를 위계, 위력, 마약 등에 의해 성매매를 강요당하거나 성매매 목적의 인신매매를 당한 자, 미성년자나 변별능력이 없는 자 등으로 정의하고 있어, 강제력이나 위계 등에 의하지 아니한 상태에서 성매매를 택한 성인의 경우에는 성매매의 피해자로 보지 않고 있다. 성인은 미성년자보다 신체적·정신적으로

---

167)   헌재결 2016.3.31., 2013헌가2.
168)   헌재결 2019.12.27., 2018헌바381.

성숙하여 성적 자기결정권의 온전한 주체이므로 강제력이나 위계를 수반하지 않은 성인의 성매매는 성인의 성적 자기결정권의 행사라고 볼 수 있고, 경제활동이 어려운 청소년과 달리 굳이 성매매가 아니더라도 더 다양한 직업 영역에 접근하여 생계를 유지할 수 있으므로 성매도자도 처벌의 대상이 된다."[169]

2) 아동·청소년 대상 성매매의 경우 가중처벌

일반 성인을 상대로 성을 매수한 경우 「성매매알선 등 행위의 처벌에 관한 법률」 제21조 제1항은 "성매매를 한 사람은 '1년 이하의 징역이나 300만 원 이하의 벌금·구류는 과료(科料)'에 처한다."라고 규정하고 있다.

그러나 성 매수의 상대가 아동·청소년인 경우에는 「아동·청소년의 성보호에 관한 법률」에 따라 처벌이 가중된다. 즉, 「아동·청소년의 성보호에 관한 법률」 제13조(아동·청소년의 성을 사는 행위 등) 제1항은 "아동·청소년의 성을 사는 행위를 한 자는 '1년 이상 10년 이하의 징역 또는 2천만 원 이상 5천만 원 이하의 벌금'에 처한다."라고 규정하고 있다. 동조 제2항은 "아동·청소년의 성을 사기 위하여 아동·청소년을 유인하거나 성을 팔도록 권유한 자는 1년 이하의 징역 또는 1천만 원 이하의 벌금", 동조 제3항은 "장애 아동·청소년을 대상으로 제1항 또는 제2항의 죄를 범한 경우에는 그 죄에 정한 형의 2분의 1까지 가중처벌한다."라고 규정하고 있다.

---

169)   헌재결 2011.10.25., 2011헌가1.

헌법재판소는 성인의 경우에 비해 아동·청소년의 경우 성매매로 인한 정신적·신체적·인격적 피해가 매우 심각하므로 특별히 보호할 필요가 있다고 판시하고 있다.

"아동·청소년이 성매매로 인해 입게 되는 정신적, 신체적, 인격적인 피해는 매우 심각하므로, 아동·청소년을 성매매로부터 특별히 보호하여 이들의 건강한 성장을 도모하는 것은 이 사회가 양보할 수 없는 중요한 법익의 하나이다. 성매매로 인해 아동·청소년은 생식기나 직장 부위에 성인보다 쉽게 외상을 입을 수 있고 성행위로 인하여 감염되는 질환에 노출될 수 있다. 심리적으로도 죄책감, 수치심, 낮은 자존감을 갖기 쉬우며 그 피해는 오래 지속될 수 있다. 성매매의 결과, 일부 아동·청소년들은 약물남용, 폭력, 비행 등 기타 사회적 문제에 연루되는 경향이 있다. 이런 과정을 통해 성매매를 겪은 아동·청소년의 삶은 회복되기 어려운 정도로 손상되고 만다. 아동·청소년의 원만한 인격성장을 크게 저해하는 아동·청소년 성매매 알선업자를 엄히 처벌함으로써 장차 국가의 장래를 책임지게 될 아동·청소년을 보호하고 우리 사회의 성문화에 대한 최소한의 도덕성을 지킬 필요가 있다. …… 아동·청소년을 대상으로 한 성매매는 아직 가치관과 판단능력이 성숙되지 못하고 사회적·경제적인 지위도 열악한 아동·청소년을 금전적으로 유혹하여 간음함으로써 그들의 원활한 인격형성을 방해하고 건강한 사회구성원으로 성장하여야 할 아동·청소년의 신체와 정신에 손상을 입힌다는 점에 있어서 가벌성이 가중된다."[170]

3) 아동·청소년 상대 알선영업행위 등에 관한 처벌

한편 「아동·청소년의 성보호에 관한 법률」 제15조는 아동·청소년

---

170)   헌재결 2019.12.27., 2018헌바381.

상대 알선영업행위 등에 관한 처벌에 관해 규정하고 있다.

동조 제1항에서는 "아동·청소년의 성을 사는 행위의 장소를 제공하는 행위를 업으로 하는 자, 아동·청소년의 성을 사는 행위를 알선하거나 정보통신망에서 알선정보를 제공하는 행위를 업으로 하는 자, 제1호 또는 제2호의 범죄에 사용되는 사실을 알면서 자금·토지 또는 건물을 제공한 자, 영업으로 아동·청소년의 성을 사는 행위의 장소를 제공·알선하는 업소에 아동·청소년을 고용하도록 한 자는 7년 이상의 유기징역", 제2항에서는 "영업으로 아동·청소년의 성을 사는 행위를 하도록 유인·권유 또는 강요한 자, 아동·청소년의 성을 사는 행위의 장소를 제공한 자, 아동·청소년의 성을 사는 행위를 알선하거나 정보통신망에서 알선정보를 제공한 자, 영업으로 제2호 또는 제3호의 행위를 약속한 자는 7년 이하의 징역 또는 5천만 원 이하의 벌금", 제3항에서는 "아동·청소년의 성을 사는 행위를 하도록 유인·권유 또는 강요한 자는 5년 이하의 징역 또는 3천만 원 이하의 벌금에 처한다."라고 규정하고 있다.

그런데 성인을 대상으로 한 성매매 영업알선행위에 대해서는 성매매처벌법 제19조 제2항 제1호는 성인의 성매매 영업알선행위를 '7년 이하의 징역 또는 7천만 원 이하의 벌금'에 처하도록 규정하고 있다.

○ 신상공개제도

1) 법률규정

「성폭력범죄의 처벌 등에 관한 특례법」 제42조는 '신상정보 등록대상자'라는 제목으로 "제2조 제1항 제3호·제4호, 같은 조 제2항(제1항 제3호·제4호에 한정한다), 제3조부터 제15조까지의 범죄 및 「아동·청소년의 성보호에 관한 법률」 제2조 제2호 가목·라목의 범죄(등록대상 성범죄)로 유죄판결이나 약식명령이 확정된 자 또는 같은 법 제49조 제1항 제4호에 따라 공개명령이 확정된 자는 신상정보 등록대상자가 된다. 다만, 제12조·제13조의 범죄 및 「아동·청소년의 성보호에 관한 법률」 제11조 제3항 및 제5항의 범죄로 벌금형을 선고받은 자는 제외한다(제1항)."라고 규정하고 있다.

2) 개인정보자기결정권 침해 여부

헌법재판소는 아동·청소년에 대한 강제추행죄로 유죄판결이 확정된 자를 신상정보 등록대상자로 규정하는 「성폭력범죄의 처벌 등에 관한 특례법」(성폭력처벌법) 제42조 제1항 본문 가운데 「아동·청소년의 성보호에 관한 법률」 제2조 제2호 가목의 범죄 중 제7조 제3항의 범죄(아동청소년에 대한 강제추행죄)로 유죄판결이 확정된 자에 관한 부분(등록대상자조항)은 "등록대상자조항은 성폭력범죄의 재범을 억제하고 성폭력범죄자의 조속한 검거 등 효율적인 수사를 위한 것이다. 이는 전과기록 관리 및 보안처분만으로는 달성할 수 없는 정도로 성폭력범죄의 재범을 억제하고, 성폭력범죄자의 조속한 검거 등 효율적인 수사를 위하여 불가피한 것으로, 등록 자체로 인한 기본권의 제한 범위가 제한적인 반면, 이를 통하여 달성되는 공익은 매우 크"다는 이유로 개인정보자기결정권을 침해하지 않는다고 판시[171]한 바 있다.

3) 등록정보의 공개

「아동·청소년의 성보호에 관한 법률」 제49조는 등록정보의 공개에 대해 규정하고 있다. 법원은 ① 아동·청소년대상 성범죄를 저지른 자, ② 「성폭력범죄의 처벌 등에 관한 특례법」 제2조 제1항 제3호·제4호, 같은 조 제2항(제1항 제3호·제4호에 한정한다), 제3조부터 제15조까지의 범죄를 저지른 자, ③ 제1호 또는 제2호의 죄를 범하였으나 「형법」 제10조 제1항에 따라 처벌할 수 없는 자로서 제1호 또는 제2호의 죄를 다시 범할 위험성이 있다고 인정되는 자에 대하여 판결로 제4항의 공개정보를 「성폭력범죄의 처벌 등에 관한 특례법」 제45조 제1항[172]의 등록기간 동안 정보통신망을 이용하여 공개하도록 하는 명령(공개명령)을 등록대상 사건의 판결과 동시에 선고하여야 한다. 다만, 피고인이 아동·청소년인 경우, 그 밖에 신상정보를 공개하여서는 아니 될 특별한 사정이 있다고 판단하는 경우에는 그러

---

171) 헌재결 2019.11.28., 2017헌마399.

172) 법무부장관은 제44조 제1항 또는 제4항에 따라 기본신상정보를 최초로 등록한 날(이하 "최초등록일"이라 한다)부터 다음 각호의 구분에 따른 기간(이하 "등록기간"이라 한다) 동안 등록정보를 보존·관리하여야 한다. 다만, 법원이 제4항에 따라 등록기간을 정한 경우에는 그 기간 동안 등록정보를 보존·관리하여야 한다.
　1. 신상정보 등록의 원인이 된 성범죄로 사형, 무기징역·무기금고형 또는 10년 초과의 징역·금고형을 선고받은 사람: 30년
　2. 신상정보 등록의 원인이 된 성범죄로 3년 초과 10년 이하의 징역·금고형을 선고받은 사람: 20년
　3. 신상정보 등록의 원인이 된 성범죄로 3년 이하의 징역·금고형을 선고받은 사람 또는 「아동·청소년의 성보호에 관한 법률」 제49조 제1항 제4호에 따라 공개명령이 확정된 사람: 15년
　4. 신상정보 등록의 원인이 된 성범죄로 벌금형을 선고받은 사람: 10년

하지 아니하다(같은 조 제1항).

대법원은 '피고인이 아동·청소년인 경우'의 판단 기준 시점은 사실심 판결 선고 시라고 판시[173]하고 있다.

공개하도록 제공되는 등록정보(공개정보)는 ① 성명, ② 나이, ③ 주소 및 실제거주지(「도로명주소법」 제2조 제5호의 도로명 및 같은 조 제7호의 건물번호까지로 한다), ④ 신체정보(키와 몸무게), ⑤ 사진, ⑥ 등록대상 성범죄 요지(판결일자, 죄명, 선고형량을 포함한다), ⑦ 성폭력범죄 전과사실(죄명 및 횟수), ⑧ 「전자장치 부착 등에 관한 법률」에 따른 전자장치 부착 여부 등이다(같은 조 제4항).

4) 등록정보의 고지

「아동·청소년의 성보호에 관한 법률」 제50조는 등록정보의 고지에 관해 규정하고 있다. 법원은 공개대상자 중 ① 아동·청소년대상 성범죄를 저지른 자, ② 「성폭력범죄의 처벌 등에 관한 특례법」 제2조 제1항 제3호·제4호, 같은 조 제2항(제1항 제3호·제4호에 한정한다), 제3조부터 제15조까지의 범죄를 저지른 자, ③ 제1호 또는 제2호의 죄를 범하였으나 「형법」 제10조 제1항에 따라 처벌할 수 없는 자로서 제1호 또는 제2호의 죄를 다시 범할 위험성이 있다고 인정되는 자에 대하여 판결로 제49조에 따른 공개명령 기간 동안 제4항에 따른 고지정보를 제5항에 규정된 사람에 대하여 고지하도록 하는 명령(고지명령)을 등록대상 성범죄 사건의 판결과 동시에 선고하여야 한

---

173)   대판 2012.5.24., 2012도2763.

다. 다만, 피고인이 아동·청소년인 경우, 그 밖에 신상정보를 고지하여서는 아니 될 특별한 사정이 있다고 판단하는 경우에는 그러하지 아니하다(같은 조 제1항).

고지하여야 하는 고지정보는 ① 고지대상자가 이미 거주하고 있거나 전입하는 경우에는 제49조 제4항의 공개정보(다만, 제49조 제4항 제3호에 따른 주소 및 실제거주지는 상세주소를 포함한다), ② 고지대상자가 전출하는 경우에는 제1호의 고지정보와 그 대상자의 전출 정보 등이다(같은 조 제4항).

제4항의 고지정보는 고지대상자가 거주하는 읍·면·동의 아동·청소년의 친권자 또는 법정대리인이 있는 가구, 「영유아보육법」에 따른 어린이집의 원장, 「유아교육법」에 따른 유치원의 장, 「초·중등교육법」 제2조에 따른 학교의 장, 읍·면사무소와 동 주민자치센터의 장(경계를 같이하는 읍·면 또는 동을 포함한다), 「학원의 설립·운영 및 과외교습에 관한 법률」 제2조의2에 따른 학교교과교습학원의 장과 「아동복지법」 제52조 제1항 제8호에 따른 지역아동센터 및 「청소년활동 진흥법」 제10조 제1호에 따른 청소년수련시설의 장에게 고지한다(같은 조 제5항).

대법원은 「아동·청소년의 성보호에 관한 법률」에서 정한 공개명령의 의의와 법적 성격은 '일종의 보안처분'이라고 판시하고 있다.

> "공개명령 및 고지명령 제도는 아동·청소년대상 성폭력범죄 등을 효과적으로 예방하고 그 범죄로부터 아동·청소년을 보호함을 목적으로 하는 일종의 보안처분으로서, 그 목적과 성격, 운영에 관한 법률의 규정 내용 및 취지 등을 종합해 보면, 공개명령 및 고지명령 제도는 범죄

행위를 한 자에 대한 응보 등을 목적으로 그 책임을 추궁하는 사후적 처분인 형벌과 구별되어 그 본질을 달리한다."[174]

ㅇ 아동·청소년 관련기관 등에의 취업제한 등

1) 구법 조항

구 「아동·청소년의 성보호에 관한 법률」(2010. 4. 15. 법률 제10260호로 개정되고 2012. 2. 1. 법률 제11287호로 개정되기 전의 것) 제44조 제1항은 "아동·청소년대상 성범죄 또는 성인대상 성범죄(성범죄)로 형 또는 치료감호를 선고받아 확정된 자는 그 형 또는 치료감호의 전부 또는 일부의 집행을 종료하거나 집행이 유예·면제된 날부터 10년 동안 다음 각호에 따른 시설 또는 기관(아동·청소년 관련 교육기관 등)을 운영하거나 아동·청소년 관련 교육기관 등에 취업 또는 사실상 노무를 제공할 수 없다. 다만, 제11호의 경우에는 경비업무에 종사하는 자에 한한다."라고 규정하고 있었다. 헌법재판소는 위 규정 가운데 '성인대상 성범죄로 형을 선고받아 확정된 자'에 관한 부분은 청구인의 직업선택의 자유를 침해한다고 위헌결정을 내렸다.[175]

헌법재판소는 먼저 "아동·청소년 관련 교육기관 등에 종사하는 사람들의 자질을 일정 수준 담보하여 아동과 청소년을 잠재적 성범죄로부터 보호하고, 아동·청소년과 그 보호자가 이들 기관을 믿고 이용하거나 따를 수 있도록 하는 심판대상조항의 입법목적은 정당하다. 또 성범죄로 형을 선고받아 확정된 사람에 대하여 일정

---

174)   대판 2012.5.24., 2012도2763.
175)   헌재결 2016.7.28., 2013헌마436.

기간 아동·청소년 관련 교육기관 등에 취업할 수 없도록 하는 것은 위와 같은 입법목적을 달성할 수 있는 적절한 수단이다."라고 함으로써 입법목적의 적절성과 수단의 적합성을 인정하고 있다.

그러나 "심판대상조항은 성범죄 전과자라는 이유만으로 이들이 다시 성범죄를 저지를 것이라는 전제 아래 취업제한이라는 제재를 예외 없이 부과하는 점, 성범죄 전력자의 구체적 범죄행위 유형 등을 고려하지 않고 일군의 성범죄를 저지른 사람 전부에 대해서 동일한 취업제한 기간을 두는 점 등에서 침해의 최소성 원칙에 위배된다. 또한, 심판대상조항이 달성하고자 하는 공익이 우리 사회의 중요한 공익이지만 심판대상조항에 의하여 청구인의 직업선택의 자유가 과도하게 제한되므로, 심판대상조항은 법익의 균형성 원칙에도 위배된다."라고 하여 침해의 최소성 원칙과 법익의 균형성 원칙에 위배된다고 함으로써 위헌결정을 선고하고 있다.

2) 현행법 규정

헌법재판소의 위헌결정에 따라 현행법은 제56조 제1항에서 "법원은 아동·청소년대상 성범죄 또는 성인대상 성범죄(성범죄)로 형 또는 치료감호를 선고하는 경우에는 판결(약식명령을 포함한다)로 그 형 또는 치료감호의 전부 또는 일부의 집행을 종료하거나 집행이 유예·면제된 날(벌금형을 선고받은 경우에는 그 형이 확정된 날)부터 일정기간(취업제한 기간) 동안 유치원, 학교 등의 시설·기관 또는 사업장(아동·청소년 관련기관 등)을 운영하거나 아동·청소년 관련기관 등에 취업 또는 사실상 노무를 제공할 수 없도록 하는 명령(취업제한

명령)을 성범죄 사건의 판결과 동시에 선고(약식명령의 경우에는 고지)하여야 한다. 다만, 재범의 위험성이 현저히 낮은 경우, 그 밖에 취업을 제한하여서는 아니 되는 특별한 사정이 있다고 판단하는 경우에는 그러하지 아니한다."라고 규정하고 있다.

05. 행정법적 보호

○ 아동복지법상 성적 학대행위 금지

아동복지법 제3조 제7호는 "아동학대란 보호자를 포함한 성인이 아동의 건강 또는 복지를 해치거나 정상적 발달을 저해할 수 있는 신체적·정신적·성적 폭력이나 가혹행위를 하는 것과 아동의 보호자가 아동을 유기하거나 방임하는 것을 말한다."라고 정의하고 있다.

한편, 아동복지법 제17조 제2호는 "누구든지 아동에게 음란한 행위를 시키거나 이를 매개하는 행위 또는 아동에게 성적 수치심을 주는 성희롱 등의 성적 학대행위를 하여서는 아니 된다."라고 규정하고 있고, 이에 위반할 경우 같은 법 제71조 제1항 제1의2호에 따라 "10년 이하의 징역 또는 1억 원 이하의 벌금"에 처한다.

행정법이라고 행정처분에 의한 제재만 규정하고 있는 것은 아니다. 행정법에도 형벌규정이 있다. 다만, 형사법에 규정된 형벌은 형사벌이라고 하고, 행정법에 규정된 형벌은 행정형벌이라고 한다.

1) 입법연혁

'아동에게 음란한 행위를 시키는 행위'는 아동복지법 제정 당시부터 금지행위의 유형에 포함되어 있었으나, '성적학대행위'는 2000. 1. 12. 법률 제6151호로 아동복지법이 전부 개정되면서 처음으로 금지행위의 유형에 포함되었고, 그 문언도 처음에는 '아동에게 성적 수치심을 주는 성희롱, 성폭행 등의 학대행위'였다가 2011. 8. 4. 법률 제11002호로 전부 개정 시 '아동에게 성적수치심을 주는 성희롱·성폭력 등의 학대행위'로, 2014. 1. 28. 법률 제12361호로 개정 시 '아동에게 성적수치심을 주는 성희롱 등의 성적학대행위'로 각 변경됨으로써 현재는 성적학대행위의 예로 '성폭행'이나 '성폭력'은 삭제되고 '성희롱'만을 규정하고 있다. 그리고 '성적학대행위'가 위와 같이 금지행위의 유형에 포함된 이후부터 아동복지법이 2014. 1. 28. 법률 제12361호로 개정되기 전까지 아동복지법은 '아동에게 음행을 시키는 행위'와 '성적학대행위'를 각각 다른 호에서 금지행위로 규정하면서 전자는 10년 이하의 징역 또는 5천만 원 이하의 벌금, 후자는 5년 이하의 징역 또는 3천만 원 이하의 벌금으로 처벌하는 등 법정형을 달리하였으나 아동복지법이 2014. 1. 28. 개정되면서 같은 호에서 같은 법정형(10년 이하의 징역 또는 5천만 원 이하의 벌금)으로 처벌하게 되었다(제17조 제2호, 제71조 제1항 제1호의2참조).[176]

---

176)   대판 2017.6.15., 2017도3448.

2) '아동에게 음행을 시키는' 행위

대법원 판례에 따르면 '아동에게 음행을 시키는' 행위에 행위자 자신이 직접 아동의 음행의 상대방이 되는 경우는 포함되지 않는다.

> "'아동에게 음행을 시킨다'는 것은 행위자가 아동으로 하여금 제3자를 상대방으로 하여 음행을 하게 하는 행위를 가리키는 것일 뿐 행위자 자신이 직접 그 아동의 음행의 상대방이 되는 것까지를 포함하는 의미로 볼 것은 아니다."[177]

3) '성적 학대행위'

아동복지법상 금지되는 '성적 학대행위'의 의미와 판단 기준에 대해 대법원은 다음과 같이 판시하고 있다.

> "아동복지법상 금지되는 성적 학대행위란 아동에게 성적 수치심을 주는 성희롱, 성폭행 등의 행위로서 아동의 건강·복지를 해치거나 정상적 발달을 저해할 수 있는 성적 폭력 또는 가혹행위를 말하고, 이에 해당하는지 여부는 행위자 및 피해 아동의 의사·성별·연령, 피해 아동이 성적 자기결정권을 제대로 행사할 수 있을 정도의 성적 가치관과 판단 능력을 갖추었는지 여부, 행위자와 피해 아동의 관계, 행위에 이르게 된 경위, 구체적인 행위 태양, 행위가 피해 아동의 인격 발달과 정신 건강에 미칠 수 있는 영향 등의 구체적인 사정을 종합적으로 고려하여 시대의 건전한 사회통념에 따라 객관적으로 판단하여야 한다."[178]

같은 판결에서 대법원은 "피해 아동이 성적 가치관과 판단능력이

---

177)   대판 2000.4.25., 2000도223.
178)   대판 2015.7.9., 2013도7787.

충분히 형성되지 아니하여 성적 자기결정권을 행사하거나 자신을 보호할 능력이 상당히 부족한 경우라면 자신의 성적 행위에 관한 자기결정권을 자발적이고 진지하게 행사할 것이라 기대하기는 어려우므로, 행위자의 요구에 피해 아동이 명시적인 반대 의사를 표시하지 아니하였거나 행위자의 행위로 인해 피해 아동이 현실적으로 육체적 또는 정신적 고통을 느끼지 아니하는 등의 사정이 있다 하더라도, 이러한 사정만으로 행위자의 피해 아동에 대한 성희롱 등의 행위가 구 아동복지법 제29조 제2호의 '성적 학대행위'에 해당하지 아니한다고 단정할 것은 아니다."라고 판시하고 있다.

또한 '성적 학대행위'는 "'음란한 행위를 시키는 행위'와는 별개의 행위로서, 성폭행의 정도에 이르지 아니한 성적 행위도 그것이 성적 도의관념에 어긋나고 아동의 건전한 성적 가치관의 형성 등 완전하고 조화로운 인격발달을 현저하게 저해할 우려가 있는 행위이면 이에 포함된다."[179)]라고 판시하고 있다.

구체적인 사례와 관련해서 대법원은 초등학교 야구부 코치가 피해자를 야구부 숙소에 데리고 간 다음, 출입문을 잠근 상태에서 안마를 해 달라고 하여 피해자가 2분간 주먹으로 피고인의 어깨를 두드리게 하였고, 피해자의 머리를 쓰다듬으면서 피해자에게 "가슴살 좀 빼야겠다."라고 말하였고, 야구부 숙소 후문을 통해 밖으로 나가는 피해자를 따라 나와 계단에 서서 피해자를 앞에서 안은 뒤에 자신의 얼굴을 들이밀면서 3회에 걸쳐 뽀뽀를 해

---

179)   대판 2017.6.15., 2017도3448.

달라고 요구하였는데, 그 과정에서 피해자와 상당한 정도의 신체 접촉이 있었고, 주위에 다른 사람이 없는 상태에서 3회에 걸쳐 뽀뽀를 해 달라고 요구하는 행위를 한 것은 피해 아동에게 성적수치심을 주는 성희롱으로서 피해 아동의 정상적 발달을 저해할 수 있는 가혹행위에 해당한다고 판시하고 있다.[180]

또한 피고인이 2015. 10. 31. 09:45경 수원시 영통구 소재 ○모텔 불상의 호실에서, 14세의 아동인 피해자에게 옷을 벗으라고 시킨 후 미리 준비해 온 철제 개목걸이를 피해자의 목에 채운 뒤 피해자를 동물인 개처럼 취급하며 복종시키고, 손바닥으로 피해자의 엉덩이를 수회 때리고 손가락을 피해자의 음부에 집어넣는 등 유사성교행위를 하여, 아동인 피해자에게 9회에 걸쳐 음란한 행위를 시킨 행위'에 대해서도 '성적 학대행위'에 해당한다고 판시하고 있다.[181]

○ 「청소년 보호법」상 '청소년유해매체물'

1) '청소년유해매체물'의 정의

「청소년 보호법」 제2조 제3호는 "청소년유해매체물이란 ① 제7조 제1항 본문 및 제11조에 따라 청소년보호위원회가 청소년에게 유해한 것으로 결정하거나 확인하여 여성가족부장관이 고시한 매체물, ② 제7조 제1항 단서 및 제11조에 따라 각 심의기관이 청소년에

---

180)   대판 2016.8.30., 2015도3095, 2015전도47.
181)   대판 2017.6.15., 2017도3448.

게 유해한 것으로 심의하거나 확인하여 여성가족부장관이 고시한 매체물의 어느 하나에 해당하는 것을 말한다."라고 규정하고 있다.

2) 청소년유해매체물의 심의·결정

같은 법 제7조 제1항에서는 "청소년보호위원회는 매체물이 청소년에게 유해한지를 심의하여 청소년에게 유해하다고 인정되는 매체물을 청소년유해매체물로 결정하여야 한다."라고 규정하고 있다. 즉, 청소년에게 유해하다고 인정되면 선택의 여지 없이 청소년유해매체물로 지정하도록 의무를 부과하고 있다.

같은 법 제9조 제1항은 "청소년보호위원회와 각 심의기관은 심의를 할 때 해당 매체물이 청소년에게 성적인 욕구를 자극하는 선정적인 것이거나 음란한 것, 성폭력을 포함한 각종 형태의 폭력 행위와 약물의 남용을 자극하거나 미화하는 것 등의 어느 하나에 해당하는 경우에는 청소년유해매체물로 결정하여야 한다."라고 규정하고, 제2항에서는 "청소년 유해 여부에 관한 구체적인 심의 기준과 그 적용에 필요한 사항은 대통령령으로 정한다."라고 규정하고 있다.

이에 따라 '청소년 보호법 시행령' 제9조에서는 "법 제9조 제3항에 따른 청소년 유해매체물의 구체적인 심의 기준은 별표 2와 같다."라고 규정하고, 심의 기준을 '일반 심의 기준'과 '개별 심의 기준'으로 나누어서 구체화하고 있다.

'개별 심의 기준'에는 음란한 자태를 지나치게 묘사한 것, 성행위와 관련하여 그 방법·감정·음성 등을 지나치게 묘사한 것, 동물과의 성행위를 묘사하거나 집단 성행위, 근친상간, 가학·피학성 음란

중 등 변태 성행위, 성매매 그 밖에 사회 통념상 허용되지 아니한 성관계를 조장하는 것, 청소년을 대상으로 하는 성행위를 조장하거나 여성을 성적 대상으로만 기술하는 등 성 윤리를 왜곡시키는 것, 성폭력·자살·자학행위, 그 밖에 육체적·정신적 학대를 미화하거나 조장하는 것 등이 포함된다.

2004. 4. 24. 시행령 개정으로 종전 규정의 '수간'을 '동물과의 성행위'로, '혼음'을 '집단 성행위'로, '매춘행위'를 '성매매'로 명칭을 변경하고, '동성애'를 삭제했다. '동성애'를 삭제한 이유는 동성애자에 대한 인권침해의 우려가 있어 삭제하여야 한다는 국가인권위원회의 권고 등에 따른 것이다.

3) 청소년유해표시 의무 등

청소년 유해매체물로 지정되던 청소년유해표시, 포장, 표시·포장의 훼손 금지, 판매 금지 등, 구분·격리 등, 방송시간 제한, 수거·파괴 의무 등이 부과된다.

청소년유해매체물에 대하여 청소년에게 유해한 것임을 나타내는 표시(청소년유해표시)를 하여야 한다(제13조 제1항). 청소년유해매체물은 포장하여야 한다. 이 경우 매체물의 특성으로 인하여 포장할 수 없는 것은 포장에 준하는 보호조치를 마련하여 시행하여야 한다(제14조 제1항). 누구든지 청소년유해표시와 포장을 훼손하여서는 아니 된다(제15조). 청소년유해매체물을 판매·대여·배포하거나 시청·관람·이용하도록 제공하려는 자는 그 상대방의 나이 및 본인 여부를 확인하여야 하고, 청소년에게 판매·대여·배포하거나 시청·관람·

이용하도록 제공하여서는 아니 된다(제16조 제1항). 청소년유해매체물은 청소년에게 유통이 허용된 매체물과 구분·격리하지 아니하고서는 판매나 대여를 위하여 전시하거나 진열하여서는 아니 된다(제17조 제1항).

이에 위반한 일정한 행위에 대해서는 과징금(제54조), 형벌(제55조 내지 제61조)이 부과된다.

4) 청소년 통행금지·제한구역의 지정 등

특별자치시장·특별자치도지사·시장·군수·구청장(구청장은 자치구의 구청장을 말하며, 이하 시장·군수·구청장이라 한다)은 청소년 보호를 위하여 필요하다고 인정할 경우 청소년의 정신적·신체적 건강을 해칠 우려가 있는 구역을 청소년 통행금지구역 또는 청소년 통행제한구역으로 지정하여야 한다(제31조 제1항). 시장·군수·구청장은 청소년 범죄 또는 탈선의 예방 등 특별한 이유가 있으면 대통령령으로 정하는 바에 따라 시간을 정하여 제1항에 따라 지정된 구역에 청소년이 통행하는 것을 금지하거나 제한할 수 있다(같은 조 제2항). 종전에 미아리, 청량리역, 용산역 일대의 집창촌이 대표적인 금지·제한구역에 해당한다.

○「정보통신망 이용촉진 및 정보보호 등에 관한 법률」

1) 청소년 보호를 위한 시책의 마련 등

법률 제41조 제1항은 "방송통신위원회는 정보통신망을 통하여 유통되는 음란·폭력정보 등 청소년에게 해로운 정보(청소년유해정보)

로부터 청소년을 보호하기 위하여 내용 선별 소프트웨어의 개발 및 보급, 청소년 보호를 위한 기술의 개발 및 보급, 청소년 보호를 위한 교육 및 홍보, 그 밖에 청소년 보호를 위하여 대통령령으로 정하는 사항의 시책을 마련하여야 한다."라고 규정하고 있다.

2) 청소년유해매체물의 표시

같은 법 제42조는 "전기통신사업자의 전기통신역무를 이용하여 일반에게 공개를 목적으로 정보를 제공하는 자(정보제공자) 중 「청소년 보호법」 제2조 제2호 마목에 따른 매체물로서 같은 법 제2조 제3호에 따른 청소년유해매체물을 제공하려는 자는 대통령령으로 정하는 표시방법에 따라 그 정보가 청소년유해매체물임을 표시하여야 한다."라고 규정함으로써 「청소년 보호법」과 같은 규정을 두고 있다.

3) 청소년유해매체물의 광고금지

또한 법 제42조의2는 "누구든지 「청소년 보호법」 제2조 제2호 마목에 따른 매체물로서 같은 법 제2조 제3호에 따른 청소년유해매체물을 광고하는 내용의 정보를 정보통신망을 이용하여 부호·문자·음성·음향·화상 또는 영상 등의 형태로 같은 법 제2조 제1호에 따른 청소년에게 전송하거나 청소년 접근을 제한하는 조치 없이 공개적으로 전시하여서는 아니 된다."라고 규정하고 있다.

제3장
장애인

01. 장애인의 정의

현행법률상 장애인의 정의에 대해서는 장애인복지법이 규정하고, 다른 법률에 준용하고 있다. 장애인이란 신체적·정신적 장애로 오랫동안 일상생활이나 사회생활에서 상당한 제약을 받는 자를 말한다(장애인복지법제2조 제1항). 구체적으로 신체적 장애란 "주요 외부 신체 기능의 장애, 내부기관의 장애 등(같은 조 제2항 제1호)"을, 정신적 장애란 "발달장애 또는 정신 질환으로 발생하는 장애(같은 조 제2항 제2호)"를 말한다.

'장애인복지법 시행령'[별표 1]은 '장애의 종류 및 기준에 따른 장애인'을 ① 지체장애인(肢體障碍人), ② 뇌병변장애인, ③ 시각장애인, ④ 청각장애인, ⑤ 언어장애인(言語障碍人), ⑥ 지적장애인, ⑦ 자폐성장애인, ⑧ 정신장애인, ⑨ 신장장애인(腎臟障碍人), ⑩ 심장장애인, ⑪ 호흡기장애인, ⑫ 간장장애인, ⑬ 안면장애인, ⑭ 장루·요루장애인(腸瘻·尿瘻障碍人), ⑮ 뇌전증장애인(腦電症障碍人)으로 세분하고 있다.

신체적 장애자의 경우에는 적극적 성적 자기결정권의 행사의 문제가, 성신석 장애사의 경우 소극직으로 성적 자기결정권을 침해받지 않을 권리가 현실적으로 문제가 된다.

02. 장애인의 적극적 성적 자기결정권의 행사

장애인의 경우 외견상의 차이로 인해 차별이나 혐오의 대상, 아니면 보호나 배려의 대상으로만 인식되어 온 것이 현실이다. 그들도 같은 사람으로서 당연히 성적 욕구를 느끼고, 성적 주체로 인정되어야 한다는 측면은 애써 무시되었다. 2002년 개봉한 이창동 감독의 영화 〈오아시스〉에서 주인공 '홍종두(설경구 분)'가 중증뇌성마비장애인인 '한공주(문소리 분)'의 "같이 자자"는 제안에 합의하에 성교를 하게 된다. 그러나 공주의 식사를 챙겨 주는 '상식'과 상식의 처에 의해 둘의 성교 사실이 발각되고 경찰이 출동하게 되어 억울하게 종두는 강간범으로 오인 받아 체포된다. 종두를 심문하던 '형사 1'은 "솔직히 말해 봐, 변태지?", "인간으로서 이해가 안 돼. (종두에게) 야 인마, 솔직히 성욕이 생기데?"라는 말을 하게 된다. 장애인도 성적 욕구를 느끼고, 비장애인과 성교를 할 수도 있다는 가능성 자체를 인식하지 못한 것이다. 이러한 편견은 형사 1 개인만의 것이라고 할 수 없을 정도로 일반화되어 있다.

장애인 모두를 같은 범주로 다루는 것은 문제이다. 장애인이라도 성별에 따라 남성 장애인과 여성 장애인으로 나눌 수 있다. 여성 장애인은 장애인이라는 편견과 여성이라는 두 가지의 제약에 처하게 된다. 또한 경제적 능력이나 계급적 지위, 장애의 종류와 정도에 있어서도 이들은 구별된다. 장애의 종류와 정도에 맞는 적극적 성적 자기결정권의 행사 방법을 마련하는 데 지혜를 모아야 한다. 뇌병변장애인도 성적 욕구를 느끼고, 성 기능상에 문제가 없다. 다만 운동능력의 저하와 육체적인 '경직'과 '경련'으로 인해 성교 시 체위가 제한될 뿐이다. 척수장애인의 경우에도 발기와 사정에 애로를 겪지만, 그렇다고 성교가 전혀 불가능한 것도 아니다. 국립재활원 척수손상재활과 이범석 과장은 57명의 남성 척수손상인을 대상으로 실시한 조사 결과를 발표하며 "많은 척수손상 남성의 성욕구는 척수손상 전보다 감소했지만 30% 이상 장애인들은 변화가 없거나 오히려 증가했다."라고 밝혔다.[182]

그러던 중 2005년, 서동일 감독의 다큐멘터리 형식의 영화 〈핑크 팰리스〉가 개봉하면서 장애인의 성욕구에 대한 논의가 본격적으로 수면 위로 떠올랐다. 48세 중증 뇌성마비 장애인은 충남 예산에서 30만 원을 들고 서울 청량리 집창촌으로 향하며 "숫총각으로 죽으면 진짜 억울하다, 억울해."라고 부르짖는다.[183]

「장애인차별금지 및 권리구제 등에 관한 법률」 제29조(성에서의 차별금지)는 장애인의 적극적 성적 자기결정권의 행사에 대한 제한·박탈을 금지하는 규정을 두고 있다. 즉, "모든 장애인의 성에 관한 권리는 존중되어야 하며, 장애인은 이를 주체적으로 표현하고 향유할 수 있는 성적 자기결정권을 가진다(같은 조 제1항)", "가족·가정 및 복지시설 등의 구성원은 장애인에 대하여 장애를 이유로 성생활을 향유할 공간 및 기타 도구의 사용을 제한하는 등 장애인이 성생활을 향유할 기회를 제한하거나 박탈하여서는 아니 된다(같은 조 제2항)", "국가 및 지방자치단체는 장애인이 성

---

182)　"장애인도 성이 있다",《복지타임즈》, 2005. 10. 13.
183)　"장애인의 성을 다시 말하다",《시사IN》, 2016. 5. 5.

을 향유할 권리를 보장하기 위하여 관계 법령에서 정하는 바에 따라 필요한 지원책을 강구하고, 장애를 이유로 한 성에 대한 편견·관습, 그 밖의 모든 차별적 관행을 없애기 위한 홍보·교육을 하여야 한다(같은 조 제3항)". 그러나 이를 위반할 경우 제재나 처벌 규정을 두지 않음으로써 사실상 선언적 의미밖에 갖지 못한다.

○ 성 도우미(성 자원봉사)

장애인을 상대로 한 '성 도우미' 또는 '성 봉사(sex volunteer)' 문제가 부각된 계기는 2005년에 일본의 프리랜서 작가인 가와이 가오리가 쓴 『섹스 자원봉사 - 억눌린 장애인의 성』이라는 책이 출판되고, 우리나라에서는 2010년 조경덕 감독의 영화 〈섹스 볼란티어: 공공연한 비밀 첫 번째 이야기〉가 개봉되면서부터라고 할 수 있다.

일본 여성 저널리스트 가와이 가오리가 쓴 『섹스 자원봉사』라는 책은 신체적 한계로 성욕을 해소하지 못하는 장애인들을 위해 무료 혹은 유료로 도움을 주는 이들을 소개하고 있다. 이 책에서 소개하는 네덜란드의 '선택적 인간관계 재단(SAR)'은 유료로 성매매 여성을 파견하는 서비스를 제공하고 있다.[184] 〈핑크 팰리스〉는 장애인의 성 향유 권리를 정면으로 의제로 삼은 한국 최초의 다큐멘터리 형식의 영화로, 영화 전반부에 자신의 성욕에 대해 솔직히 털어놓는 장애인들의 인터뷰와 함께 주인공 최동수 씨의 성적 열망을 그리고 있다. 이 영화는 장애인들 자신의 성적 열망, 자위 방법,

---

184) "소외당하는 '장애인의 성(性)' 사회적 관심 필요", 《시사매거진》, 2008. 4. 21.

체위, 성관계를 가질 때의 어려움 등을 거침없이 다루고 있다. 무성적 존재로만 인식해 왔던 장애인들의 욕망에 대한 편견을 다시금 돌아보게 한 영화였다.[185] 영화 〈섹스 볼란티어〉에서 중증 뇌성마비환자인 '황천길'이 죽음을 앞두고 여자의 체온을 느껴 보고 싶다고 신부에게 고해성사를 하게 된다. 신부는 자신을 찾아온 20대 여대생 '예리'에게 이 사실을 알리게 되고, 결국 예리와 황천길은 모텔에서 성교를 하다가 경찰에게 성매매로 체포되어 수사를 받게 된다. 그러나 이들은 자신들의 행위가 '성매매'가 아니라 '성 자원봉사'라고 주장한다.

장애인의 경우 성욕의 해소 수단으로 자위행위를 많이 이용하고 있다. 그러나 모든 장애인에게 자위행위가 가능한 것은 아니다. 손이나 팔이 없는 지체장애인이나 손이나 팔을 움직일 수 없는 중증 장애인의 경우에는 자위행위도 어렵다. 그래서 누군가 다른 사람이 이들의 자위행위를 포함한 성행위를 도와주어야 할 필요성이 제기된다.

2007년 한국장애인성문화네트워크가 국내 최초로 실시한 '지체장애 유형별 성 실태조사'에 따르면 '성 문제로 인해 자신의 장애에 대한 괴로움을 겪은 적이 있는가'라는 질문에 '매우 많다' 10명, '많다' 23명, '적다' 14명, '없다' 11명으로 과반수가 성 문제에 있어 장애로 인해 고민을 겪고 있는 것으로 조사됐다. 또한 '성 도우미 필요성 여부'에 대해 '매우 그렇다' 10명, '그렇다' 31명, '관심 없다' 10명,

---

185) "소외당하는 '장애인의 성(性)' 사회적 관심 필요", 《시사매거진》, 2008. 4. 21.

'아니다' 8명으로 조사됐다.[186)

    장애인의 성에 대한 사회적 관용의 '첨단'은 네덜란드이다. 1970년대부터 성혁명을 주창한 시민운동가들이 장애인을 위한 '섹스 자원봉사' 활동을 벌였다. 이런 노력은 '선택적 인간관계 재단(SAR)'이라는 일종의 비정부기구 설립으로 이어졌다. 80년대 후반에 만들어진 이 단체는 남녀 장애인의 성생활을 재정적으로 지원하고 있다. '우리는 돌이 아니다. 어떤 중증 장애인도 성적 욕구가 있다.'가 SAR의 이념이다. 지방자치단체가 운영하는 장애인 시설에는 '섹스 서비스 제공 매니저'가 따로 있다. 시설 내에는 장애인의 성생활을 위한 독립적인 공간이 있다. 시설 직원들은 장애인들끼리의 성행위를 돕기도 한다. 옷을 대신 벗겨 주고 침대에 눕혀 주는 등의 도움이다. 몇몇 지방자치단체는 장애인들에게 성생활 지원금도 지급하고 있다.[187) 플렉조그(Fleks Zorg; 섹스 돌봄이)는 전문적으로 장애인을 상대로 성매매를 시행하는 영리를 목적으로 한 기관으로서 2005년 4월에 시작, 현재 약 300명의 장애인이 이용하고 있다. 또한 지방자치단체에서는 장애인들에게 매달 3번 정도 지원금을 나눠 주고 있다.[188)

    독일의 '장애인 자기 결정 상담소(ISBB)'에서는 장애인이 자신의 성적 권리에 대해 인식하도록 도와주고 있고, 심리적 치유를 목적으로 탄트라 마사지를 진행하고 있다. 이 서비스는 성관계 자체에

---

186)   "장애인 '성 도우미' 향한 엇갈린 시선…자원봉사? 유사 성매매?", 《투데이신문》, 2018. 6. 13.
187)   "장애인 성(性)을, 말한다 희한한가", 《한겨레신문》, 2005. 3. 10.
188)   "음지에서 피어나는 장애인 성(性)도우미", 《조선일보》, 2009. 7. 21.

중점을 두기보다는 장애인의 성을 금기시하는 인식에서 벗어나 장애인의 몸과 성을 긍정적으로 느끼는 데 초점을 맞추고 있다.[189] '장애여성공감' 배복주 대표에 따르면, 독일의 한 '장애인 자기결정 상담소(ISBB)'에서는 장애인 스스로 성적 권리, 성적인 것과 관련한 가능성 혹은 관계성 등을 인식하도록 하기 위해 보디페인팅, 탄트라 마사지 등을 통해 자기 몸의 성감대, 성적 에너지가 어딘지를 확인하도록 한다. 여기서 핵심은 성기 삽입이 없더라도 충분히 성적 만족을 느낄 수 있다는 것이다.[190] 독일은 '섹시빌리티즈(Sexybilities Berlin)'라는 민간단체가 있다. 이곳에서는 장애인들을 대상으로 성 상담 서비스를 제공하고 있으며, 내담자가 성 서비스를 원할 경우에는 성판매여성 노동조합과 연계해 성 파트너를 소개해 주는 일도 하고 있다. 또한 담화모임이나 간담회, 대규모 문화 행사도 개최하고 있다. 섹시빌리티즈에서 연결해 주는 성 파트너는 특별한 기준에 의해서 선정하는 것은 아니고, 장애인에 대한 이해도가 높은 여성을 찾아 연결해 주고 있다. 모든 상담서비스는 동료 상담을 원칙으로 하고 있으며, 장애인 직원들이 공감대 형성을 기반으로 성에 대한 정보를 제공하는 것이 특징이다. 성 파트너 연결 시에도 소개료는 받지 않는다.[191]

일본의 경우 2011년 10월 설립된 사단법인 '화이트 핸즈'에서 일하는 여성들은 '성 도우미'라고 불린다. 아이 엄마, 회사원 등 직업

---

189) "장애인 두 번 울리는 '성 자원봉사' 실태", 《주간현대》, 2012. 3. 5.

190) "나에게서 '성적 매력'이 느껴지나요?", 《웰페어뉴스》, 2013. 2. 20.

191) "소외당하는 '장애인의 성(性)' 사회적 관심 필요", 《시사매거진》, 2008. 4. 21.

도 다양하다. 이들은 화이트 핸즈에 연락한 남성 장애인의 집을 찾아 자위를 돕고 일정 요금을 받는다. 요금은 시간별로 책정된다.[192]

대만의 민간기구 '천사의 손길'은 2017년 《BBC》 보도를 통해 세상에 알려졌다. 천사의 손길은 장애인의 성을 돕기 위해 나선 자원봉사자들로 구성됐다. 《BBC》 보도에서 한 천사의 손길 봉사자는 "사람들은 장애인의 취업과 자립 등에 대해서만 생각할 뿐 성 추구권을 아예 생각하지 못한다"며 "성 도우미는 비장애인과 똑같이 성욕을 가진 장애인을 위해 꼭 필요한 서비스"라고 말했다.[193]

그렇다고 성 도우미가 장애인과 직접 성교만을 하는 것은 아니다. 도우미가 직접 성교를 하는 경우도 있지만, 장애인의 자위행위를 도와주거나 장애인의 연인이나 부부 사이의 성교를 도와주는 경우가 대부분이다. 또한 성에 관한 지식이나 정보를 제공하고, 성교육을 하기도 한다. 무조건 부도덕하다고만 볼 수는 없다. 외국의 경우 성매매를 알선하기도 하는데, 성매매에 대해 비처벌주의를 채택한 나라와 달리 우리나라의 경우에는 일체의 성매매가 불법화되어 있기 때문에 성매매 알선은 허용되지 않는다. 다만, 아무런 금전적 대가도 없이 무상으로 성 자원봉사를 하는 경우라면 불법은 아니다.

성 자원봉사의 현실을 보면 문제점도 발견된다. 먼저 우리나라의 경우 포털 카페를 통해 음성적으로 성 자원봉사의 제의와 요구가

---

192) "장애인 '성 도우미' 자원봉사", 《보령시장신문》, 2017. 5. 6.
193) "대책 마련 시급 외국에서는 성 도우미 합법", 《한국일보》, 2018. 12. 19.

게시되는데, 자원봉사를 제의하는 경우의 대부분이 남성이다. 여성 성 봉사자는 거의 없는 실정이다. 남성 자원봉사 제의자의 의도가 순수한지도 의문이다. 언론 보도를 보면 여성 장애인과의 성교를 통해 색다른 경험을 해 보고 싶다든가, 여성 장애인을 성욕 해소의 수단으로 활용하려는 경우도 많다. 《조선일보》의 보도에 따르면 자신들을 31살과 27살의 부부라고 밝힌 한 가입자는 장애우 부부들과의 스와핑(교환섹스)을 원한다는 글을 올리면서 "장애우들과의 경험이 없다. 좀 더 색다른 경험을 하고 싶다. 서로의 성적 욕구를 해결하기에 가장 좋은 방법 같다고 생각한다."라고 했다.[194] 또한, 성 자원봉사를 빌미로 여성 장애인이나 가족들에 대한 강간, 강제추행 등 성폭력도 종종 발생하고 있다.

성적 약자인 장애인에 대한 성 봉사가 순수한 의도에서 행해진다면 무조건 이를 부정적으로 생각할 것은 아니다. 그러나 성 도우미의 일회성 욕구해소가 과연 대안인지는 의문이다. 성욕의 충족은 단순히 성교만이 아니라 정서적 충족도 동반돼야 하는데, 한 번 성교를 하고 난 후 일회성으로 끝날 때, 장애인에게 오히려 허탈감과 외로움, 박탈감을 주게 될 우려가 있기 때문이다. 따라서 장애인의 인간관계를 확장하고 지속시킬 방안을 찾아야 한다. 장애인들의 안전한 이동권 보장과 장애인 커뮤니티의 활성화, 장애인과 비장애인의 교류 기회의 확대가 대안이 될 수 있다. 그러나 장애인에 대한 편견을 없애고, 그들의 인권을 존중한다는 문화가 정착되기 전에는

---

194) "음지에서 피어나는 장애인 성(性)도우미", 《조선일보》, 2009. 7. 21.

현실화되기 어렵다. 문화의 개선이 결국 가장 중요한 과제라고 할 수 있다.

○ 가상현실을 통한 섹스

'굿잡자립생활센터' 김재익 소장은 장애인의 적극적 성적 자기결정권을 위한 다른 방법으로 '가상현실을 통한 섹스'를 제시한다. 김 소장은 "가상현실이라는 기술적 발전에 근거해 실제로 성행위를 하진 않지만, 마치 실제로 하는 것처럼 오감에서 인지되도록 하는 '사이버 섹스'의 개발이 가능하다."라며 "인간의 뇌는 성적 욕구를 해소할 때 시각적인 부분이 90%를 차지하므로 3차원 가상세계를 구축해 이미지를 보여 주고, 최첨단 성기구를 통해 10%의 신체적 접촉까지 곁들인다면 충분한 대안이 될 수 있을 것"이라고 설명했다.[195]

○ 섹스 테라피(sex therapy)

영화 〈세션: 이 남자가 사랑하는 법〉이 보여 주는 마크 오브라이언의 특별한 경험이란 다름 아닌 섹스다. 성 경험을 통해 성숙해 가는 한 사람의 이야기를 따뜻하게 그리고 있지만, 이 영화가 다루는 소재는 제법 파격적이다. 영화에서 묘사된 실제 성행위를 통한 성 치료요법이 우리에게는 매우 낯설기 때문이다. 이른바 섹스 테라피(sex therapy)는 성기능 장애로 인해 심리적 문제를 겪거나 대인

---

195) "나에게서 '성적 매력'이 느껴지나요?", 《웰페어뉴스》, 2013. 2. 20.

관계에 곤란을 겪는 이들의 장애 요인을 단계적으로 파악해 치유하는 요법을 말한다. 대개 의학적 조치로는 해결이 불가능할 경우 시행하게 되는데, 영화에서 그려진 것처럼 필요에 따라 테라피스트와 의뢰인 간의 성행위가 이루어지기도 한다. 물론 의뢰인은 그러한 테라피의 대가를 금전적으로 지불해야 한다.[196]

○ 장애 종류와 정도에 맞는 성인용품의 개발

장애인 성 문제가 여전히 음지에 갇혀 있지만 조금씩 변화의 조짐도 보인다. 국내 성인용품 업체 '바나나몰'은 최근 장애인들의 성욕 해소에 도움이 될 만한 장애인 전용 성인용품을 개발했다. 오랫동안 장애인을 무성적 존재로 여겨 왔던 풍토에 균열을 내려는 시도다. 정윤하 바나나몰 홍보팀장은 "그동안 장애인 성 교육은 정신적 수양을 통해 이겨 내자는 식이 많았다."라며 "복지단체인 '장애인푸른아우성'의 의견을 반영해 장애인 성 문제에 실질적 도움을 줄 수 있도록 성인용품을 개발했다."라고 설명했다.[197]

○ 장애인의 재생산권 차별금지

재생산(reproduction)은 보통 성관계, 임신, 출산, 양육의 과정에서 행해지는 새로운 인간 구성원의 생산과정을 일컫는다. 많은 사회에서 여성이 재생산활동을 담당해 왔다는 점에서 재생산에 대한

---

196) "장애인의 '성(性)'에 대해 생각해본 적 있습니까? 장애인 '성 봉사자' 논란을 통해 본 장애인의 성", 《CIO》, 1754호.
197) "장애인의 성 - 편견이 '장애'", 《여성신문》, 2005. 5. 12.

권리, 즉 재생산권(the reproduction rights)은 여성 권리의 중요한 부분으로 간주된다.[198] 한편, 민간단체인 '성적 권리와 재생산 정의를 위한 센터 셰어(SHARE)'에서 제안한 「성·재생산권리 보장 기본법(안)」에서는 "재생산 권리란 차별, 강요, 폭력, 사회적 낙인 없이 자녀를 가질지 여부와 시기, 방법, 자녀의 수 등을 스스로 결정하고 행사할 권리를 말한다(제3조 제3호)."라고 규정하고 있다.

재화의 '생산'에 대비하기 위해 '생명생산'을 '재생산'이라고 부르는데, 두산백과에 따르면 "소비재의 생산과 생산재의 생산이 병행하여 이루어짐으로써 사회의 생산이 전체적으로 반복되어 가는 과정"도 재생산이라고 한다. 따라서 재생산이라는 용어가 생명만이 아니라 재화에도 사용되기 때문에 양자의 구별이 명확하지도 않고, 생명이라는 소중한 가치를 만드는 것에 대한 용어로 부차적인 느낌이 드는 '재'생산이라는 용어로 부르는 것이 타당한지는 매우 의문이다. 다만, 현재로서는 마땅한 용어가 없기 때문에 일단 '재생산'이라는 용어를 사용한다.

얼핏 생각하면 임신과 출산은 개인과 가족의 사사로운 일로 생각하기 쉽다. 그러나 역사 이래 어느 나라도 임신과 출산을 개인의 선택으로만 맡겨 둔 사례는 없다. 국가는 임신과 출산을 인구 문제, 경제적인 노동력의 충원 문제, 우생학적 문제 등의 관점에서 개입해 왔다. 독일 히틀러 치하의 나치즘하에서 아리안족의 우수성이라는 '피의 신화'를 근거로 장애인 등에 대한 대대적인 불임조치

---

198)   배은경 외, 『성 사랑 사회』, KNOUPRESS, 2016, 224쪽.

가 취해졌고, 우리나라에서도 나병환자들에 대한 강제 불임조치가 취해진 아픈 역사가 있다. 지금 우리나라의 경우 저출산 고령화가 심각한 사회 문제로 제기되면서 출산 장려 정책들이 시행되고 있다. 근본적으로 사람은 모두의 인적 자원이기 때문에 개인과 가족만이 아니라 사회, 기업, 국가가 수혜자라는 관점으로 생각을 바꿔야 해결될 수 있다고 생각한다.

어쨌든 현행법도 장애인의 재생산권을 제한하지 못하도록 금지 규정을 두고 있다. 「장애인차별금지 및 권리구제 등에 관한 법률」 제28조는 '모·부성권의 차별금지'라는 제목 아래 "누구든지 장애인의 임신, 출산, 양육 등 모·부성권에 있어 장애를 이유로 제한·배제·분리·거부하여서는 아니 된다(제1항)", "입양기관은 장애인이 입양하고자 할 때 장애를 이유로 입양할 수 있는 자격을 제한하여서는 아니 된다(제2항)", "교육책임자 및 「영유아보육법」에 따른 어린이집 및 그 보육교직원와 「아동복지법」에 따른 아동복지시설 및 그 종사자 등은 부모가 장애인이라는 이유로 그 자녀를 구분하거나 불이익을 주어서는 아니 된다(제3항)", "국가 및 지방자치단체에서 직접 운영하거나 그로부터 위탁 혹은 지원을 받아 운영하는 기관은 장애인의 피임 및 임신·출산·양육 등에 있어서의 실질적인 평등을 보장하기 위하여 관계 법령으로 정하는 바에 따라 장애유형 및 정도에 적합한 정보·활동보조 서비스 등의 제공 및 보조기기·도구 등의 개발 등 필요한 지원책을 마련하여야 한다(제4항)", "국가 및 지방자치단체는 임신·출산·양육 등의 서비스 제공과 관련하여 이 법에서 정한 차별행위를 하지 아니하도록 홍보·교육·지원·감독하여야 한다(제5

항)."라고 규정하고 있다. 또한 같은 법 제33조 제2항은 "누구든지 장애여성에 대하여 임신·출산·양육·가사 등에 있어서 장애를 이유로 그 역할을 강제 또는 박탈하여서는 아니 된다."라고 규정하고 있다. 현실에서 과연 얼마나 지켜질지는 의문이다.

03. 침해에 대한 보호

○ 장애인학대의 금지

장애인학대란 장애인에 대하여 신체적·정신적·정서적·언어적·성적 폭력이나 가혹행위, 경제적 착취, 유기 또는 방임을 하는 것을 말한다(장애인복지법 제2조 제3항). 누구든지 ① 장애인에게 성적 수치심을 주는 성희롱·성폭력 등의 행위, ② 장애인의 신체에 폭행을 가하거나 상해를 입히는 행위를 하여서는 아니 된다(같은 법 제59조의9).

○ 장애 아동·청소년에 대한 의제강간·의제강제추행

의제강간·의제강제추행 규정은 16세 미만의 청소년의 경우만이 아니라 장애 아동·청소년에 대한 규정도 있다. 「아동·청소년의 성보호에 관한 법률」 제8조 제1항은 "19세 이상의 사람이 장애 아동·청소년(「장애인복지법」 제2조 제1항에 따른 장애인으로서 신체적인 또는 정신적인 장애로 사물을 변별하거나 의사를 결정할 능력이 미약한 13세 이상의 아동·청소년을 말한다)을 간음하거나 장애 아동·청소년으로 하여금 다른 사람을 간음하게 하는 경우에는 3년 이상의 유기징역에 처한다", 동조 제2항은 "19세 이상의 사람이 장애 아동·청소년을 추행한 경우 또는 장애 아동·청소년으로 하여금 다른 사람을 추행하게 하는 경우에는 10년 이하의 징역 또는 1천 500만 원 이하의 벌금에 처한다."라고 규정하고 있다.

대법원은 위 조항에 대해 입법의 필요성과 정당성이 인정되고 성적 자기결정권을 행사할 능력이 있는 경우에는 처벌할 수 없으므로 과도한 침해가 아니라고 판시한 바 있다.

> "「아동·청소년의 성보호에 관한 법률」 제8조 제1항은 일반 아동·청소년보다 판단능력이 미약하고 성적 자기결정권을 행사할 능력이 부족한 장애 아동·청소년을 대상으로 성적 행위를 한 자를 엄중하게 처벌함으로써 성적 학대나 착취로부터 장애 아동·청소년을 보호하기 위해 마련된 것으로 입법의 필요성과 정당성이 인정된다. 한편 비록 장애가 있더라도 성적 자기결정권을 완전하게 행사할 능력이 충분히 있다고 인정되는 경우에는 위 조항의 '사물을 변별하거나 의사를 결정할 능력이 미약한 아동·청소년'에 해당하지 않게 되어, 이러한 아동·청소년과의 간음행위를 위 조항으로 처벌할 수 없으므로, 위 조항이 장애인의 일반적인 성적 자기결정권을 과도하게 침해한다고 볼 수 없다."[199]

대법원은 「아동·청소년의 성보호에 관한 법률」 제8조 제1항에서 정한 '사물을 변별할 능력', '의사를 결정할 능력'의 의미와 능력이 미약한지를 판단하는 기준에 관해 다음과 같이 판시하고 있다.

---

199)   대판 2015.3.20., 2014도17346.

"「아동·청소년의 성보호에 관한 법률」 제8조 제1항에서 말하는 '사물을 변별할 능력'이란 사물의 선악과 시비를 합리적으로 판단하여 정할 수 있는 능력을 의미하고, '의사를 결정할 능력'이란 사물을 변별한 바에 따라 의지를 정하여 자기의 행위를 통제할 수 있는 능력을 의미하는데, 이러한 사물변별능력이나 의사결정능력은 판단능력 또는 의지능력과 관련된 것으로서 사실의 인식능력이나 기억능력과는 반드시 일치하는 것은 아니다. 한편 위 각 능력이 미약한지 여부는 전문가의 의견뿐 아니라 아동·청소년의 평소 언행에 관한 제3자의 진술 등 객관적 증거, 공소사실과 관련된 아동·청소년의 언행 및 사건의 경위 등 여러 사정을 종합하여 판단할 수 있는데, 이때 해당 연령의 아동·청소년이 통상 갖추고 있는 능력에 비하여 어느 정도 낮은 수준으로서 그로 인하여 성적 자기결정권을 행사할 능력이 부족하다고 판단되면 충분하다."[200]

○ 장애인에 대한 강간·강제추행

「성폭력범죄의 처벌 등에 관한 특례법」 제6조는 장애인에 대한 강간·강제추행 등의 범죄에 대해 가중처벌하고 있다. 동조 제4항에서는 폭행이나 협박이 없이 신체적인 또는 정신적인 장애로 항거불능 또는 항거곤란 상태에 있음을 이용하여 사람을 간음하거나 추행한 경우(준강간·준강제추행)에도 같은 형량으로 처벌하도록 규정하고 있다.

위 제4항의 입법취지에 대해 헌법재판소는 "신체적인 또는 정신적인 장애가 있는 사람은 성적인 자기방어를 제대로 할 수 없는 경우가 많아 원하지 않는 상대로부터 강제로 성행위를 당하게 될 위

---

200)   대판 2015.3.20., 2014도17346.

험에 처해 있으므로 국가가 이를 보호하기 위하여 심판대상조항과 같은 장애인 성폭력에 관한 특별한 규정을 마련"한 것이라고 판시하고 있다. 이어 모든 장애인이 아니라 '항거불능 또는 항거곤란 상태'에 있는 장애인에 한해 적용되기 때문에 정신적 장애인의 성적 자기결정권을 침해하는 것도 아니고, 장애인과 비장애인을 차별하는 조항도 아니므로 평등원칙에 위반하지 않으므로 합헌이라고 판시하고 있다.

> "심판대상조항은 정신적 장애인과 성관계를 한 모든 사람을 처벌하는 것이 아니라, 정신적 장애를 원인으로 한 항거불능 혹은 항거곤란 상태를 이용하여, 즉 성적 자기결정권을 행사할 수 없는 장애인을 간음한 사람을 처벌하는 조항이다. 성적 자기결정권을 행사할 능력이 있는 19세 이상의 정신적 장애인과 정상적인 합의하에 성관계를 한 사람은 심판대상조항에 의하여 처벌되지 아니하므로, 심판대상조항이 정신적 장애인의 성적 자기결정권을 침해하거나 장애인과 비장애인을 차별하지 아니한다."[201]

대법원은 「성폭력범죄의 처벌 등에 관한 특례법」 제6조에서 정한 '신체적인 또는 정신적인 장애로 항거불능인 상태'의 의미에 대해 "구 「성폭력범죄의 처벌 등에 관한 특례법」 제6조의 '신체적인 또는 정신적인 장애로 항거불능인 상태'란 신체적 또는 정신적 장애 그 자체로 항거불능의 상태에 있는 경우뿐 아니라 신체장애 또는 정신적인 장애가 주된 원인이 되어 심리적 또는 물리적으로 반항이

---

201)   헌재결 2016.11.24., 2015헌바136.

불가능하거나 현저히 곤란한 상태에 이른 경우를 포함하는 것"으로 보고, 정신적인 장애가 주된 원인이 되어 '항거불능인 상태'에 있었는지 판단하는 기준에 대해 다음과 같이 판시하고 있다.

> "정신적인 장애가 주된 원인이 되어 항거불능인 상태에 있었는지 여부를 판단함에 있어서는 피해자의 정신적 장애의 정도뿐 아니라 피해자와 가해자의 신분을 비롯한 관계, 주변의 상황 내지 환경, 가해자의 행위 내용과 방법, 피해자의 인식과 반응의 내용 등을 종합적으로 검토해야 한다. 나아가 장애인의 성적 자기결정권을 충실하게 보호하고자 하는 구 성폭법 제6조의 입법 취지에 비추어 보면, 위와 같은 '항거불능인 상태'에 있었는지 여부를 판단할 때에는 피해자가 정신적 장애인이라는 사정이 충분히 고려되어야 하므로, 외부적으로 드러나는 피해자의 지적 능력 이외에 정신적 장애로 인한 사회적 지능·성숙의 정도, 이로 인한 대인관계에서 특성이나 의사소통능력 등을 전체적으로 살펴 피해자가 범행 당시에 성적 자기결정권을 실질적으로 표현·행사할 수 있었는지를 신중히 판단하여야 한다."[202]

한편, 대법원은 입증문제와 관련하여 "성폭력범죄의 처벌 등에 관한 특례법」 제6조는 장애인의 성적 자기결정권을 보호법익으로 하므로, 피해자가 지적 장애등급을 받은 장애인이라고 하더라도 단순한 지적 장애 외에 성적 자기결정권을 행사하지 못할 정도의 정신장애를 가지고 있다는 점이 증명되어야 하고, 피고인도 간음 당시 피해자에게 이러한 정도의 정신장애가 있음을 인식하여야 한다."[203]라고 판시하고 있다.

---

202) 대판 2014.2.13., 2011도6907.
203) 대판 2013.4.11., 2012도12714.

제 **3** 편

성적 자기결정권의
상대방·대상

 # 제1장
동성애

01. 동성애의 의의

○ 동성애

앞의 성의 목적·기능에서 보았듯이 '성적 지향(sexual orientation)'
은 개인의 성적 끌림이 향하는 방향성을 말한다. 동성애(homosex-
uality)는 성적 끌림의 대상이 같은 성인 경우이고, 이성애(hetero-
sexuality)는 다른 성인 경우이다.

1869년에 카를 마리아 벤커르트(Karl Maria Benkert)는 그리스어
의 '같은'을 뜻하는 호모(homo)와 '성'을 뜻하는 라틴어를 합쳐 '호모
섹슈얼(homosexual)'이란 새로운 용어를 만들었다. 한편, 헤테로섹
슈얼리티(heterosexuality)는 제임스 키에르난이 1892년에 '이성에게
과도하게 집착하는 증상'을 뜻하는 정신의학 용어로 처음 만들었
다. 1867년에 카를 하인리히 울리히(Karl Heinrich Urichs)는 동성 간
의 사랑을 '천상의 사랑'이라는 뜻인 '우라니언(uranian)'으로 부르자
고 주장한 바 있다.[204]

한편, 여성들 간의 동성애는 '레즈비어니즘(lesbianism)'으로 부른

---

204)　김엘리 외, 앞의 책, 134~135쪽.

다. 레스보스섬에서 태어난 그리스 최대의 여성 시인 사포(Sappho)라는 이름을 딴 '사피즘(sapphism)'이란 말을 쓰기도 한다.[205]

○ 동성 간의 성행위

남성 간의 성행위는 '비역'이라고 하는데 사전적 정의는 "사내끼리 성교하듯이 하는 짓"을 말하고, '비역질'은 "비역을 하는 짓을 낮잡아 이르는 말"이다. '남색'의 사전적 의미도 "사내끼리 성교하듯이 하는 짓"으로서 '비역'과 같은 의미로 사용된다. 그런데 남색의 반의어인 여색(女色)의 사전적 의미는 "여자와의 육체적 관계"라고 하여 '여성 간 성교'를 가리키는 의미로는 쓰이지 않고 있다. '여색을 밝힌다', '여색을 탐한다'라는 표현이 그 예이다. 한편, 여성 간의 성행위는 '밴대질'이라고 하는데, 국어사전에 따르면 밴대질은 "음모가 나지 않은 어른의 보지"를 뜻하는 '밴대'나 '밴대보지'에서 유래된 표현이다.

○ 동성애자

동성애자는 동성에게 성적으로 이끌리는 성적 지향을 가진 사람을 말한다. 동성애자와 관련된 용어도 다양하다. 호모라는 단어는 남·녀 동성애자를 모두 지칭하는 말로 19세기 말 헝가리 의사가 모멸적인 의미를 담은 소도미(sodomy) 대신 새로 고안한 병리학적인 용어이다. 그러나 이후 동성애와 동성애자를 모멸하는 용어로 사

---

205)   양해림, 앞의 책, 221쪽.

용되기 시작했고, 동성애자들은 자신들을 호모라고 부르는 것에 반대했다.[206) 그래서 오늘날에는 남성 동성애자를 지칭하는 용어로는 '게이(gay)'라는 단어가 주로 사용된다. 한편, '패곳(faggot)'이라는 단어는 남성 동성연애자를 비하하는 말이다. 동성애자였던 카를 하인리히 울리히스는 남자 동성애자를 지칭하는 '우르닝(남색자)'이라는 단어를 만들었는데, 이는 플라톤의 『향연』에 나오는 '우라노스(하늘)'라는 말에서 따온 이름이다.[207)

한편, 레즈비언(lesbian)은 여성 동성애자를 가리키는 용어인데, 여성 동성애가 유행한 그리스의 섬인 "레스보스(lesbos)섬의 여인"이라는 뜻에서 유래했다. 남성 역할을 하는 여성 동성애자는 버치(butches), 여성 역할을 하는 경우는 펨므(femmes)라고 한다.[208)

● 성소수자

'LGBT'는 성소수자 중 레즈비언(Lesbian), 게이(Gay), 양성애자(Bisexual), 성전환자(Transgender)의 앞 글자를 따서 만든 용어로서 성적 소수자를 의미한다. 'LGBTAIQ'라는 용어는 본래의 LGBT에서 아직 자신의 성정체성, 성적 지향에 의문을 가지고 있는 사람들(Questioner), 남녀한몸(Intersexual), 무성애자(Asexual)를 더한 것이다. 'LGBTAIQOC'는 LGBTAIQ에 범성애자(Opensexual, pansexual)와 크로스드레서(Crossdresser)를 추가시킨 용어이다.

---

206)   양해림, 앞의 책, 218~219쪽.
207)   『성학사전』.
208)   양해림, 앞의 책, 221쪽.

대법원은 2006년 전원합의체결정으로 '성전환자'를 "성기와 신체 및 외관을 갖추고 사회적인 역할도 그와 동일하게 수행하고 있어 사회통념상 전환된 성을 가진 자로 인식되어 법률적으로 전환된 성으로 평가될 수 있는 자"라고 정의하고, 이어서 "성전환자도 인간으로서의 존엄과 가치를 향유하며 행복을 추구할 권리와 인간다운 생활을 할 권리가 있고 이러한 권리들은 질서유지나 공공복리에 반하지 아니하는 한 마땅히 보호받아야 한다(헌법 제10조, 제34조 제1항, 제37조 제2항)."라고 판시하고 있다.[209] 이어서 1951년 출생한 여성이 41세 때인 1992년 7월 국내의 대학병원에서 성전환증의 진단 하에 유방·자궁 및 질제거술과 이어서 음낭성형 및 인공고환 삽입술을 받아 남성 성기 및 음낭을 갖게 되었고 그 후 계속 남성호르몬을 투여 받음으로써 남성의 신체와 외관을 갖추게 되었을 뿐 아니라 정신과적 검사 결과 남성으로서의 성적 정체감이 확고하다는 것을 논거로 대한민국 사법 역사상 처음으로 성전환 결정을 허가하여야 한다고 판시하였다.

대법원은 '성(性)의 결정 기준'에 관해 "생물학적인 요소뿐 아니라 정신적·사회적 요소를 종합적으로 고려"하여야 한다고 판시하고 있다.

> "종래에는 사람의 성을 성염색체와 이에 따른 생식기·성기 등 생물학적인 요소에 따라 결정하여 왔으나 근래에 와서는 생물학적인 요소뿐 아니라 개인이 스스로 인식하는 남성 또는 여성으로의 귀속감 및 개인이 남성 또는 여성으로서 적합하다고 사회적으로 승인된 행동·태

---

209)　대결(전원합의체) 2006.6.22., 2004스42.

도·성격적 특징 등의 성 역할을 수행하는 측면, 즉 정신적·사회적 요소들 역시 사람의 성을 결정하는 요소 중의 하나로 인정받게 되었으므로, 성의 결정에 있어 생물학적 요소와 정신적·사회적 요소를 종합적으로 고려하여야 한다."210)

이후 대법원은 2011년 전원합의체 결정에서 성별정정에 제한을 가하고 있다. 가족관계등록부상 남성으로 등재되어 있는 갑이 을과 혼인을 하여 미성년자인 자녀 병을 두고 있었는데 심한 성정체성 장애 때문에 수차례 정신과 치료를 받아 오다가 결국 성전환 수술 등을 받았고 이에 가족관계등록부상의 성별란 정정을 신청한 사안인 〈성전환자의 성별정정 사건〉에 대해 성전환자가 혼인 중에 있거나 미성년자인 자녀가 있는 경우 성별정정을 허가할 수 없다고 판시했다.

"성전환수술에 의하여 출생 시의 성과 다른 반대의 성으로 성전환이 이미 이루어졌고, 정신과 등 의학적 측면에서도 이미 전환된 성으로 인식되고 있다면, 전환된 성으로 개인적 행동과 사회적 활동을 하는 데에까지 법이 관여할 방법은 없다. 그러나 성전환자가 혼인 중에 있거나 미성년자인 자녀가 있는 경우에는, 가족관계등록부에 기재된 성별을 정정하여, 배우자나 미성년자인 자녀의 법적 지위와 그에 대한 사회적 인식에 곤란을 초래하는 것까지 허용할 수는 없으므로, 현재 혼인 중에 있거나 미성년자인 자녀를 둔 성전환자의 성별정정은 허용되지 않는다."211)

결혼해서 자녀까지 있는 경우에 이들에 미치는 영향을 고려한

---

210)   대결(전원합의체) 2006.6.22., 2004스42.
211)   대결(전원합의체) 2011.9.2., 2009스117.

결정이긴 한데, 배우자나 자녀의 동의가 있을 때는 허가하는 것으로 결정했으면 하는 아쉬움이 남는다. 이런 점에서 "성전환자의 인간으로서의 존엄성이나 행복추구권의 본질적 부분이 침해되는 결과에 이를 수 있음에도 이를 감수하면서까지 법적 안정성을 추구하는 것이 정당하다고 말할 수 없다", "성전환자의 미성년 자녀가 성전환자를 성전환 전과 마찬가지로 자신의 어버이로 여기는 경우를 얼마든지 상정할 수 있다. 그러한 경우에는 미성년 자녀의 불이익보다 성전환에 대한 법적 승인으로 인한 성전환자의 이익이 현저히 크다고 할 것이다. 또한 성적 정체성의 혼란을 겪다가 자녀를 둔 후에 비로소 명백한 성전환자가 된 경우 그 시점에 미성년 자녀가 있다는 이유만으로 스스로 어찌할 수 없는 상태에서 자녀가 성년에 이를 때까지 종전의 성에 따른 삶을 살도록 강요하는 것이 이러한 제약이 없는 성전환자와 비교하여 그 차별을 정당화할 만한 이유가 있다고 볼 수 없다."라는 대법관 양창수, 이인복의 반대의견은 음미할 가치가 있다고 생각한다.

결국 이 문제는 미국이나 일본과 같이 성전환법이라는 입법으로 해결할 문제이다. 일본의 「성 동일성 장해자의 성별취급의 특례에 관한 법률」 제3조 제1항이 미성년자인 자녀가 존재하지 않을 것 등을 성별정정의 요건으로 규정하고 있으나 독일, 영국 등에서는 성년 또는 미성년의 자녀 여부를 성별변경의 요건으로 삼고 있지 않다.

트랜스젠더와 동성애자는 서로 다른 개념으로서, 트랜스젠더도 성적

지향에 따라 이성애자, 양성애자, 동성애자, 무성애자로 나뉜다.[212]

○ 퀴어(queer)

퀴어는 이성애자를 제외한 모든 성적 소수자를 지칭하는 용어이며, 원래 '이상한', '비정상적인'이란 부정적인 의미였는데, 오히려 이를 역으로 이용해 성적 소수자의 정체성과 자부심을 드러내는 용어로 사용되고 있다. 퀴어 영화는 동성애를 다룬 영화를 가리킨다.[213] 우리나라에서도 2000년 제1회 '서울퀴어문화축제'를 시작으로 대구, 부산, 전주, 인천 등 각 지역에서 매년 퀴어축제가 개최되고 있다. 퀴어축제가 개최될 때마다 보수 기독교 단체와 마찰을 빚기도 하는 게 현재 우리나라의 현실인데, 2017년 저스틴 트뤼도 캐나다 총리가 동성애 문화 축제에 참석했고, 조더선 밴스 캐나다 군 합참의장도 퍼레이드에 참가했다. 2019년 5월 31일에는 해리 해리스 주한 미국대사가 서울광장에서 열린 서울퀴어문화축제를 찾아 축하메시지를 보내기도 했다.

○ 이반(second class)

이반은 한국의 종로 낙원동에서 시작된 말로 일반(一般)과 구별되는 의미에서 사용했으며, 이성애를 제외한 모든 성적 소수자를 지칭하는 용어이다.[214]

---

212) 김엘리 외, 앞의 책, 139쪽.
213) 양해림, 앞의 책, 222쪽.
214) 양해림, 앞의 책, 222쪽.

○ 동성애 혐오증(homophobia)

'동성애 혐오증'이란 용어는 미국의 심리학자 조지 와인버그(George Weinberg)가 1972년에 호모포비아(homophobia)라고 처음으로 발표한 단어이다. 그에 의하면 동성애 혐오증은 "동성애자에 대한 비합리적인 공포, 혐오감, 두려움 또는 그러한 감정에 기초한 태도"를 의미하는데,[215] 다른 말로 '동성애 공포증'이라고도 한다. 한편 동성애자를 혐오하는 사람을 동성애 혐오자, 이들의 집단을 흔히 호모포빅(homophobic)이라고 한다.

동성애 혐오증의 위험성은 단순한 혐오와 두려움, 차별에 그치는 것이 아니라, 두려움에서 벗어나기 위해 동성애자에 대해 폭력성을 띠게 된다는 점이다. 역사적으로 가장 참혹한 사례는 독일의 나치 정권에 의한 수만 명의 동성애자 학살 사건이다.

○ 커밍아웃(coming-out)

'커밍아웃(comingut)'은 '벽장에서 나오기(coming out of the closet)'의 줄임말로, 동성애자가 외부에 자신의 성 정체성을 밝히는 것을 말한다.[216] 커밍아웃이라는 용어는 방송인 홍석천 씨가 2000년에 자신이 게이라며 커밍아웃을 한 이후에 널리 알려지게 되었다. 아이슬란드의 첫 여성 총리인 요한나 시귀르다르도티르는 2002년 동성애자임을 밝힌 최초의 국가 지도자이다. 그 외에도 애플 최고경

---

215)   김엘리 외, 앞의 책, 140쪽.
216)   양해림, 앞의 책, 235쪽.

영자(CEO)인 팀 쿡, 언론계에서는 미국《CNN》방송의 간판 앵커인 앤더슨 쿠퍼, 미국 할리우드 스타 배우이자 감독인 조디 포스터, 영국 가수 엘튼 존, 『잃어버린 시간을 찾아서』의 저자 마르셀 프루스트, 『올랜도』의 저자 버지니아 울프, 노벨문학상 수상자인 프랑스 대표작가 앙드레 지드, 극작가 오스카 와일드, 전설적인 영국의 록그룹 퀸의 리드싱어인 프레디 머큐리 등이 유명인사들이다.

성소수자가 성적 지향을 타인에게 공개하거나 성소수자 커뮤니티에 참여하면서 스스로의 성적 지향에 대해 긍정적인 감정이나 태도를 갖는 경우, 보다 나은 삶의 질과 정신건강을 유지한다는 연구 결과가 있다.[217] 또한 커밍아웃은 본인뿐만 아니라 레즈비언이나 게이들에게는 자신이 혼자가 아니라는 사실을 실감하게 하고, 이성애자들의 경우 존경해 왔던 유명 인사들이 레즈비언이나 게이라는 사실을 알게 하는 계기로 작용함으로써 동성애자들에 대한 인식을 바꾸는 기능을 수행한다.[218]

02. 동성애의 역사

○ 고대 그리스

고대 그리스는 성인 남성과 소년과의 동성애가 이성애보다 더 아름다운 것으로 찬양되었다. 남성은 가장 완전한 존재이기 때문에

---

217) "성소수자에 대해서 궁금한 6가지",《한겨레신문》, 2016. 6. 10.
218) 앤서니 기든스, 앞의 책, 676쪽.

불완전한 존재인 여성과의 사랑보다 남성 간의 사랑이 더 높이 평가된 것이다. 물론 레스보스(Lesbos)섬의 사포(Sappho)를 비롯하여 여성 간의 동성애가 금지된 것은 아니지만, 남성들 간의 동성애보다는 평가 절하되었다. 소크라테스는 남색을 높은 교양을 지닌 것으로 찬미했고, 인구과다공포에 대처하여 아리스토텔레스는 남편들에게 그의 아내를 멀리하고 오히려 소년을 사랑할 것을 권했다.[219] 플라톤 사상에서 찬미하는 사랑은 남녀의 사랑이 아니라, 동성애였다.[220]

플라톤의 『향연』에서 파이드로스는 동성애자인 소년들로만 구성되는 군대를 제안하고 있다.

"어떤 국가나 군대가 오직 애자들과 사랑받는 소년들로만 구성되는 어떤 방안을 발견할 수만 있다면 그보다 더 좋은 생활양식은 없을 것입니다. 왜냐하면 그들은 온갖 비루한 짓을 멀리하고, 서로 아름답고 훌륭한 일을 하려고 경쟁할 것이니까요. 그리고 전장에서는 나란히 서서 싸울 것이므로, 그런 사람들의 군대는 비록 병정의 수는 적을지라도 세계를 정복하고도 남음이 있을 것입니다. 사랑하는 자는 전열을 이탈하거나 무기를 버리는 모습을 그의 소년이 보는 것을 이 세상의 다른 모든 사람이 보는 것보다도 더 싫어하며, 또 그런 꼴을 보이느니 차라리 죽음을 택할 것이기 때문입니다."[221]

---

219) 아우구스트 베벨, 정윤진 옮김, 『여성과 사회』, 보성, 1988, 47쪽.
220) 번 벌로, 앞의 책, 207쪽.
221) 플라톤, 지경자 옮김, 『향연』, 홍신문화사, 1997, 67쪽.

이러한 견해는 그리스 도시국가의 하나인 테베에서 현실화되었다. 동성애자 150쌍으로 구성된 중장보병 특수부대인 '신성대'가 만들어진 것이다.

❍ 로마의 기독교 국교화 이후 근세

동성애에 대해 가장 적대적인 입장을 취한 종교는 기독교이다. 구약성서와 신약성서 모두 동성애, 특히 남색에 대해 부정적이었다. 구약성서는 「레위기」와 「신명기」에서 동성애에 대해 거론하고 있다. 먼저 구약성서를 보자.

> "여자와 한자리에 들듯이 남자와 한자리에 든 남자가 있으면, 그 두 사람은 망측한 짓을 하였으므로 반드시 사형을 당해야 한다. 그들은 피를 흘리고 죽어야 마땅하다(레위기 20:13)."

> "이스라엘의 딸들은 아무도 성소에서 몸을 파는 여자가 되지 못하고 이스라엘의 아들들은 아무도 성소에서 몸을 파는 남자가 되지 못한다(신명기 23:18)."

신약성서는 「로마서」, 「고린토전서」, 「디모데전서」에서 동성애를 거론하고 있다.

> "남자들 역시 여자와의 정상적인 성관계를 버리고 남자끼리 정욕의 불길을 태우면서 서로 어울려서 망측한 짓을 합니다. 이렇게 그들은 스스로 그 잘못에 대한 응분의 벌을 받고 있습니다(로마서 1:27)."
> "사악한 자는 하느님의 나라를 차지하지 못하리라는 것을 모르십니까? 잘못 생각하면 안 됩니다. 음란한 자나 우상을 숭배하는 자나 간

음하는 자나 여색을 탐하는 자나 남색 하는 자나 도둑질하는 자나 탐욕을 부리는 자나 술주정꾼이나 비방하는 자나 약탈하는 자들은 하느님의 나라를 차지하지 못합니다(고린토전서 6:9~10)."

"음행하는 자와 남색 하는 자, 인신매매를 하는 자와 거짓말을 하는 자, 위증하는 자와 그 밖에 건전한 교설에 어긋나는 짓을 하는 자들을 다스리기 위해서 율법이 있는 것입니다(디모데전서 1:10)."

중세 신학자들은 성의 목적을 오직 '생식'과 '종족보존'에 두고, 그 이외에 생식을 목적을 하지 않는 일체의 성행위를 '타락'으로 규정했다. 토마스 아퀴나스는 "자연을 거역하는 죄 가운데 가장 극악한 것이 수간이고 다음이 남색"이라고 주장했다.

대영제국의 사람들은 1890년까지 '비역'을 했다는 이유로 처형되었다. 나치 독일에서는 종교와 무관한 동기로 수만 명의 동성애자들이 강제수용소에서 죽임을 당했다.[222]

19세기 말과 20세기 초, 당시의 주류 정신의학자들은 동성애를 병리현상으로 파악하려 했는데, 크라프트 에빙(Richard von Krafft Ebing)의 『성적 정신병(Psycopatia Swxualis)』이 대표적인 저작이다.[223]

○ 동성애 차별금지와 보호의 시대

앨프리드 킨제이(Alfred Kinsey)가 1948년에 발간한 『킨제이보고

---

222)   우도 슈클렝크 외, 김성한 역, 『성과 윤리』, 아카넷, 2010, 45쪽.
223)   우도 슈클렝크 외, 앞의 책, 51쪽.

서:남성의 성적 행동』에 따르면 사춘기 이후 동성과의 섹스에서 오르가슴을 느낀 적이 있다는 응답이 37%, 동성과의 섹스를 해 본 적은 없지만 충동을 느낀 적이 있다는 응답이 13%, 평생 동성에게만 끌렸고 동성과만 섹스를 했다는 응답이 4%였다. 1953년에 발간된『인간 여성의 성적 행동』에 따르면 동성과의 성경험에서 오르가슴을 느꼈다고 답한 여성이 13%, 평생 동성에게만 끌렸다고 응답한 여성이 2%였다. 짐작했던 것보다 동성애자들이 훨씬 많다는 사실은 미국인들을 놀라게 했다.

1953년 '유럽인권법안'은 '국가가 개인의 동성애 선택을 간섭할 수 없다'고 규정했다.[224]

1973년에는 미국정신의학회(American Psychiatric Association, APA)가『정신장애 진단 및 통계 편람(DSM-II)』의 '정신질환목록'에서 동성애 항목을 삭제하기로 결정했고, 1975년에는 미국심리학회(American Psychology Association, APA)도 동성애가 정신질환이 아니라고 한 미국정신의학회의 결정을 지지한다는 공식 입장을 발표했다. 1990년 5월 17일에는 세계 보건 기구(WHO)가『국제질병분류(ICD-10)』에서 동성애를 삭제했고, 이를 기념하여 1990년 5월 17일부터 매년 5월 17일에 '성 소수자 혐오 반대의 날'을 기념하는 행사가 열리고 있다. 2016년 3월 세계정신의학회는 동성애가 질병이 아니라는 입장을 밝히는 성명서를 발표했다.

1996년 남아프리카공화국은 동성애자 권리를 헌법으로 보장하

---

224) "동성 결혼 허용 35개국으로 늘어 … 17개국은 아이 입양도", 《중앙일보》, 2015. 7. 4.

는 새로운 헌법을 채택했다.[225]

미국 연방대법원은 2020년 6월 15일(현지시간) 동성애자 또는 트랜스젠더라는 이유로 해고할 수 없다고 판결했다. 성별을 이유로 고용 차별을 할 수 없다고 규정한 미국의 기존 법률에 따라 '성적 지향' 또는 '성 정체성'을 빌미로 고용 차별을 해서는 안 된다고 판단한 것이다.[226]

그러나 지금도 아프리카와 중동 지역을 중심으로 옛 공산권 지역에서는 동성애에 대해 엄격하게 처벌하고 있다. 나이지리아·우간다·감비아는 동성애를 범죄로 처벌하는 법안을 2014년에 만들었다. 국제 성소수자 연합인 일가(ILGA)는 동성애를 불법으로 간주해 최고 사형까지 처하는 국가가 전 세계에 7개(이란·사우디아라비아·예멘·수단·모리타니·소말리아·나이지리아 일부 지역)라고 밝혔다.[227]

03. 동성애의 원인

○ 선천적 요인설

플라톤의 『향연』에는 아리스토파네스의 유명한 대화가 나온다. 그는 인간의 본성과 내력에 대해 소개하고 있다. 인간의 성은 처음에는 남성, 여성, 남여성 등의 세 가지로 되어 있었다. 사람의 몸은

---

225) 앤서니 기든스, 앞의 책, 673쪽.
226) "미 대법원 '성별뿐 아니라 성 정체성, 성적 지향 이유 고용차별도 위법'", 《경향신문》, 2020. 6. 16.
227) "동성 결혼 허용 35개국으로 늘어 … 17개국은 아이 입양도", 《중앙일보》, 2015. 7. 4.

둥글었고, 팔과 다리가 넷, 얼굴이 둘, 머리는 하나, 얼굴은 서로 반대 방향으로 향해 있었고, 귀가 넷이며 음부는 둘이었다. 그들은 똑바로 서서 걸었고, 야심이 대단해서 신들을 공격하기도 했다. 그러자 제우스와 신들은 어떻게 할지 회의를 한 결과 사람들을 둘로 가르기로 했다. 그 이후로 반쪽은 다른 반쪽을 그리워하고 다시 한 몸이 되려고 했다. 그들은 서로 목을 끌어안고 꼭 붙어 있으려 했기 때문에 결국 굶어 죽고 말았다. 제우스가 이를 가엾게 여겨 음부를 앞으로 옮겨 놓았다. 남여성이라 불린 사람을 쪼개서 생긴 남자는 여자를 좋아하고, 남자한테 미친 여자도 여기서 나오게 된다. 여자였던 사람을 쪼개서 나온 여자들은 여자끼리 동성애를 하고, 남자를 쪼개서 나온 사람들은 남자끼리 동성애를 하게 된다.[228] 아리스토파네스는 동성애 여부는 애초에 미리 결정되어 있다는 선천적 요인설을 취하고 있는 셈이다. 그러나 이는 유명한 신화에 불과하다.

선천적 요인설은 동성애는 생물학적 요인 때문에 선천적으로 결정된다는 주장이다. 선천적 요인들로는 유전자, 호르몬, 뇌 해부학적 구조 등이 제시된다.

먼저 유전자의 영향에 관한 《동아사이언스》의 보도를 보자.

> "동성애가 단일 또는 소수 유전자의 특정한 유전형에 의해 형성되지 않는다는 사실이 47만 명을 대상으로 한 최초의 대규모 유전체(게놈.

---

228)   플라톤, 앞의 책, 82~86쪽.

한 생물이 지닌 DNA의 총합) 연구 결과 밝혀졌다. 이는 동성애가 소수가 아니라 수백, 수천 개의 무수히 많은 유전자의 복합적인 영향에 의해 일어난다는 뜻으로, 동성애가 유전적 요인의 영향에 의해 일어난다는 기존 정설을 지지하는 결과다. 다만 태아 때의 자궁 안 조건 등 환경도 무시할 수 없는 동성애 요인이라는 사실도 이번 연구로 다시 한 번 확인됐다."[229]

이는 안드레아 간나 미국 매사추세츠병원 게놈의학센터 연구원팀이 유럽과 미국에서 총 48만 명의 게놈 데이터를 수집하고, 설문조사를 통해 성적 지향성을 조사한 후, 그 사람의 형질(특성)과 게놈 전체의 유전자의 변이 사이의 관련성을 조사하는 전게놈연관성분석(GWAS)을 통해 동성애와 유전자 변이 사이의 관계를 분석한 결과를 『사이언스』에 발표한 내용이다.

한편, 많은 연구가 이루어졌음에도 성적 지향과 성인의 호르몬 구성 방식과의 상호 관련성은 입증되지 않았다.[230] 미국 캘리포니아 솔크 생물학 연구소의 사이먼 리베이 박사는 게이의 경우 여성에 대한 성충동을 지배하는 제3의 간뇌의 크기가 정상인의 절반 정도밖에 되지 않는다는 것을 발견하고 뇌 구조상의 차이가 동성애를 결정한다고 주장한다.[231]

지그문트 프로이트도 선천적 요인설을 주장하고 있다. 그는 성적 일탈 내지 성욕 도착을 변태라는 개념과 엄밀히 구별한다. 성적 일

---

229) "동성애 유발 단일·소수 유전자 없다", 《동아사이언스》, 2019. 8. 30.
230) 우도 슈클렝크 외, 앞의 책, 107쪽.
231) 양해림, 앞의 책, 223~224쪽.

탈은 성적 대상과 성적 목적과 관련해서 발생하는데, 동성애는 성적 대상의 문제로서 성욕도착으로 불러야 한다고 본다.[232] 그 이유는 ① 성 대상 도착은 정상에서 벗어났지만 여타의 심각한 일탈을 보이지 않는 사람들에게서 발견된다는 점, ② 이 증상은 능력이 손상되지 않은 사람들, 특별히 고매한 지성 발달과 윤리적 교양으로 이름 높은 사람들에게서도 마찬가지로 발견된다는 점, ③ 성 대상 도착이 고대 문명의 절정기에 있던 민족들 사이에서 빈번한 현상이었다는 사실, ④ 여러 야만족과 원시 종족들 사이에서는 성 대상 도착이 매우 널리 퍼져 있는 현상인 반면, 변태라는 개념은 대체로 고도의 문명을 지닌 국가들에만 국한된다는 점을 들고 있다. 동성애의 원인에 관해서는 그들의 성 본능이 평생 동안 단 한 번도 다른 경로를 택할 조짐을 보이지 않았다는 명백한 사실을 근거로 선천적 특성으로 보고 있다.[233]

2016년 세계 신경정신의학회는 '젠더 정체성과 동성애 성적 지향, 매력과 행동에 대한 선언문'을 발표했는데, 성적 지향은 선천적(innate)이고, 선천적인 성적 지향이 바뀔 수 있다는 과학적 근거가 없다고 선언하고 있다.[234]

선천적 요인설에 따르면 동성애의 성적 지향은 선택한 것이 아니라 태어나기 전에 이미 결정되어 있는 것이기 때문에 그들에 대한 차별이나 억압은 정당화될 수 없다고 주장한다. 자유로운 선택이

---

232) 지그문트 프로이트, 앞의 책, 236쪽.
233) 지그문트 프로이트, 앞의 책, 240~241쪽.
234) "동성애=후천적? 차별금지법 반대하는 개신교인에게", 『오마이뉴스』, 2020. 8. 8.

주어졌을 때에 특정한 선택에 대한 책임을 묻는 것은 당연하지만, 선택의 여지가 없는 상황에서 책임을 묻는 것은 정의롭지 않다는 것이다.

그러나 선천적 요인설에 굳이 집착할 필요는 없다. 후천적 요인설을 취하더라도 그것이 선택의 여지가 없이 환경에 따라 결정되는 것이라면 책임을 물을 수 없는 결과는 마찬가지이기 때문이다. 선천적 요인설이 사실이라 하더라도 오히려 억압의 빌미를 제공할 수도 있다. 유전적이거나 뇌 구조가 원인이라면 유전자에 조작을 가하거나 뇌 구조를 변경시키는 수술을 통해 성적 지향을 바꾸려고 시도할 수 있기 때문이다.

다만, 2009년 미국 심리학회에서 '성적 지향에 대한 적절한 치료적 반응'이라는 제목으로 발표한 내용에 따르면 '전환치료가 효과가 있다(성적 지향이 바뀐다)는 과학적 근거가 없다'는 것, '치료 참가자의 우울증이나 자살 생각 등 정신질환을 유발시킬 위험이 크다'는 것이다. 전환치료의 효과가 있었다는 논문들은 대부분 연구의 질이 낮고 여러 가지 '연구의 방법론적인 문제들'이 관찰되어서 신뢰할 만하지 못하다는 것이다. 영국정신치료협회의 '전환 치료에 대한 합의문'도 전환치료를 과학적으로 효과가 없고 부작용만 많은 사이비 치료로 규정한다. 세계신경정신과학회, 미국신경정신과학회, 영국신경정신과학회 입장도 다르지 않다.[235]

---

235) "동성애=후천적? 차별금지법 반대하는 개신교인에게", 《오마이뉴스》, 2020. 8. 8.

O 후천적 요인설

후천적 요인설은 동성애가 태어나기 전부터 선천적으로 결정되는 것이 아니라, 출생 후의 요인에 의해 결정된다는 주장이다. 이에 따르면 동성애 성향은 타고나는 것이 아니라 성장 환경과 성장 과정에서의 학습이나 경험에 의해 결정된다고 한다. 킨제이(Alfred Kinsey) 학파들은 동성과의 만족스러운 경험이나 이성과의 불만족스러운 경험이 어느 결정적인 시기에 강화되면 동성애자가 된다고 한다.236)

O 복합적 요인설

동성애라는 성적 지향은 선천적, 후천적 요인들이 복합적으로 작용해서 발현된다고 보는 주장이다. 후천적인 요인 가운데 개인적인 요인보다 가족제도나 사회제도가 더 크게 작용한다고 한다. 선천적 요인설은 생물학적 결정론 내지 유전적 결정론에 기초한다는 점에서 더욱 심각한 문제를 야기한다. 최근의 연구는 유전자와 환경적 요인들이 상호 작용한다는 점을 강조한다. 사회적 요인 또한 한 사람의 행동을 결정할 수 있으며, 그러면서도 여전히 '선택한' 것이 아닐 수 있다는 점이다.237)

미국소아과학회 성적 지향이 유전적인 요소와 환경적인 요소가 함께 작용해 아동기 초기에 형성되므로, 자신의 성적 지향을 인지

---

236)   양해림, 앞의 책, 225쪽.
237)   우도 슈클렝크 외, 앞의 책, 114쪽.

하게 되는 십 대에는 이미 성적 지향을 선택할 수 없다는 소견을
표명했다.[238] 복합적 요인설에 따르더라도 동성애는 선천적, 후천적
으로 결정되는 것이지 본인이 선택한 것이 아니기 때문에 도덕적으
로 비난할 근거가 없다.

○ 결론

결국 선천적 요인이냐 후천적 요인이냐 자체가 중요한 것이 아니
라, 동성애라는 성적 지향을 본인이 선택한 것이냐, 선택의 여지가
없이 결정된 것이냐가 중요하다. 성적 지향과 성적 정체성이 드러
나는 중요한 계기는 사춘기인데, 동성애가 그 이전에 결정되는 것
이라면 개인의 선택에 의한 것이 될 수 없기 때문이다.

미국 심리학회가 2011년에 작성한 '성적 지향과 젠더 정체성'이라
는 문서에는 "성적 지향이 자발적으로 바꿀 수 있는 선택이라고 생
각하지 않는다."라고 기록되어 있다. 영국 신경정신의학회에서 2014
년에 발표한 '성적 지향에 관한 선언문'에 따르면, 대부분의 사람은
인생의 어느 시기에 '동성애자'나 '이성애자'로 '결정'된다고 명시하고
있다. 미국 소아과학회가 2004년에 발표한 '성적 지향과 청소년에
관한 선언문'은 성적 지향이 주로 초기 아동기인 2~7세의 시기에 본
인의 의사와 무관하게 '결정'된다고 선언하고 있다.[239]

동성애 전환치료를 주도했던 세계 최대 단체는 1976년 설립된 '엑

---

238) "성소수자에 대해서 궁금한 6가지", 《한겨레신문》, 2016. 6. 10.
239) "동성애=후천적? 차별금지법 반대하는 개신교인에게", 《오마이뉴스》, 2020. 8. 8.

소더스 인터내셔널'(미국·캐나다에 250여 개 지부, 그 외 17개국에 150여 개 지부)이다. 이 단체는 2013년 동성애를 치료 대상으로 여긴 무지로 인해 성소수자에게 도움보다는 상처를 줬다는 사실을 고백하고, 공식적으로 문을 닫았다. 미국심리학회는 2008년 "성적 지향을 억지로 바꾸려는 치료는 치료 대상자의 우울, 불안, 자살 시도 등을 증가시켜 오히려 동성애자의 정신건강을 악화시킬 수 있다"며 전환치료의 무익함과 해악을 지적했다.[240]

결국 동성애는 선천적 요인에 의해서든 후천적 요인에 의해서든 '결정'되는 것이지, 자유로운 의지로 '선택'하는 것이 아니다.

04. 동성애 찬반론

○ 용어 문제

동성애 찬반론을 검토하기 전에 먼저 용어부터 명확히 정리할 필요가 없다.

지난 2017년 4월 25일 《JTBC》(《중앙일보》·한국정치학회 공동 주관)가 주최한 제19대 대선후보 토론회에서 심상정 정의당 후보는 "동성애는 찬성과 반대의 문제가 아니다. 저는 이성애자지만 성소수자의 성 정체성이 존중되어야 한다고 본다."라며 "노무현 정부부터 추진한 차별금지법을 후퇴시킨 문 후보에게 유감스럽다고 말씀드린

---

240)   "동성애는 치료하면 바뀔 수 있다?", 《한겨레21》, 제1336호, 30쪽.

다."라고 말했다.[241] 동성애는 '성적 지향'의 문제이기 때문에 동성애는 찬성과 반대라는 말 자체가 성립되지 않는다는 문제의식이다. 누군가가 "난 된장찌개보다 김치찌개를 더 좋아해."라고 말했을 때 "난 그것에 반대야."라는 말이 얼마나 우스꽝스러운지를 생각하면 이해가 된다. 그 사람의 취향이 김치찌개를 더 좋아한다는데 거기에 반대한다는 것은 아무 의미가 없는 말이다. 반대한다고 취향이 바뀔 것도 아니고. '동성애'라는 단어 자체만 놓고 보면 심상정 의원의 말이 맞다. 그러나 엄밀히 말하면 이 또한 말꼬투리 잡기에 불과한 측면이 있다. 왜냐하면 사람들이 '동성애'에 반대한다고 말할 때, 표현이 다소 부적절하긴 하지만, 동성애자들에 대한 혼인·상속·차별금지 등을 제도적으로 합법화시키는 데 반대한다는 의미로 사용하는 것이기 때문이다. 결국 동성애에 대한 찬반 논쟁의 핵심은 동성애자들의 권리를 법적·제도적으로 인정할 것이냐의 문제이다.

이하에서 반대론의 논거를 들고 그에 대한 문제를 하나하나 검토하겠다.

○ 에이즈 확산의 주범

반대론의 가장 중요한 논거는 동성애자가 에이즈의 주범이기 때문에 허용해서는 안 된다는 것이다. 홍준표 전 자유한국당 대선후보는 2017년 4월 25일 한국정치학회가 《중앙일보》·《JTBC》와 공동 주최한 4차 TV토론회에서 "동성애 때문에 대한민국에 에이즈

---

241)   "문재인, '동성애 반대' 밝혔다가 '동성혼 반대'", 《한겨레신문》, 2017. 4. 26.

(AIDS: 후천성면역결핍증)가 1만 4,000명 이상 창궐하고 있다."라고 주장했다.[242] 그러나 이는 기본적인 용어를 모르기 때문에 발생한 초보적 오류이다. 에이즈 문제가 홍 후보의 주장처럼 그렇게 중대한 문제라면 그에 관한 용어조차 모르고 대통령이 되고자 하는 것은 그의 자질 없음을 스스로 증명할 뿐이다. 그는 'HIV(Human Immunodeficiency Virus)', 'AIDS(Acquired Immune Deficiency Syndrome)', 'HIV 감염인'과 'AIDS 환자'라는 용어를 구분하지 못하고 있다. 먼저 'HIV'는 단어 그대로 '인체면역결핍바이러스'라는 '바이러스'를, 'AIDS'는 '후천적 면역결핍증'으로서 '증세'를 의미한다. 'HIV 감염인'은 인체면역결핍바이러스(Human Immunodeficiency Virus; HIV)에 감염된 사람을, 'AIDS 환자'는 HIV에 감염된 후 면역체계가 손상되어 기회감염 등이 나타난 사람을 말한다. 즉, HIV에 감염되었다고 모두 에이즈 환자가 되는 것이 아니라, 그중 일부가 에이즈 환자가 되는 것이다. 홍 후보는 바이러스와 증세, HIV와 AIDS 사이의 구별조차 하지 못한 것이다.

질병관리청이 2020. 7. 3. 배포한 보도자료에 따르면 2019년 신규 HIV/AIDS 감염인은 1,222명으로 전년 대비 16명(1.3%) 증가하였으며, 이 중 남자 1,111명(90.9%), 여자 111명(8.9%)이었다. 연령별로는 20대 438명(35.8%), 30대 341명(27.9%), 40대 202명(16.5%), 50대 129명(10.6%) 순으로, 20·30대가 전 연령대의 63.7%를 차지하였다. 내·외국인별로는 내국인이 1,005명(82.2%)으로 전년 대비 16명(1.6%)

---

242) "홍준표, 동성애 때문에 에이즈 창궐? 가짜!", 《한겨레신문》, 2017. 4. 26.

증가하였고 외국인은 217명(17.8%)으로 전년과 동일하였으며, 신고 기관은 병·의원이 전체의 61.6%를 차지하였고, 그 밖에 보건소 (30.0%)와 기타 기관(8.3%)으로 나타났다. 신규 HIV 감염인(내국인 1,005명)에 대한 감염경로 조사에서 821명(81.7%)은 성 접촉으로 인한 감염이라고 응답했으며, 이 중 동성 간 성 접촉은 442명(53.8%), 이성 간 성 접촉은 379명(46.2%)으로 조사되었다.

보도자료에 따르면 동성 간의 성 접촉으로 인한 감염자가 이성 간의 성 접촉으로 인한 감염자보다 다소 많다는 사실을 알 수 있다. 여기서 에이즈는 동성애자에 대한 천벌이라느니, 에이즈는 동성애자만이 걸리는 질병이라는 믿음은 전혀 근거가 없다는 것을 확인할 수 있다. 질병관리본부의 '2015년 HIV/AIDS 신고 현황' 통계연보를 보면, 2015년 '성접촉'을 통해 감염됐다고 밝힌 652명 중에서 이성과의 성 접촉은 364명인데 반해, 동성 간의 성접촉은 288명이었다. 동성애자 사이의 성 접촉에 의한 감염이 당연히 많은 것도 아니고, 연도에 따라 다르다는 것을 알 수 있다.

보건복지부는 2019. 11. 28. 보도자료를 통해 "HIV감염자는 항바이러스제 지속 치료 시, 감염력이 거의 없어져 타인에게 전파되는 것을 차단하며, 'AIDS 환자'로 진행하는 것을 예방하므로, 진료비 중 본인부담금(산정특례에 의한 10%)을 지원"하는 것이라고 밝히고 있다. 또한 "2018년 말, 전 세계의 HIV 감염인 3,790만 명 중, 79%는 검사를 받았고, 62%는 치료를 받았으며, 53%는 타인에게 감염시킬 위험이 없는 HIV 바이러스 억제상태로 나타났"으며, HIV 바이러스에 감염된 경우 "아무런 치료를 받지 않아도 면역결핍으로 인한 사망에 이르기까지 약 10~12년 정도의 기간이 경과되어야 합니다. 하지만 올바른 치료와 건강관리를 한다면 30년 이상 건강하게 살 수 있습니다. 현재 에이즈는 더 이상 죽는 병이 아닌 만성질환으로 분류하고 있습니다."라고 덧붙이고 있다. HIV 감염자라 하더라도 무조건 타인에게 감염시키는 것은 아니고, 억제제를 통해 차단할 수 있다. 잘못된 정보와 편견으로 공포심을 느끼고 혐오하는 것은 이제 없어져야 할 것이다.

한편, AIDS가 1981년 6월 미국 캘리포니아의 남성 동성애 집단에서 처음 발견된 것은 사실이다. 그러나 그건 단지 처음으로 '발견'되었다는 것을 말해 줄 뿐, 동성애가 에이즈의 '원인'이라는 점이 밝혀진 것은 아니다. 우연한 발견과 필연적 인과관계는 당연히 구별되어야 한다. 보도자료가 말해 주듯이 이성애자도 에이즈에 걸릴 수 있다. 그렇다면 동성애자들 사이에 더 많이 감염되는 이유는 어떻게 설명할 수 있을까? 그건 동성애 자체에서 비롯되는 것이 아니라 남성 동성애자들의 성행위가 주로 항문성교를 통해 이루어지고 있기 때문이다. 항문은 여성의 질과 달리 신축성도 떨어지고, 주변에 혈관도 많기 때문에 항문성교로 상처가 나면 바이러스에 감염될 위험이 높은 것이다. 이는 이성애자 사이의 항문성교도 마찬가지라고 할 수 있다. 그렇다고 이성애자들 사이의 질 성교라고 무조건 안심할 수 있는 것도 아니다. 통계에도 나타나듯이 46.2%라는 만만치 않은 비율로 이성애자 간의 질 성교에서도 감염되고 있기 때문이다. 또한 에이즈 감염은 성교를 통해서만이 아니라 혈액을 통해서도 감염된다. 헌혈하는 과정에서, 주사를 맞는 과정에서 감염될 수 있다. 그렇다고 헌혈을 금지하자고 주장하거나 주사를 없애자고 주장하지는 않는다. 반드시 필요한 것이기 때문이다. 마찬가지로 동성애자든 이성애자든 성교 자체를 금지해야 한다는 주장도 허용되어서는 안 된다. 그들의 성적 자기결정권은 헌법상 보장된 기본권이기 때문이다. 결국 중요한 것은 이성애냐 동성애냐가 아니라 콘돔과 윤활제 사용 등 안전한 성교를 위한 위생 강화라고 할 수 있다.

결국 벨리오티(R. A. Belliotti)의 주장처럼, "질병이 확산되면 특별한 관심을 불러일으켜 예방조치가 강화되는 방향으로 나아가겠지만 그렇다고 해서 동성애가 본질적으로 부도덕하다고 볼 수는 없다."[243]

O 비정상적인 정신질환

동성애는 정상적인 상태가 아니고 비정상적인 정신질환에 해당하므로 전환치료를 해야 한다는 주장이다. 그러나 동성애의 역사에서 이미 살펴보았듯이 정신의학계와 세계보건기구에서는 동성애가 이미 정신질환이 아니라는 결론을 내리고 있다.

O 인류의 재생산문제

동성애는 '생식'이나 '종족보존'을 목적으로 하지 않는 성행위이기 때문에, 만일 동성애를 허용하게 되면 재생산이 급격히 줄게 됨으

---

243)   양해림, 앞의 책, 235쪽.

로써 인류의 생존이 불가능할 것이라는 주장이다. 그러나 동성애는 자기가 '선택'하는 것이 아니라 선천적인 요인에 의해서든 후천적인 요인에 의해서든 '결정'되는 것이기 때문에 이는 쓸데없는 우려에 불과하다. 동성애를 허용한다고 이성애적인 성적 지향이 갑자기 동성애로 바뀌는 것이 아니다. 대한민국만 하더라도 이성애자가 절대적인 다수를 차지하고 있는데 인구절벽의 문제가 발생하는 이유는 무엇인가? 이성애자가 갑자기 동성애자로 변하기라도 했다는 것인가? 말도 안 되는 소리다. 인구절벽의 문제는 출산과 양육을 개인이나 가족의 문제로 인식하는 사회의 시선과 제도 때문에 발생하는 문제이다. 출산과 양육의 책임은 고스란히 개인과 가족, 특히 여성에게 전가하고, 길러진 인적 자원으로서의 결과만 취하려고 하는 기업, 지방자치단체, 국가의 무책임이 문제이다. 내가 대학에 다니던 1980년대 중반에 프랑스는 인구감소문제를 먼저 겪었고, 프랑스가 강대국에서 멀어진 이유가 인구감소 때문이라는 진단을 내린 이후 몇 십 년간 계속적으로 정책을 펴 왔다. 대표적인 것 가운데 하나가 국가가 보육교사를 가정으로 보내 주는 것이다. 보육책임을 사회와 국가가 온전히 부담해야 이 문제를 해결할 수 있다. 보육책임의 사회화가 이루어지지 않은 상황에서 그깟 출산 장려금 몇 백만 원을 준다고, 보육비를 매달 몇 십만 원 더 지원한다고 애를 더 낳을 사람은 없을 것이다. 교육과 관련해서는 대학교까지 무상의무교육을 실시해야 한다. 이렇게 양육과 교육부담을 덜어 주고 애를 낳으라고 권장해야 정직한 자세가 아니겠는가? 결론적으로 인구감소 내지 인구절벽의 문제는 동성애 허용으로 비로소 발생하는 것이 아니다. 이성애자가 절대 다수인 지금 이미 벌어지고 있는 문제이지 동성애 허용과 관련된 문제가 아니다.

○ 도덕의 붕괴

동성애를 허용하면 부부 중심의 성이라는 도덕이 붕괴되므로 허용해서는 안 된다는 주장이다. 앞에서 살펴보았듯이 이러한 발상은 '이성애 중심주의'와 '가부장주의'의 시대착오적 논리이다.

자유주의 사상가 존 스튜어티 밀이 『자유론』에서 밝힌 '해악의 원리(harm principle)'에 따르더라도 동성애자들의 자유와 권리를 제한할 아무런 근거가 없다. '해악의 원리'에 따르면 사회적 개입은 다른 사람에 대한 해악을 방지하기 위해서만 정당화될 수 있다. 동성애는 타인에게 해악을 주는 행위가 아니다. 동성애의 영향은 자유로이 동성애관계에 동의한 사람에게만 미친다. 따라서 도덕적으로 비난할 근거가 될 수 없다. 물론 동성애를 혐오하는 이들에게는 이들의 존재 자체가, 옷차림이나 행동거지 자체가 불쾌감을 줄 것이다. 타인의 감정을 손상하는 행동을 방지하기 위해 법이 개인의 자유를 제한할 수 있다는 '불쾌감 야기(offense principle) 원리'에 따를 때 법적 개입이 정당화될 수 있다. 그러나 이미 세계적으로 동성애와 관련된 제도가 합법화되고 있고, 동성애에 대한 차별은 금지되어야 한다는 인식이 보편화되고 있다. 대다수에게 공분을 살 정도의 불쾌감을 주는 행위에 대해서는 법이 개입할 여지가 있지만, 일부의 사사로운 감정만에 의해서 법이 개입하는 것은 정당화되기 어렵다. 더욱이 동성애자들이 공공연하게 불쾌감을 유발할 의도를 갖고 있지도 않고, 공공연하게 행위를 하지도 않기 때문에 더욱 그렇다고 할 수 있다.

공리주의에 비춰 판단해도 동성애는 도덕적으로 문제가 되지 않는다. 제레미 벤담은 동성애가 다른 사람에게 고통을 주기보다는 동성애자들에게는 더 큰 쾌락을 주기 때문에 사회적으로 아무런 문제가 되지 않는다고 주장한다. 동성애주의자들에게 성행위의 기회를 부여하지 않는 것이 성적 쾌락을 박탈하고 감정적 고통을 야기하기 때문에 오히려 비도덕적인 것이다.[244] 종교나 신앙에 관한 믿음이나 다른 성적 지향을 이유로 자신과 다른 성적 지향을 가진 동성애자들의 복리를 침해한다면, 그러한 행위가 오히려 비윤리적인 것으로 간주되어야 한다.[245]

우리나라의 경우 1998년 5월 17일에는 동성애자 인권 운동가 오세인이 활동하던 단체 사무실에서 자살했고, 2003년 4월 26일에는 동성애자 인권 운동가, 시민운동가이자 시조 시인, 작가, 평론가, 아마추어 연극배우, 성악가 등으로 활동한 육우당(본명 윤현석)이 성소수자 혐오에 반대하며 자살했다. 2008년에는 게이 배우인 김지후, 2013년 12월 24일에는 게이 영화 배우이자 인권 운동가인 송범준이 자택에서 자살했다. 한국의 HIV/AIDS 감염인의 사망 원인 1위가 에이즈로 인한 합병증이 아니라 자살이라는 사실을 통계가 보여 주고 있다.[246] 이는 결국 사회적 타살이고, 이에 동조한다면 살

---

244)   이진우, 앞의 책, 343쪽.
245)   우도 슈클렝크 외, 앞의 책, 64쪽.
246)   김엘리 외, 앞의 책, 146쪽.

인의 공동정범 내지는 방조범이라고 할 수 있다.

우리 속담에 "동냥은 주지 못해도 쪽박은 깨지 마라."라는 속담이 있다. 동성애자의 권리실현을 도와주지는 못할망정 그들을 차별하고 우울증으로, 자살로 내모는 반인간적인 일은 하지 말아야 한다.

05. 동성애에 대한 법적 규제

○ 국가인권위원회법상 '평등권 침해의 차별행위'

'성적 지향'과 관련한 차별금지를 규정한 현행 법률은 국가인권위원회법이다. 차별금지 사유는 '성적(性的) 지향' 등 19개이고, 적용되는 영역은 고용, 재화와 용역의 공급, 교육훈련, 성희롱 등 4개이다.

즉, '평등권 침해의 차별행위'란 합리적인 이유 없이 성별, 종교, 장애, 나이, 사회적 신분, 출신 지역(출생지, 등록기준지, 성년이 되기 전의 주된 거주지 등을 말한다), 출신 국가, 출신 민족, 용모 등 신체 조건, 기혼·미혼·별거·이혼·사별·재혼·사실혼 등 혼인 여부, 임신 또는 출산, 가족 형태 또는 가족 상황, 인종, 피부색, 사상 또는 정치적 의견, 형의 효력이 실효된 전과(前科), '성적(性的) 지향', 학력, 병력(病歷) 등을 이유로 한 다음 각 목의 어느 하나에 해당하는 행위를 말한다. 다만, 현존하는 차별을 없애기 위하여 특정한 사람(특정한 사람들의 집단을 포함한다)을 잠정적으로 우대하는 행위와 이를 내용으로 하는 법령의 제정·개정 및 정책의 수립·집행은 평등권 침해의 차별행위로 보지 아니한다(국가인권위원회법 제2조 제3호).

가. 고용(모집, 채용, 교육, 배치, 승진, 임금 및 임금 외의 금품 지급, 자금의 융자, 정년, 퇴직, 해고 등을 포함한다)과 관련하여 특정한 사람을 우대·배제·구별하거나 불리하게 대우하는 행위

나. 재화·용역·교통수단·상업시설·토지·주거시설의 공급이나 이용과 관련하여 특정한 사람을 우대·배제·구별하거나 불리하게 대우하는 행위

다. 교육시설이나 직업훈련기관에서의 교육·훈련이나 그 이용과 관련하여 특정한 사람을 우대·배제·구별하거나 불리하게 대우하는 행위

라. 성희롱[업무, 고용, 그 밖의 관계에서 공공기관(국가기관, 지방자치단체, 「초·중등교육법」 제2조, 「고등교육법」 제2조와 그 밖의 다른 법률에 따라 설치된 각급 학교, 「공직자윤리법」 제3조의2 제1항에 따른 공직유관단체를 말한다)의 종사자, 사용자 또는 근로자가 그 직위를 이용하여 또는 업무 등과 관련하여 성적 언동 등으로 성적 굴욕감 또는 혐오감을 느끼게 하거나 성적 언동 또는 그 밖의 요구 등에 따르지 아니한다는 이유로 고용상의 불이익을 주는 것을 말한다] 행위

차별금지 영역은 고용, 재화·용역 등의 공급, 교육·훈련, 성희롱 행위 등 4개 영역이다.

● 2020. 6. 29. 장혜영 의원 대표발의 차별금지법안

안 제2에서 정의에 관해 규정하고 있는데, "성적지향이란 이성애, 동성애, 양성애 등 감정적·호의적·성적으로 깊이 이끌릴 수 있고 친밀하고 성적인 관계를 맺거나 맺지 않을 수 있는 개인의 가능성(제4호)", "성별정체성이란 자신의 성별에 관한 인식 혹은 표현을 말하며, 자신이 인지하는 성과 타인이 인지하는 성이 일치하거나 불일치하는 상황을 포함한다(제5호)."

법안 제3조는 '금지대상 차별의 범위'라는 제목으로 성적지향, 성별정체성 등 23개 차별사유를 나열하여 국가인권위원회법의 19개

에 '언어, 국적, 성별정체성, 고용형태' 등 4개를 더 추가하였다. 차별 금지 영역은 '고용', '재화·용역·시설 등의 공급이나 이용', '교육기관 및 직업훈련기관에서의 교육·훈련이나 이용', '행정서비스 등의 제공 이나 이용' 등 크게 4개 영역으로 구분하여 국가인권위원회법과 유사하다. 따라서 교육기관인 학교에서 교사가 특정 학생에게 "동성 애자인 너를 싫어한다."라고 발언하는 것과 여자대학교에서 성전환 수술을 했다는 이유로 대학 입학을 거부하는 것은 '차별'에 해당한다. 그러나 교회에서 설교 도중 "동성애는 죄악"이라고 설교를 하거나 "동성애를 혐오한다."라고 표현하는 것은 이 법안이 규율하는 차별에는 해당하지 않는다. 차별금지법안이 종교의 자유나 표현의 자유를 침해한다는 기독교계의 주장은 오해이다.

이 법에서 차별이란 다음 각호의 어느 하나에 해당하는 행위 또는 경우를 말한다(안 제3조 제1항).

1. 합리적인 이유 없이 성별, 장애, 나이, 언어, 출신국가, 출신민족, 인종, 국적, 피부색, 출신지역, 용모 등 신체조건, 혼인여부, 임신 또는 출산, 가족 및 가구의 형태와 상황, 종교, 사상 또는 정치적 의견, 형의 효력이 실효된 전과, 성적지향, 성별정체성, 학력(學歷), 고용형태, 병력 또는 건강상태, 사회적신분 등(이하 "성별등"이라 한다)을 이유로 다음 각호의 어느 하나의 영역에서 특정 개인이나 집단을 분리·구별·제한·배제·거부하거나 불리하게 대우하는 행위
    가. 고용(모집, 채용, 교육, 배치, 승진·승급, 임금 및 임금 외의 금품 지급, 자금의 융자, 정년, 퇴직, 해고 등을 포함한다)
    나. 재화·용역·시설 등의 공급이나 이용
    다. 교육기관 및 직업훈련기관에서의 교육·훈련이나 이용
    라. 행정서비스 등의 제공이나 이용
2. 제1호 각 목의 영역에서 외견상 성별등에 관하여 중립적인 기준을 적용하였으나 그에 따라 특정 집단이나 개인에게 불리한 결과가 초래된 경우
3. 제1호 각 목의 영역에서 성적 언동이나 성적 요구로 상대방에게 피해를 주거나 피해를 유발하는 환경을 조성하는 행위, 그리고 그러한 성적 요구에 불응을 이유로 불이익을 주거나 그에 따르는 것을 조건으로 이익 공여의 의사 표시를 하는 행위
4. 제1호 각 목의 영역에서 성별등을 이유로 적대적·모욕적 환경을 조성하는 등 신체적·정신적 고통을 주어 인간의 존엄성을 침해하는 행위
5. 합리적인 이유 없이 성별등을 이유로 특정 개인이나 집단에 대한 분리·구별·제한·배제·거부 등 불리한 대우를 표시하거나 조장하는 광고 행위
6. 2가지 이상의 성별등 차별금지사유가 함께 작용하여 발생한 제1호부터 제5호까지의 행위

이 경우에도 예외가 인정되는데, 제1항에도 불구하고 다음 각호의 어느 하나에 해당하는 정당한 사유가 있는 경우에는 차별로 보지 아니한다. 제1항 제6호의 경우 다음 각호의 정당한 사유는 차별의 원인이 된 모든 사유에 각각 존재하여야 한다(같은 조 제2항).

1. 특정 직무나 사업수행의 성질상 그 핵심적인 부분을 특정 집단의 모든 또는 대부분의 사람들이 수행할 수 없고, 그러한 요건을 적용하지 않으면 사업의 본질적인 기능이 위태롭게 된다는 점이 인정되는 경우. 다만, 과도한 부담 없이 수용할 수 있는 경우에는 그러하지 아니하다.
2. 현존하는 차별을 해소하기 위하여 특정한 개인이나 집단을 잠정적으로 우대하는 행위와 이를 내용으로 하는 법령의 제정·개정 및 정책의 수립·집행에 해당하는 경우

국가인권위원회법은 차별행위에 대한 시정 권고권만 갖고 있고 이에 위반 시 처벌조항이 없다는 점이 문제로 지적되었다. 이를 보완하기 위해 차별금지법안에서는 시정명령권, 이행강제금과 함께 형사처벌 조항도 신설하고 있는데, 법안에서 처벌조항은 불이익 조치의 금지에 위반한 경우뿐이다. 단순히 차별을 했다는 이유만으로 형사처벌 되는 것이 아니다. 위에서 보았듯이 교육기관인 학교에서 교사가 "동성애자인 너를 싫어한다."라고 발언하는 것은 '차별'에 해당하긴 하는데, 그 학생에 대해 불이익 조치를 하지 않는 한 손해배상 책임은 몰라도 형사책임을 지지는 않는다.

제55조는 '불이익 조치의 금지'란 제목으로 "사용자 및 임용권자, 교육기관의 장(사용자등)은 차별을 받았다고 주장하는 자 및 그 관계자가 이 법에서 정한 구제절차의 준비 및 진행 과정에서 진정 또는 소의 제기, 증언, 자료 등의 제출 또는 답변을 하였다는 이유로 해고, 전보, 징계, 퇴학, 그 밖에 신분이나 처우와 관련하여 불이익한 조치를 하여서는 아니 된다. 이 경우 불이익한 조치에는 「공익신고자 보호법」 제2조 제6호 각 목에 규정된 사항이 포함된다(제1항)."라고 규정하고, "제1항의 사용자등의 불이익 조치는 무효로 한

다(제2항)."라고 규정하고 있다.

사용자등이 제55조를 위반하여 불이익 조치를 한 경우에는 1년 이하의 징역 또는 1천만 원 이하의 벌금에 처한다(제56조).

국가인권위가 2020년 4월 여론조사기관에 의뢰해 성인 1천 명에게 실시한 '차별에 대한 국민인식 조사' 결과를 보면, 응답자의 88.5%가 차별금지법 제정에 찬성한다고 답했다.[247]

○ 시민결합법(Civil union law)

시민결합 또는 동성결합은 동성 간의 결혼 자체를 인정하지 않더라도 그 밖의 영역인 주거, 의료, 세금, 복지, 증여, 상속, 입양 등에서 동성 커플에게 이성 간의 결혼에 따른 권리를 똑같이 보장하는 제도이다. 법률상 배우자로 인정하지는 않지만, 사회보장이나 세금 감면 등의 혜택 면에서 배우자와 같은 지위를 인정하는 것으로서, 동성결혼 합법화의 전 단계에 해당하는 제도라고 할 수 있다.

동성결혼을 합법화한 나라는 2000년 네덜란드를 시작으로 2003년 벨기에, 2005년 스페인·캐나다, 2006년 남아프리카공화국, 2009년 노르웨이·스웨덴, 2010년 아르헨티나·아이슬란드·포르투갈, 2012년 덴마크, 2013년 뉴질랜드·브라질·영국/웨일스·우루과이·프랑스, 2014년 룩셈부르크·스코틀랜드, 2015년 미국·아일랜드·핀란드, 2016년 그린란드·콜롬비아, 2017년 독일·몰타·호주, 2019년 대만·오스트리아 등이다.

---

247) "지금 법으론 차별을 구제할 수 없다", 《한겨레21》, 제1330호, 2020. 9. 11. 12쪽.

프란치스코 교황은 2020년 10월 21일(현지시각) 로마국제영화제 개막작으로 상영된 다큐멘터리 〈프란치스코〉에서 "동성애자도 가족을 구성할 권리가 있다."라는 의견을 피력했다고 《로이터》 통신 등이 전했다. 교황은 에브게니 아피네예브스키 감독이 만든 이 다큐멘터리에서 "동성애자들도 주님의 자녀들이며 가족을 구성할 권리가 있다."라며 "동성애자라는 이유로 버려지거나 불행해져선 안 된다"고 말했다. 교황은 이어 "우리가 만들어야 하는 건 시민결합법이며 동성애자들은 이를 통해 법적 보호를 받을 수 있다. 나는 이를 지지한다."라고 밝혔다.[248]

○ 동성 간의 혼인

헌법 제36조 제1항은 "혼인과 가족생활은 개인의 존엄과 양성의 평등을 기초로 성립되고 유지되어야 하며, 국가는 이를 보장한다."라고 규정하고 있다. 헌법학계에서는 동 조항 중 '양성'의 평등이라는 문구를 근거로 이성 간의 혼인과 가족만 허용되고, 동성 간의 혼인과 가족은 허용되지 않는다고 해석한다. 따라서 동성 간의 혼인이 가능하려면 헌법 개정을 해야 한다는 것이다.

대법원은 별도의 논거는 제시하지 않고 위와 같은 해석을 당연한 전제로 보고 동성 간의 혼인이 허용되지 않는다는 입장을 취한다.

"헌법 제36조 제1항은 "혼인과 가족생활은 개인의 존엄과 양성의 평

---

248) "교황, 동성결합법 첫 공개지지", 《한겨레신문》, 2020. 10. 22.

등을 기초로 성립되고 유지되어야 하며, 국가는 이를 보장한다."라고 선언하고 있는바, 무릇 혼인이란 남녀 간의 육체적, 정신적 결합으로 성립하는 것으로서, 우리 민법은 이성(異性) 간의 혼인만을 허용하고 동성(同性) 간의 혼인은 허용하지 않고 있다."249)

더 나아가 대법원은 혼인 중에 있는 성전환자의 성별정정을 허용하게 되면 결과적으로 동성 간의 혼인을 인정하는 결과가 된다는 이유로 허용되지 않는다는 입장을 취한다.

"만약 현재 혼인 중에 있는 성전환자에 대하여 성별정정을 허용할 경우 법이 허용하지 않는 동성혼의 외관을 현출시켜 결과적으로 동성혼을 인정하는 셈이 되고, 이는 상대방 배우자의 신분관계 등 법적·사회적 지위에 중대한 영향을 미치게 된다. 따라서 현행 민법 규정과 오늘날의 사회통념상 현재 혼인 중에 있는 성전환자는 전환된 성을 법률적으로 그 사람의 성이라고 평가할 수 없고, 그 결과 가족관계등록부의 성별정정도 허용되지 아니한다고 할 것이다. 다만 현재 혼인 중이 아니라면 과거 혼인한 사실이 있다고 하더라도 위와 같은 혼란을 야기하거나 사회에 부정적인 영향을 미칠 우려가 크지 않으므로 성별정정을 불허할 사유가 되지 아니한다."250)

위와 같은 대법원 결정의 다수의견은 현실을 도외시한 그릇된 판단이다. 현재 동성 간의 혼인이 불가능하다는 것이 상식에 속하는 것이 현실이다. 그런 상황에서 가족관계등록부에 부부의 성(性)이 같게 남남 또는 여여로 표시되어 있다고 해서 동성 간의 혼인관계

---

249) 대결(전원합의체) 2011.9.2., 2009스117.
250) 대결(전원합의체) 2011.9.2., 2009스117.

로 판단하기보다는, '원래 이성 간의 혼인이었는데 누군가 한 명이 성전환을 했구나.'라고 생각하는 게 현실적이다. 따라서 같은 결정에서 대법관 양창수, 이인복의 다음과 같은 반대의견이 오히려 설득력이 있다.

> "다수의견은 성별정정을 허용하게 되면 가족관계증명서의 '부(父)'란에 기재된 사람의 성별이 '여(女)'로, 또는 '모(母)'란에 기재된 사람의 성별이 '남(男)'으로 표시됨으로써 동성혼의 외관이 현출될 수밖에 없다고 한다. 그러나 가족관계증명서의 부 또는 모의 기재는 어떤 사람의 부 또는 모가 누구인가를 말하는 것일 뿐이고, 그들 사이에 혼인관계가 있다는 것을 의미하는 것이 아니다. 한편 현재 동성혼이 허용되지 아니한다는 것은 누구나 알고 있는 사실이므로, 가족관계등록부의 기재를 통하여 '동성혼의 외관'은 애초 성립할 여지가 없는 것이다. 다만 위와 같은 가족관계증명서의 기재는 부 또는 모가 성전환을 하였다는 것을 말하여주는 것일 뿐이다."

그런데 과연 헌법 제36조 제1항 때문에 동성 간의 혼인을 허용하지 않는다는 해석이 필연적인 것인가는 의문이다. 다시 헌법 조항을 보자. 헌법 제36조 제1항은 "혼인과 가족생활은 개인의 존엄과 양성의 평등을 기초로 성립되고 유지되어야 하며, 국가는 이를 보장한다."라고 규정하고 있다. 다수는 '양성'의 평등을 강조하는데, 헌법 규정의 취지는 '양성'이 아니라, 양성의 '평등'에 무게를 둔 것이고, '양성'이라는 것은 꼭 동성을 허용하지 않겠다는 취지가 아니라 보편적인 혼인 형태를 표현한 것이라고 해석할 여지가 있다. 법조항의 성격은 열거조항과 예시조항으로 나눌 수 있다. 열거조항이란 열거된 내용 이외에는 허용하지 않는 규정을, 예시조항은 예를 보여 준 것이기 때문에 이에 준하는 다른 사항도 허용된다는 의미이다. 그렇다면 헌법 제36조 제1항의 '양성'의 의미도 열거조항이 아니라 예시조항이라고 해석하면 '양성'과 '동성'이라는 해석이 가능한 것이다. 결론적으로 나는 현행 헌법 하에서도 동성 간의 혼인이 성립될 수 있다고 생각한다.

O 동성부부의 입양제도

다른 문제는 동성애 부부의 입양 문제, 동성애자들의 인공수정 문제, 동성애자가 교육자로 근무할 수 있는가에 관한 것이다. 이는 동성애 부부에게 양육되거나 동성애 교사에게 교육을 받을 경우, 아이들의 성적 정체성과 성적 지향, 성역할에 부정적인 영향을 미칠 우려가 있는 것이 아닌가 하는 문제이다. 동성결혼을 합법화한 나라 가운데서도 대부분은 동성부부의 입양만큼은 금지하는 나라가 많고, 태국과 같은 나라는 동성애자들의 교육 대학 입학을 금지하는 결정을 내린 바 있다.

그러나 가용한 증거는 동성부부의 자식들이 심리적, 사회적, 성적 발달에서 이성애 가족에서 양육된 아이들과 어떤 측면에서도 다르지 않음을 시사한다고 한다.[251]

우리나라 대법원은 당시의 민법 규정에 따라 적법하게 입양신고를 마친 사람이 동성애자로서 자신의 성과 다른 성역할을 하는 사

---

251)　우도 슈클렝크 외, 앞의 책, 62쪽.

람이라는 이유만으로 입양이 무효라고 할 수는 없고, 이는 입양의 의사로 입양신고가 아닌 친생자 출생신고를 한 경우에도 마찬가지라고 판시하고 있다.

> "2013. 7. 1. 민법 개정으로 입양허가제도가 도입되기 전에는 성년에 달한 사람은 성별, 혼인 여부 등을 불문하고 당사자들의 입양 합의와 부모의 동의 등만 있으면 입양을 할 수 있었으므로, 당시의 민법 규정에 따라 적법하게 입양신고를 마친 사람이 단지 동성애자로서 동성과 동거하면서 자신의 성과 다른 성 역할을 하는 사람이라는 이유만으로는 입양이 선량한 풍속에 반하여 무효라고 할 수 없고, 이는 그가 입양의 의사로 친생자 출생신고를 한 경우에도 마찬가지이다."[252]

대법원은 "호적상의 부와 호적상의 자 사이에 입양의 실질적 요건이 갖추어진 경우라 하더라도 우리 민법이 부부공동입양의 원칙을 채택하고 있는 점에 비추어 보면, 법률상 부부가 아닌 사람들이 공동으로 양부모가 되는 것은 허용될 수 없다."[253]라는 이유로 법률상 부부가 아닌 사람들이 공동으로 양부모가 되는 것도 허용되지 않는다고 판시하고 있다.

그러나 위 대법원판결은 입양신고제하의 판례이다. 입양허가제로 개정된 현행 민법 규정을 보면 '입양을 할 능력'에 관해서 "성년이 된 사람은 입양(入養)을 할 수 있다(제866조)."라고 하여 성인만이 입양을 할 수 있고 미성년자는 입양을 할 수 없다고 규정하고 있

---

252) 대판 2014.7.24., 2012므806.
253) 대판 1995.1.24., 93므1242.

다. 또한 입양허가와 관련해서 "미성년자를 입양하려는 사람은 가정법원의 허가를 받아야 한다(제867조 제1항)", "가정법원은 양자가 될 미성년자의 복리를 위하여 그 양육 상황, 입양의 동기, 양부모(養父母)의 양육능력, 그 밖의 사정을 고려하여 제1항에 따른 입양의 허가를 하지 아니할 수 있다(같은 조 제2항)."라고 규정하여 종전의 신고제에서 허가제로 바꿈으로써 입양을 엄격하게 제한하고 있다. 동성부부의 입양에 대해 대법원 판결은 아직 나오지 않았지만, 허용하지 않을 가능성이 높다.

○ 형사법적 보호

대법원은 동성애자가 아닌 사람에 대해 싸이월드에 7회에 걸쳐 동성애자고 게재한 경우 명예훼손행위에 해당한다고 판시하고 있다.

> "현재 우리 사회에서 자신이 스스로 동성애자라고 공개적으로 밝히는 경우 사회적으로 상당한 주목을 받는 점, 피고인이 피해자를 괴롭히기 위하여 이 사건 글을 게재한 점 등 그 판시의 사정에 비추어 볼 때, 피고인이 위와 같은 글을 게시한 행위는 피해자의 명예를 훼손한 행위에 해당한다."[254]

○ 행정법적 규제

1) 「청소년 보호법」상 청소년유해매체물

「청소년 보호법」 제9조 제3항에 따른 청소년 유해매체물의 구체

---

254)   대판 2007.10.25., 2007도5077.

적인 심의 기준은 '청소년 보호법 시행령' 제9조(청소년유해매체물의 심의 기준) [별표 2]의 2. 개별 심의 기준 다목에서 규정하고 있는데, "동물과의 성행위를 묘사하거나 집단 성행위, 근친상간, 가학·피학성 음란증 등 변태 성행위, 성매매 그 밖에 사회 통념상 허용되지 아니한 성관계를 조장하는 것"을 청소년 유해매체물로 규정하고 있다. 2004. 4. 24. 시행령 개정으로 종전 규정의 '수간'을 '동물과의 성행위'로, '혼음'을 '집단 성행위'로, '매춘행위'를 '성매매'로 명칭을 변경하고 '동성애'를 삭제했다. '동성애'를 삭제한 이유는 동성애자에 대한 인권침해의 우려가 있어 삭제하여야 한다는 국가인권위원회의 권고 등에 따른 것이다.

2) 「영화 및 비디오물의 진흥에 관한 법률」상 영상물 등급분류제

20대 초반 남성들의 동성애를 다룬 영화인 〈친구사이〉에는 두 남자주인공이 여관에서 어머니와 함께 잠을 자게 된 후 잠든 어머니 곁에서 서로의 성기에 손을 대고 키스를 하려다가 어머니의 잠꼬대에 멈추는 장면이 있고, 이어서 다음 날 어머니가 자리를 비운 사이 두 주인공이 여관방으로 돌아가 키스를 하고 서로 옷을 벗기면서 가슴을 비롯한 상체를 혀로 애무하는 장면이 있으며, 많은 사람들이 모여 있는 광장에서 두 남자주인공이 키스를 하는 장면이 나온다. 영화제작사인 '청년필름 주식회사'는 영화 제작 후 2009. 12. 12. 영상물등급위원회에게 '15세 이상 관람가'의 상영등급분류 신청을 했는데 '영상의 표현에 있어서 신체노출과 성적 접촉 등의 묘사가 구체적이고 직접적이어서 청소년에게 유해'하다는 이유로

'청소년 관람불가'의 등급분류결정을 했다.

이에 제작회사가 제기한 취소소송에서 대법원은 "선정성에 관한 청소년 관람불가 기준은 신체 부분 노출이 있고 성적 행위에 대한 묘사가 구체적이라는 것만 가지고는 충족되지 않고, 신체 노출 및 성적 행위에 대한 묘사가 지나치게(성적 욕구를 자극할 정도로) 구체적이고 직접적이며 노골적이어야만 충족된다."라고 전제한 후 "이 사건 영화가 동성애를 다루고 있지만, 동성애를 직접 미화·조장하거나 성행위 장면을 구체적으로 표현한 장면은 없고, 원고는 이 사건 영화와 메이킹 필름을 함께 제작·상영함으로써 20대 초반 남성 동성애자들이 겪는 현실 문제를 공유하고자 하는 감독의 제작 의도를 분명히 밝히고 있으므로 이 사건 영화를 관람하는 청소년들에게 성적 소수자에 대한 이해와 성적 자기정체성에 대한 성찰의 계기를 제공하는 교육적인 효과도 제공하고 있는 점, 동성애를 내용으로 한 영화라는 이유만으로 청소년의 일반적인 지식과 경험으로는 이를 수용하기 어렵다고 단정할 수 없고, 이 사건 영화의 내용과 표현 정도에 비추어 동성애에 관한 정보의 제공이 다수의 청소년들에 있어서 성적 상상이나 호기심을 불필요하게 부추기고 조장하는 부작용을 야기하여 인격형성에 지장을 초래한다고 보기는 어려운 점, 이 사건 영화에서 나타나는 키스나 애무 장면 등은 동성애를 주제로 한 영화의 특성상 영화감독이 그 주제와 전개상 필요하다고 판단하여 배치한 것으로 보이고, 그 표현에 있어서 성행위를 직접적이고 노골적으로 묘사하지는 않은 점, 또한 위와 같은 장면을 영화에서 비중 있게 집중적으로 묘사한 것도 아니어서 그러

한 묘사만으로는 청소년의 성적 욕구를 지속적으로 자극할 정도로
선정적이라거나 모방위험의 요소가 지나치게 구체적이라고 보기는
어려운 점, 동성애에 관하여는 이를 이성애와 같은 정상적인 성적
지향의 하나로 보아야 한다는 주장이 있고, 사회적인 분위기 역시
동성애를 비롯한 성적 소수자에 대한 이해와 관심이 높아져 가고
있으며, 동성애를 유해한 것으로 취급하여 그에 관한 정보의 생산
과 유포를 규제하는 경우 성적 소수자인 동성애자들의 인격권·행
복추구권에 속하는 성적 자기결정권 및 알 권리, 표현의 자유, 평등
권 등 헌법상 기본권을 지나치게 제한할 우려가 있는 점 등을 종합
하여, 이 사건 영화는 '청소년 관람불가'의 등급분류기준에 해당한
다고 보기 어렵다."라고 판단한 원심판결을 인용하여 취소판결을
내렸다.[255]

3) 난민법상 난민인정사유 해당 여부

난민법 제2조 제1호는 "난민이란 인종, 종교, 국적, 특정 사회집단
의 구성원인 신분 또는 정치적 견해를 이유로 박해를 받을 수 있다
고 인정할 충분한 근거가 있는 공포로 인하여 국적국의 보호를 받
을 수 없거나 보호받기를 원하지 아니하는 외국인 또는 그러한 공
포로 인하여 대한민국에 입국하기 전에 거주한 국가(상주국)로 돌
아갈 수 없거나 돌아가기를 원하지 아니하는 무국적자인 외국인을
말한다."라고 규정하고 있다.

---

255)   대판 2013.11.14., 2011두11266.

'특정 사회집단'의 의미에 대해 대법원은 다음과 같이 판시하고 있다.

> "'특정 사회집단'이란 한 집단의 구성원들이 선천적 특성, 바뀔 수 없
> 는 공통적인 역사, 개인의 정체성 및 양심의 핵심을 구성하는 특성 또
> 는 신앙으로서 이를 포기하도록 요구해서는 아니 될 부분을 공유하고
> 있고, 이들이 사회환경 속에서 다른 집단과 다르다고 인식되고 있는 것
> 을 말한다."[256]

이어 동성애라는 성적 지향이 그에 해당하는지에 관해 "난민신청
자의 출신국 사회의 도덕규범이나 법규범에 어긋나고 그것이 외부
로 드러날 경우 그로 인해 박해에 노출되기 쉬우며, 이에 대해 출
신국 정부에서 보호를 거부하거나 보호가 불가능한 경우에는 특정
사회집단에 해당한다."[257]라고 판시하고 있다.

난민신청 외국인이 받을 '박해'의 의미 및 동성애자들이 난민으로
인정받기 위한 요건 및 입증책임과 관련해서는 다음과 같이 판시하
고 있다.

> "외국인이 받을 '박해'라고 함은 '생명, 신체 또는 자유에 대한 위협을
> 비롯하여 인간의 본질적 존엄성에 대한 중대한 침해나 차별을 야기하
> 는 행위'를 말한다. 동성애라는 성적 지향 내지 성정체성이 외부로 공
> 개될 경우 출신국 사회의 도덕규범에 어긋나 가족이나 이웃, 대중으로
> 부터의 반감과 비난에 직면할 수 있어, 이러한 사회적 비난, 불명예, 수
> 치를 피하기 위해서 스스로 자신의 성적 지향을 숨기기로 결심하는 것
> 은 부당한 사회적 제약일 수 있으나, 그것이 난민협약에서 말하는 박

---

256) 대판 2017.12.22., 2017두51020.
257) 대판 2017.12.22., 2017두51020.

해, 즉 난민신청인에 대한 국제적인 보호를 필요로 하는 박해에 해당하지는 아니한다. 그러나 난민신청인의 성적 지향을 이유로 한 사회적 비난을 넘어 생명, 신체 또는 자유에 대한 위협 등 인간의 본질적 존엄성에 대한 중대한 침해나 차별이 발생하는 경우에는 난민협약에서 말하는 박해에 해당한다. 따라서 동성애자들이 난민으로 인정받기 위해서는, 출신국에서 이미 자신의 성적 지향이 공개되고 그로 인하여 출신국에서 구체적인 박해를 받아 대한민국에 입국한 사람으로서 출신국으로 돌아갈 경우 그 사회의 특정 세력이나 정부 등으로부터 박해를 받을 우려가 있다는 충분한 근거 있는 공포를 가진 사람에 해당하여야 하고, 박해를 받을 '충분한 근거 있는 공포'가 있음은 난민인정신청을 하는 외국인이 증명하여야 한다."[258]

06. 군형법상 추행죄

○ 법률 규정의 연혁

구 군형법은 제92조에서 '추행'이란 제목으로 "계간 기타 추행한 자는 1년 이하의 징역에 처한다."라고 규정하고 있었다. 2009. 11. 2. 개정으로 종전의 제92조 추행을 '강간'으로 변경하고, 제92조의 2(강제추행), 제92조의3(준강간, 준강제추행), 제92조의4(미수범), 제92조의5 (추행)죄를 신설했다. 제92조의5를 신설하면서 같은 제목으로 "계간(鷄姦)이나 그 밖의 추행을 한 사람은 2년 이하의 징역에 처한다."라고 규정함으로써 형량을 종전의 '1년 이하의 징역'에서 '2년 이하의 징역'으로 강화하였다. 이후 '계간'이라는 용어가 동성애에

---

258)   대판 2017.12.22., 2017두51020.

대한 비하적 표현이라는 문제가 제기되면서 다시 2013. 4. 5. 개정으로 조항을 제92조의6으로 옮겨 같은 제목으로 "항문성교나 그 밖의 추행을 한 사람은 2년 이하의 징역에 처한다."라고 규정함으로써 '계간'이라는 용어를 '항문성교'로 바꾸었다.

○ 형법 등의 추행죄 규정과의 차이

일반인 사이의 추행에 관련된 범죄는 다양한 유형으로 나누어 다양한 형을 규정하고 있는데, 군형법상의 추행죄는 획일적으로 처벌하도록 규정하고 있다. 이에 관해서 대법원이 다음과 같이 정리를 잘 하고 있다.

> "형법이나 「성폭력범죄의 처벌 및 피해자보호 등에 관한 법률」(형법 등)에서 규정하고 있는 추행 관련 범죄는 범행수단(폭행·협박·위계·위력 등), 범행대상(미성년자·심신미약자·13세 미만 등), 범행장소(공중밀집장소 등), 피해자와의 관계(업무·고용 관계, 구금자와 감호자 관계, 장애인과 감독자 관계 등) 등 구성요건을 일정한 범위로 제한하고 있고, 행위의 유형에 따라 징역형부터 벌금형에 이르기까지 다양한 법정형을 규정하고 있지만, 군형법 제92조의 추행죄는 위와 같은 구성요건적 수단이나 정황 등에 대한 제한이 없고 대표적 구성요건인 '계간'을 판단지침으로 예시하고 있을 뿐이며, 법정형도 일괄적으로 1년 이하의 징역형으로 처벌하도록 규정하고 있다."[259]

---

259)   대판 2008.5.29., 2008도2222.

○ 입법목적과 보호법익

헌법재판소는 형법 등의 추행죄와 별도로 군형법상 추행죄에 관한 규정을 둔 취지에 대해 "상명하복의 엄격한 규율과 집단적 공동생활을 본질로 하는 군대의 특수한 사정을 고려한 것"이라고 보고 있다. 즉, "내무실 등에서 집단적으로 숙식을 하는 등 필수적으로 공동생활을 해야 하는 군대에서는 본질적으로 구성원들이 독립적인 사생활을 유지하기 어렵기 때문에 구성원들 사이에서 비정상적인 성적 교섭행위가 발생할 가능성이 현저하게 높고, 또한 엄격한 계급구조로 인하여 상급자가 직접적인 폭행이나 위력을 행사하지 않는 경우에도 하급자가 스스로 원하지 아니하는 성적 교섭행위에 연관될 개연성 역시 상대적으로 높다. 이러한 특수한 사정으로 인하여 군 내부에 성적으로 문란한 행위가 만연하게 된다면, 궁극적으로 군의 전투력보존에 직접적인 위해가 발생할 위험성이 있기 때문에, 이러한 문제발생을 예방하기 위하여 이 사건 법률조항을 제정한 것으로 봄이 상당하다"는 것이다."[260] 군생활의 특수성에 관한 헌법재판소의 지적은 설득력이 있다.

한편, 대법원과 헌법재판소 모두 동 조항의 보호법익이 개인의 성적 자기결정권이 아니라 '군의 건전한 생활과 군기'라는 사회적 법익이라고 판시하고 있다.

"군형법 제92조의 추행죄는 군 내부의 건전한 공적 생활을 영위하

---

260)   헌재결 2002.6.27., 2001헌바70.

고, 이른바 군대가정의 성적 건강을 유지하기 위하여 제정된 것으로서, 주된 보호법익은 '개인의 성적 자유'가 아니라 '군이라는 공동사회의 건전한 생활과 군기'라는 사회적 법익이다."[261]

"이 사건 법률조항은 군 내부의 건전한 공적생활을 영위하고, 이른바 군대가정의 성적 건강을 유지하기 위하여 제정된 것으로서, 주된 보호법익은 '개인의 성적 자유'가 아니라 '군이라는 공동사회의 건전한 생활과 군기'라는 사회적 법익이다."[262]

○ 행위의 주체·객체

군형법 제1조는 '적용대상자'란 제목으로 "이 법은 이 법에 규정된 죄를 범한 대한민국 군인에게 적용한다(제1항)", "제1항에서 군인이란 현역에 복무하는 장교, 준사관, 부사관 및 병(兵)을 말한다. 다만, 전환복무(轉換服務) 중인 병은 제외한다(제2항)", "군무원, 군적(軍籍)을 가진 군(軍)의 학교의 학생·생도와 사관후보생·부사관후보생 및 「병역법」 제57조에 따른 군적을 가지는 재영(在營) 중인 학생, 소집되어 복무하고 있는 예비역·보충역 및 전시근로역인 군인에 대하여는 군인에 준하여 이 법을 적용한다(제3항)."라고 규정함으로써 행위의 주체에 군인이나 군인에 준하는 자에 대해 적용한다고 명확하게 규정하고 있다. 다만, 같은 조 제4항에서 "다음 각호의 어느 하나에 해당하는 죄를 범한 내국인·외국인에 대하여도 군인에 준하여 이 법을 적용한다."라고 규정하고 있어 간첩죄나 초병살해죄 등 일정한 범죄를 저지른 민간인에 대해서도 적용되지만 군형법 제92

---

261)   대판 2008.5.29., 2008도2222.
262)   헌재결 2002.6.27., 2001헌바70. 재판관 송인준, 재판관 주선회의 반대의견.

조의6의 추행죄에는 적용되지 않는다. 문제는 추행행위의 객체인 상대방이 군인에 한정되느냐 민간인까지 포함되느냐이다. 2013. 4. 5. 개정[263] 전의 군형법 제92조의5는 "계간(鷄姦)이나 그 밖의 추행을 한 사람은 2년 이하의 징역에 처한다."라고만 규정하고 있을 뿐, 객체에 대한 규정은 없었기 때문이다.

이에 대해 대법원은 군형법 92조 소정의 추행은 군법 피적용자가 민간인에 대하여 한 경우에는 적용되지 않는다고 함으로써 제한적으로 해석하고 있다. 동조의 보호법익이 '군이라는 공동사회의 건전한 생활과 군기'라는 사회적 법익이라는 판단의 연장이다.

> "군형법 제92조 소정의 추행은, 군 내부의 건전한 공적 생활을 영위하기 위한, 이른바 군대가정의 성적 건강을 유지하기 위한 것이므로, 민간인과의 사적 생활 관계에서의 변태성 성적 만족행위에는 적용할 수 없는 것으로 해석함이 상당하다."[264]

논거로는 "군법 피적용자와 민간인 간에 이루어진 추행행위에도 군법 피적용자에게 본조를 적용할 수 있다면 그 상대방인 민간인의 추행사실이 공개됨으로써 그 명예를 오손하는 부당한 결과를 초래하게 되며, 또 본죄는 친고죄가 아니므로 고소 없이 처벌할 수 있으나 본죄보다 중한 강제추행죄는 친고죄이므로 고소가 있어야 비로소 처벌할 수 있으므로 소송조건에도 균형을 잃은 결과가 되

---

263) 제92조의6(추행) 제1조 제1항부터 제3항까지에 규정된 사람에 대하여 항문성교나 그 밖의 추행을 한 사람은 2년 이하의 징역에 처한다.
264) 대판 1973.9.25.,73도1915.

는 점"과 "본죄의 입법취지는 군 내부의 건전한 공적 생활을 영위하기 위한 이른바 군대가정의 성적 건강을 유지하기 위한 것이므로 민간인과의 사적 생활관계에서의 변태성 성적 만족행위에는 적용되지 않는 것으로 해석함이 타당"하다는 점을 들고 있다. 이러한 논의는 2013년 개정된 군형법 제92조의6에서 "제1조 제1항부터 제3항까지에 규정된 사람에 대하여 항문성교나 그 밖의 추행을 한 사람은 2년 이하의 징역에 처한다."라고 규정함으로써, 추행행위의 객체를 '군인 등'으로 한정함으로써 입법적으로 해결되었다.

민간인을 제외한다는 점은 입법적으로 정리가 됐지만, 군인 간에도 동성 군인 간에만 적용되는지, 이성 군인 간에도 적용되는지 여부에 관해서는 여전히 명확하지가 않다. 이에 대해 재판관 송인준, 주선회는 비록 소수의견이지만 반대의견에서 "'추행'의 의미에 대해서는 통상의 판단능력을 가진 군형법 피적용자는 이를 이해할 수 있어 명확성 여부는 문제 되지 않는다."라고 동의하면서도, "이 사건 법률조항은 행위의 주체 및 그 상대방에 대해서는 아무런 규정을 두고 있지 않아 과연 남성 간의 추행만을 대상으로 하는지, 아니면 여성 간의 추행이나 이성 간의 추행행위도 그 대상이 되는지 여부가 애매모호하다."라는 논거로, "본죄에 해당하는 행위의 범위를 확정하기가 어려워 죄형법정주의의 내용인 형벌법규의 명확성원칙에 위배된다."[265]라는 의견을 제시했다.

그러나 2016년 헌법재판소 결정에서 다수의견은 "구 군형법 제92

---

265) 헌재결 2002.6.27., 2001헌바70.

조의5는 예시적 입법형식을 취하는데 예시조항인 '계간'이 남성 사이의 항문성교를 의미하는 점, 동성 간에 폐쇄적으로 단체생활을 하는 군의 특성상 동성 사이의 비정상적인 성적 교섭행위가 발생할 가능성이 높은 점, 심판대상조항의 주된 보호법익이 사회적 법익인 '군이라는 공동사회의 건전한 생활과 군기'인 점을 고려할 때, 심판대상조항의 '그 밖의 추행'은 동성 군인 사이의 성적 행위에만 적용되는 것으로 해석된다."라고 해석하고 있다.[266]

이러한 다수의견은 종전 결정의 논리를 승계하면서 그에 모순되는 결정을 내포하고 있다는 점에서 찬성하기 어렵다. 헌법재판소는 이 법률조항의 보호법익을 '군이라는 공동사회의 건전한 생활과 군기'라고 판시[267]하고 있다. 그런데 현실적으로 성적 욕구를 강하게 자극함으로써 군기를 흐리는 것은 '동성 간'의 성행위가 아니라 '이성 간'의 성행위이다. 이미 3군 사관학교에도 여성이 입학할 수 있게 된 지 오래되었고, 현재 다수의 여성들이 군인으로 복무하고 있다. 군부대라고 하더라도 모두 전투부대인 것이 아니고 국방부나 합동참모본부, 각 군 본부 등 참모부대도 존재한다. 단체생활을 하는 군의 특성상 동성 사이의 성행위가 발생할 가능성이 높은 것은 사실이지만, 점심시간이나 일과 후에 남녀 군인 간의 성행위가 행해질 가능성은 얼마든지 열려 있다. 더군다나 군부대 내에 위치한 관사에서는 결혼한 군인 부부가 성생활을 영위하고 있다. 그런 경우에도 처벌해야 된다는 것은 지나친 해석이다. 그럼에도 동성 간

---

266)   헌재결 2016.7.28., 2012헌바258.
267)   헌재결 2002.6.27., 2001헌바70. 재판관 송인준, 재판관 주선회의 반대의견.

의 성행위만 처벌하는 것으로 해석하는 것은 동성애에 대한 차별적 시각을 반영한 것일 뿐만 아니라 현실적인 면에서도 이성 간의 성행위가 초래할 수 있는 위험성을 외면한 결정이다. 헌법재판소의 결정에 나타나 있듯이 동성 간의 합의에 의한 성행위를 '동성 사이의 비정상적인 성적 교섭행위'라고 함으로써 '비정상적'인 성행위라고 판단하고 있는 것은 '이성애 중심주의(heterocentrism)'와 '동성애 혐오증'을 반영한 것이다. '이성애 중심주의'란 '이성애'만이 정상적인 성이고 그 외의 성은 '비정상적'이고 '일탈적'인 것으로 보고 차별하는 시각을 말한다. 사회적 약자의 인권을 보호해야 할 최후의 보루인 헌법재판소가 동성애를 '비정상적'인 성행위로 인식함으로써 이들의 성행위를 처벌하는 데 면죄부를 주고 있는 것이다. 법률에서도 동성 간의 합의에 의한 성행위를 '추행'이라고 표현하고 있다. '정상적인 행위'가 아니라 '추한 행위'라고 낙인을 찍고 있는 것이다. 법률상의 용어도 개정해야 하고, 헌법재판소의 표현도 시정해야 한다.

동성 군인 간의 추행행위만 처벌함으로써 이성 군인 간의 행위에 대해서 처벌하지 않는 동 규정에 대해 헌법재판소는 "단지 동성 군인 사이에 성적 행위가 있었다는 이유만으로 처벌하는 규정이 아니라, 객관적으로 일반인에게 혐오감을 일으키게 하고 선량한 성적 도덕관념에 반하며 계간에 이르지 아니한 동성 군인 사이의 성적 만족행위로서 군이라는 공동사회의 건전한 생활과 군기를 침해하는 것만을 처벌하는 규정이므로, 가사 그로 인하여 동성 군인이 이성 군인에 비하여 차별취급을 받게 된다 하여도 이는 군의 특수성과 전투력 보존을 위한 제한으로서 차별취급의 합리적 이유가 인정된다. 따라서 심판대상조항은 평등원칙도 위반하지 아니한다."[268] 라고 판시함으로써 평등원칙에 위반되지 않는다고 판시하고 있다.

또한 현행 군형법하에서 종전의 해석이 유지될 수 있는지도 의문이다. 왜냐하면 현행 군형법 제92조의 6은 '항문성교나 그 밖의 추행'이라고 규정함으로써 '계간'이라는 용어 대신 '항문성교'라는 용어를 사용하고 있다. '계간'은 '남성 간의 항문성교라는 의미를 담고 있는 용어이다. 따라서 구법에 따를 때 '동성 간'의 행위에 한정하는 해석이 가능할 여지가 있었다. 그러나 현행법은 단순히 '항문성교'라고만 규정하고 있기 때문에 '이성 간'의 항문성교를 배제하는 것으로 해석할 여지가 없는 것이다. 다만, 동 조항은 대표적인 예시적 입법형식으로서 '그 밖의 추행'은 '항문성교'에 준하는 것이어야 하기 때문에 이성 간의 '항문성교'가 아닌 '질 성교'는 처벌할 수 없다는 점은 명확하다.

○ '계간'과 '그 밖의 추행'

1) '계간'과 '그 밖의 추행'의 의미

대법원[269]은 군형법상의 추행죄 규정과 형법 등의 추행죄 규정의 보호법익이 다르기 때문에 '추행'의 의미도 다르다고 판시하고 있다. 또한 '계간(항문 성교)'라고 함으로써 '계간'의 의미를 '항문 성교'로 제한하고 '그 밖의 추행'과 구별하고 있다. 이는 '계간'을 "동성의 사람

---

268)   헌재결 2016.7.28., 2012헌바258.
269)   대판 2008.5.29., 2008도2222.

혹은 동물과의 비정상적인 성교행위"라고 해석하여 '수간(獸姦)'을 포함하는 개념으로 확장해석하는 군 당국의 법해석을 부정한 것이다.[270]

> "개인적 성적 자유를 주된 보호법익으로 하는 형법 등에서 말하는 '추행'의 개념과 달리 군형법 제92조에서 말하는 '추행'이라 함은 계간(항문 성교)에 이르지 아니한 동성애 성행위 등 객관적으로 일반인에게 혐오감을 일으키게 하고 선량한 성적 도덕관념에 반하는 성적 만족 행위로서 군이라는 공동사회의 건전한 생활과 군기를 침해하는 것을 의미하고, 이에 해당하는지 여부는 행위자의 의사, 구체적 행위태양, 행위자들 사이의 관계, 그 행위가 공동생활이나 군기에 미치는 영향과 그 시대의 성적 도덕관념 등을 종합적으로 고려하여 신중히 결정하여야 한다."[271]

대법원은 같은 판결에서 "중대장인 피고인이 소속 중대원인 피해자들의 양 젖꼭지를 비틀거나 잡아당기고 손등으로 성기를 때린 사실은 인정되지만, 그 범행 장소가 소속 중대 복도 및 행정반 사무실 등 공개된 장소이고, 범행 시각이 오후 또는 저녁 시간으로서 다수인이 왕래하는 상태였으며, 피해자도 특정인이 아닌 불특정 다수인 점 등에 비추어 볼 때 위와 같은 행위로 인하여 피해자들이 성적 수치심을 느꼈다거나 이러한 행위가 일반인에게 성적 수치심이나 혐오감을 일으키게 하는 것이라고 볼 수 없다."라는 취지로 무죄를 선고한 항소심의 판결을 확정했다.

---

270)   조국, 『절제의 형법학』, 박영사, 2015, 182쪽.
271)   대판 2008.5.29., 2008도2222.

2) 명확성 원칙 위배 여부

헌법재판소에서는 '추행'이라는 용어가 죄형법정주의의 '명확성 원칙'에 위배되는지가 쟁점이 되어 다투어진 바 있다. 먼저 헌법재판소는 '명확성 원칙'의 위배 여부에 관한 판단 기준으로 "처벌법규의 구성요건이 명확하여야 한다고 하더라도 입법자가 모든 구성요건을 단순한 의미의 서술적인 개념에 의하여 규정하여야 한다는 것은 아니다."라고 전제하고, "건전한 상식과 통상적인 법감정을 가진 사람으로 하여금 그 적용대상자가 누구이며 구체적으로 어떠한 행위가 금지되고 있는지 여부를 충분히 알 수 있도록 규정되어 있다면 죄형법정주의의 명확성의 원칙에 위배되지 않는다고 보아야 한다."라고 판시하고 있다.[272]

이어 헌법재판소는 "대법원 판결은 '추행'의 일반적인 개념은 물론, 일반인의 입장에서 추행행위로 평가될 여지가 있는 경우에도 개별 범죄구성요건에 해당하는지 여부를 판단하기 위해서는 반드시 그 법률규정의 보호법익이 침해되었는지 여부를 함께 검토해야 한다는 등의 합리적인 해석기준까지 제시하고 있다."라는 것을 논거로, "건전한 상식과 통상적인 법감정을 가진 군형법상 피적용자는 어떠한 행위가 이 사건 법률조항의 구성요건에 해당되는지 여부를 어느 정도 쉽게 파악할 수 있"고, "법률적용자가 이 사건 법률조항을 자의적으로 확대하여 해석할 염려는 없"기 때문에 '명확성의

---

272)   헌재결 2002.6.27., 2001헌바70.

원칙에 위배되지 않는다고 판시하고 있다.[273]

3) 공연성 여부

대법원 판결에 따르면 군형법상 '추행'이란 '항문성교'를 제외하므로 결국 형법상 공연음란죄에서의 음란행위에 해당하는 행위들이 이에 속한다고 해석할 수 있다. 형법 제245조는 '공연음란'이란 제목 아래 "공연히 음란한 행위를 한 자는 1년 이하의 징역, 500만원이하의 벌금, 구류 또는 과료에 처한다."라고 규정하고 있다. 여기서 '공연히'란 불특정 또는 다수인이 알 수 있는 상태를 의미한다.[274] '음란행위'란 성욕을 자극 또는 흥분케 하여 성적 수치심과 성도덕을 침해하는 행위를 말한다. 대법원 판례는 말다툼을 한 후 항의의 표시로 엉덩이를 노출시킨 행위는 음란한 행위에 해당하지 않지만 (대판 2004.3.12., 2003도6514),[275] 고속도로에서 옷을 벗어 성기를 노출한 경우(대판 2000.12.22., 2000도4372),[276] 요구르트 제품 홍보를 위하여 전라의 여성 누드모델들이 알몸을 완전히 드러낸 채 음부 및 유방이 노출된 상태에서 무대를 돌며 관람객에게 요구르트를 던진 행위[277]는 음란행위에 해당한다고 판시하였다. 그러나 군형법 제92조의6에 의한 '추행'은 형법 제245조의 공연음란죄와 달리 '공연성'을 요구하지 않기 때문에, 군부대 내에서 은밀하게 이루어지는

---

273) 헌재결 2002.0.27., 2001헌비70.
274) 이재상, 『형법각론』, 박영사, 2014, 649~650쪽.
275) 대판 2004.3.12., 2003도6514.
276) 대판 2000.12.22., 2000도4372.
277) 대판 2006.1.13., 2005도1264.

행위도 처벌할 여지가 있다.

4) 강제성 여부

군형법 제92조의6의 추행죄는 폭행·협박 등이 없이 합의하에 자발적으로 이루어진 행위에 대한 처벌 규정이다. 같은 법 제92조의2에서 '폭행이나 협박'을 통한 강제추행죄를 별도로 규정하고 있기 때문이다. 일반인의 경우 '폭행이나 협박'을 통한 강제추행에 대해서만 처벌하는 것과 다른 점이다. 합리적인 사유가 있는 차별인지 의문이다.

일반 국민과 처벌을 달리하는 문제에 관해서 헌법재판소는 "심판대상조항은 '폭행·협박에 의한 강제추행'을 그 적용범위에 포함하지 않고 있으므로, 심판대상조항의 추행죄의 적용을 받는 '군인'과 형법 제298조의 강제추행죄의 적용을 받는 '일반 국민'은 본질적으로 동일한 비교집단에 해당되지 아니"하므로 "심판대상조항은 평등원칙도 위반하지 아니한다."[278]라고 판시하고 있다.

그러나 이와 같은 군형법 개정과 관련해서 2016년 헌법재판소 결정의 다수의견은 "1962년 개정된 구 군형법은 모든 단계의 강제력 행사로 인한 추행을 단일조항인 제92조의 '기타 추행'으로 규제하여 처벌범위의 광범위성으로 인한 문제가 있었으나, 2009년 개정된 구 군형법은 폭행·협박에 의한 강제추행죄(제92조의2)와 심신상실·항거불능을 이용한 준강제추행죄(제92조의3)를 별도의 조항으로 분리

---

278)   헌재결 2016.7.28., 2012헌바258.

하여 규정함으로써 심판대상조항의 '그 밖의 추행'은 강제추행 및 준강제추행을 제외한 범위에서의 추행으로 제한되게 되었다. 따라서 심판대상조항이 말하는 '그 밖의 추행'이란 강제추행 및 준강제추행에 이르지 아니한 추행으로, 객관적으로 일반인에게 혐오감을 일으키게 하고 선량한 성적 도덕관념에 반하며 계간에 이르지 아니한 동성 군인 사이의 성적 만족행위를 의미하는 것으로 해석되며, 그 해당 여부는 법원의 통상적인 법률해석·적용의 문제에 불과하다. 따라서 심판대상조항은 죄형법정주의의 명확성원칙에 위배되지 아니한다."[279]고 판시하고 있다.

또한 '계간'과 '단순추행'을 구분하지 않고 동일하게 처벌하는 것에 대해 헌법재판소는 "어떤 행위를 범죄로 규정하고 이를 어떻게 처벌할 것인가 하는 문제는 원칙적으로 입법자가 우리의 역사와 문화, 입법 당시의 시대적 상황과 국민 일반의 가치관 내지 법감정, 범죄의 실태와 죄질 및 보호법익 그리고 범죄예방효과 등을 종합적으로 고려하여 결정하여야 할 국가의 입법정책에 관한 사항으로서 광범위한 입법재량 내지 형성의 자유가 인정되어야 할 분야"라고 판시함으로써 국회의 입법형성권의 자유를 존중하고 있다. 구체적으로 이 사건 조항의 경우 "사회적 법익을 주된 보호법익으로 하는 이 사건 법률조항에서 '계간'과 그 추행의 정도가 상대적으로 미약한 '단순추행행위'에 대한 처벌내용을 구분하지 아니하였다고 하여, 이를 입법형성권의 범위에서 벗어나는 입법이라고 볼 수는 없"다고

---

279) 헌재결 2016.7.28., 2012헌바258.

판시[280]하고 있다.

앞에서 살펴본 바와 같이 2009. 11. 2. 개정으로 종전의 제92조 추행을 '강간'으로 변경하고, 제92조의2(강제추행), 제92조의3(준강간, 준강제추행), 제92조의4(미수범), 제92조의5 (추행)죄를 신설했다. 제92조의5를 신설한 바 있다. 그렇다고 문제가 완전히 해결된 것도 아니다. 재판관 김이수, 이진성, 강일원, 조용호의 반대의견이 지적한 대로 "가장 빈발할 수 있는 '위계 또는 위력을 사용한 추행행위'에 관하여는 군형법상 여전히 별도의 규정이 없다. 그러므로 '위계 또는 위력을 사용한 추행행위'의 경우는 심판대상조항으로 규율할 수밖에 없을 터인데, 이 역시 '강제성 없는 합의에 의한 음란행위'와 '강제성을 수반한 위계 또는 위력을 사용한 추행'을 형사처벌상 동등하게 취급하게 되는 모순에 빠지게"[281] 되는 문제가 발생하기 때문이다. 땜질식 입법이 빚은 또 다른 문제이다.

○ 행위의 시간·장소

군형법 제92조의6은 '항문성교 그 밖의 추행'이 행해지는 시간과 장소에 관한 제한규정을 두고 있지 않다. 따라서 해석상 군부대 내에서만이 아니라 외출·외박이나 휴가를 받아 군부대 바깥에서 이루어지는 행위도 처벌될 수 있다.

헌법재판소의 2016년 결정에서 재판관 김이수, 이진성, 강일원,

---

280)   헌재결 2002.6.27., 2001헌바70.
281)   헌재결 2016.7.28., 2012헌바258. 재판관 김이수, 이진성, 강일원, 조용호의 반대의견.

조용호 등은 "심판대상조항은 행위의 시간·장소에 관하여도 아무런 규정을 두지 않고 있고 법원의 판례에 의하여 설시된 보호법익마저 광범위하고 포괄적이다 보니, '군영 외에서 이루어진 음란행위' 등이 심판대상조항에 해당되는지 여부도 불분명하다. 이와 같이 심판대상조항은 수범자의 예측가능성을 박탈하고 법 집행기관의 자의적 법해석 가능성을 초래하였으므로, 죄형법정주의의 명확성원칙에 위배된다."[282]라는 반대의견을 제시하고 있다.

그러나 이러한 반대의견에는 찬성할 수 없다. 군형법 제92조의6 에서는 행위의 시간이나 장소를 제한하는 어떠한 표지도 규정하고 있지 않다. 그렇다면 당연히 시간적으로 일과 시간 내든 일과 이후 시간이든, 장소가 군부대 내건 밖이건 모두 처벌하는 것으로 해석 해야 한다. 헌법재판소의 2011년 결정[283]에서 재판관 이동흡의 보충의견도 "결국 이 사건 법률조항은 강제력 행사여부나 범행 시간 과 장소를 불문하고, 군이라는 공동사회의 건전한 생활과 군기를 침해하는 동성 군인 간의 성적 행위에 한하여 적용되는 것으로 볼 수 있"다고 함으로써 필자와 같은 입장을 취한 바 있다. 다만, 결론 에 있어 "이러한 해석이 가능한 이상 구체적인 사안에서 법률적용 자가 이 사건 법률조항을 자의적으로 확대하여 해석할 염려는 없 다고 할 것이므로, 이 사건 법률조항은 죄형법정주의의 명확성원칙 에 위반되지 아니한다."라는 결론을 제시하고 있다.

따라서 시간과 장소에 관한 한 동 조항이 명확성의 원칙에 위배

---

282)   헌재결 2016.7.28., 2012헌바258.
283)   헌재결 2011.3.31., 2008헌가21.

된다고 할 수는 없다. 문제는 시간과 장소에 따라 군기에 미치는 영향이 다름에도 불구하고 이를 구별하지 않고 획일적으로 처벌하는 동 조항이 지나친 처벌(과잉금지원칙 위배)이냐 불공평한 처벌(평등원칙 위배)이냐의 문제이다.

○ 과잉금지원칙 위배여부

헌법재판소는 과잉금지원칙의 내용으로 ① 목적의 정당성, ② 수단의 적정성, ③ 피해의 최소성, ④ 법익의 균형성을 들고 있다. 먼저 군형법 제92조의 6의 목적의 정당성과 수단의 적정성에 대해 헌법재판소[284]는 "이 사건 법률조항은 군이라는 공동사회의 건전한 생활과 군기 확립을 목적으로 동성 군인 간의 성적 만족 행위를 금지하고 이를 형사처벌하므로 입법목적의 정당성 및 수단의 적정성이 인정된다."라고 판시하고 있다. 피해의 최소성과 관련해서는 "추행의 유형이나 그 상대방의 피해상황 등을 구체적으로 구분하지 아니하고 '군이라는 공동사회의 건전한 생활과 군기'라는 사회적 법익을 침해한 모든 추행행위에 대하여 일괄적으로 1년 이하의 징역형으로 처벌하도록 규정하였다는 사유만으로는 입법재량권이 자의적으로 행사되었다고 보기 어렵고, 단순한 행정상의 제재만으로는 효과적으로 추행 행위를 규제하기 어려우며, 다른 법률에 규정된 추행 관련 범죄와 비교하여 그 법정형이 지나치게 무겁다고 볼 수 없을 뿐만 아니라, 선고유예도 가능하다는 점을 종합해 보면, 피해

---

284) 헌재결 2011.3.31., 2008헌가21.

최소성원칙에 반한다고 볼 수 없다."라고 판시하고 있다. 마지막으로 법익의 균형성과 관련해서는 "성적자기결정권이나 사생활의 비밀과 자유의 제한 정도가, '군이라는 공동사회의 건전한 생활 및 군기의 보호', 나아가 '국가안보'라는 공익보다 크다고 할 수 없어, 법익 균형성을 일탈하였다고 보기도 어려우므로, 이 사건 법률조항은 과잉금지원칙에 위반하여 군인들의 성적자기결정권이나 사생활의 비밀과 자유를 침해한 것으로 볼 수 없다."라고 판시함으로써 결국 과잉금지원칙에 위배되지 않는다고 판시하고 있다.

2002년 결정에서 재판관 송인준, 주선회는 "추행이 강제에 의하지 않고 군형법 피적용자 상호 간에 은밀하게 행해짐으로써 타인의 혐오감을 직접 야기하지 않는 경우에는 그러한 행위가 군이라는 공동사회의 건전한 생활과 군기라는 보호법익에 어떠한 위해를 가한다는 것인지 쉽게 이해하기 어렵다."라는 전제하에 "오늘날과 같이 '성'에 대한 사회적 의식 및 제도가 개방된 사정하에서는 공연성이 없고 강제에 의하지 않은 동성 간의 추행을 군의 전투력 보존에 직접적인 위해를 발생시킬 위험이 있다고 보기 어려우며, 따라서 이를 금지하는 것은 이 사건 법률조항의 입법목적을 달성하기 위한 효율적인 수단이라고 할 수 없을 뿐 아니라 입법목적을 달성하기 위해 필요한 정도를 넘는 과도한 규제라고 하지 않을 수 없다. 따라서 이 사건 법률조항에서 강제에 의하지 않은 동성 간의 추행행위를 금지하고 이에 대해 징역형으로 처벌하는 것은 본래의 입법목적을 달성함에 있어 필요한 정도를 일탈함으로써 과잉금지원칙에 반하므로 헌법에 위반된다."[285]라는 반대의견을 제시한 바 있다. 보호법익인 '군기'에 미치는 영향이 전혀 없는 행위까지 처벌하는 동 조항의 문제점을 지적한 점에서 오히려 소수의견인 반대의견이 설득력이 있다고 판단된다.

○ 비판 및 필자의 의견

군형법 제92조의 6은 여러 측면에서 많은 문제를 내포하고 있다.

첫째, 주체 및 객체의 측면에서 민간인과의 행위는 입법적으로 해결되었지만, 동성 군인 간의 행위만 처벌하는지 이성 군인 간의 행위까지 포함되는지 여부가 명확하지 않다. 헌법재판소는 '동성 군인 간'의 행위에 한정한다고 해석하고 있지만, 군형법 개정으로 종전의 '계간'이 '항문성교'로 바뀌면서 이러한 해석이 유지될 수 있을지도 의문이다. 만일 이성 군인 간의 항문성교까지 포함하는 것으로 해석된다면 이는 오히려 처벌의 범위가 확대되는 문제가 발생한다. 그리고 형사정책적인 측면에서도 이성 간에 '항문성교'를 했는지 아니면 '질 성교'를 했는지를 확인하는 것이 현실적으로 어렵기 때문에 실효성이 있을지도 의문이다.

둘째, '항문성교나 그 밖의 추행'과 관련해서 공연성이 없는 행위는 보호법익인 '군기'에 미치는 영향이 없음에도 처벌하는 것으로서 목적달성을 위한 수단으로서의 적합성에 위배되므로 과잉금지원칙에 위배된다.

---

285)   헌재결 2002.6.27., 2001헌바70. 재판관 송인준, 재판관 주선회의 반대의견.

셋째, 강제성이 없는 자발적인 행위와 '위계나 위력'이라는 물리적 유형력이 행사된 경우를 동일하게 처벌하는 것은 불법 정도가 낮은 행위와 높은 행위를 동일하게 처벌하다는 점에서 평등원칙 위반이, 불법 정도가 낮은데 처벌이 중하다는 점에서 과잉금지원칙 위반이 문제 된다.

넷째, 시간과 장소를 제한하지 않고 모든 행위를 처벌함으로써 과잉금지원칙에 위반된다. 보호법익인 '군기'를 침해하는 행위는 '동성이든 이성이든', '군부대 내에서', '공연하게' '음란행위'를 한 경우에 한정되어야 목적달성에 적합한 수단이다. 그렇지 않고 '군부대 밖에서'든 '안에서'든 '은밀하게', '자발적인 합의에 따라' 이루어지는 성행위를 제한하는 것은 과잉금지원칙 위반이다. 이렇게 볼 때 군인간부(하사관 이상)와 사병과의 현실적 차이가 존재함은 부인할 수 없다. 군인간부의 경우 영외 거주가 가능하기 때문에 간부가 '일과시간 이외-퇴근한 후나 외박·휴가 등의 경우-'에, 부대 밖이나 부대 안이라도 관사나 독신장교 숙소(BOQ)에서, '은밀하게' 성행위를 하는 것이 가능하다. 반면 사병의 경우에는 공동생활을 하기 때문에 부대 내에서 은밀하게 성행위를 할 공간이 제한된다. 물론 화장실이나 샤워실 등을 이용할 수도 있겠지만, 그러한 시설도 혼자만의 사적인 공간이 아니라 다수가 공동으로 이용하는 시설이기 때문에 은밀성이 보장되기는 어렵다. 다만, 사병의 경우도 외출이나 외박·휴가를 받아 부대 밖에서 군인 간의 성행위를 할 수가 있다. 이렇게 간부든 사병이든 부대 내이든 밖이든 은밀하게 합의에 의한 성행위가 가능하기 때문에 이를 획일적으로 처벌하는 것은 지나치게 처벌

범위를 확장하는 것으로서 과잉금지원칙에 위반된다.

○ 대안

조국 교수는 "군형법 제92조의6의 구성요건은 '위계 또는 위력으로 제1조 제1항부터 제3항까지에 규정된 사람에 대하여 추행한 자'로 개정될 필요가 있다."라고 주장한다.[286] 앞에서 보았듯이, '폭행이나 협박'에 의한 강간이나 강제추행과 달리 '위계나 위력'에 의한 규정은 누락됨으로써 입법상의 흠결이 발생하고 있다. 따라서 '위계나 위력'에 의한 행위는 군형법 제92조의6의 '추행'으로 처벌됨으로써, 합의에 의한 비강제적인 행위와 같은 형벌로 처벌되는 문제가 발생한다. 따라서 입법상의 흠결도 보완할 수 있고, 자발적인 행위와의 형평 문제도 해결할 수 있다는 점에서 조국 교수의 견해에 찬성한다.

보다 구체적으로 조국 교수가 제시한 대안은 다음 표와 같다.[287]

	남+남/남+여/여+여
업무시간 내 영내 합의 성행위	행정징계
업무시간 외 영내 합의 성행위	(i) 개인숙소에서 발생: 비범죄화 (ii) 합동숙소에서 발생: 행정징계
업무시간 내 영외 합의 성행위	군형법상 수소(守所)이탈죄, 군무이탈죄, 무단이탈죄 위반으로 의율
업무시간 외 영외 합의 성행위	비범죄화

---

286) 조국, 『절제의 형법학』, 박영사, 2015, 205쪽.
287) 조국, 앞의 책, 206쪽.

자발적인 합의 아래 은밀하게 행해지는 성행위는 원칙적으로 비범죄화하되, 필요한 경우 형벌이 아닌 징계벌로서 징계책임을 묻는 것으로 개정할 필요가 있다는 조국 교수의 제안에 찬성한다. 다만, 업무시간 내든 아니든 부대 내에서 합의 성행위를 한 경우 비범죄화하자는 제안에는 문제가 있다. '공연성' 여부에 따라 '공연하게' 성행위를 한 경우만 처벌하고, '은밀하게' 행한 경우는 처벌하지 않는 것이 타당하다고 생각한다. 그렇다면 군형법 제92조의6 제2항에 군부대 또는 병영 내의 경우 형법상 공연음란죄에 준하는 내용을 추가하면 될 것이다.

미국의 경우 클린턴 행정부는 '묻지도 답하지도 말라(Don't Ask, Don't Tell:DADT)' 정책을 채택하였고, 오바마 행정부는 2011년 9월 20일 자로 DADT 정책을 폐지하였다. 오바마 대통령은 이 정책을 폐지하면서 발표한 성명서에서 "오늘 자로 우리 무장병력은 더 이상 수많은 게이 및 레즈비언 구성원의 특별한 기술과 전투경험을 잃지 않을 것입니다."라고 선언했다.[288] 우리나라의 경우에도 단지 성적 지향이 동성애자일 뿐, 그 밖의 기술이나 능력이 뛰어나고, 근무 성실성에서 높이 평가되는 훌륭한 군인들이 존재한다. 인구 절벽으로 군의 가용자원이 갈수록 줄어드는 지금, 장기간 복무를 하며 노하우와 전문성을 축적해 온 군인들을 단지 동성애자라는 이유만으로 형사처벌을 하고 군복무 부적합자로 군대에서 추방하는 것이 과연 국방에 도움이 되는 것인지 진지하게 돌아볼 필요가 있다.

---

288)   조국, 앞의 책, 196쪽.

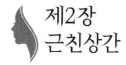

제2장
근친상간

01. 근친상간의 의의

『상담학 사전』에 따르면 근친상간이란 "혈연관계에 있는 가족이나 가까운 친척관계에 있는 사람끼리의 성관계 혹은 이에 준하는 성적 행위"를 말한다. 부부 사이를 제외한 부녀간, 모자간, 남매간의 성적 행위가 대표적이다.

02. 근친상간의 금기 이유

○ 근친상간의 역사

인류의 초기의 신화에는 근친결혼에 관한 것이 많다. 『구약성서』의 「창세기」를 보면 하나님이 아담과 하와를 창조했고, 아담과 하와에 의해 카인과 아벨이 탄생했다. 그런데 카인이 동생 아벨을 죽이고 에덴 동쪽 놋이라는 곳으로 이주해서 아내를 만나 에녹을 낳았고, 에녹에게서 이랏, 이랏에게서 므후야엘 등이 태어났다(창세기 4장 16~18절). 이때 여자라면 하와 한 명뿐인데, 카인은 도대체 누구랑 결혼했다는 것인가? 엄마인 하와랑 결혼했다는 것인가?

인도의 신화에 의하면 브라마(Brahma)는 자신의 딸인 사라바스

티(Saravasti)와 결혼했다. 이집트의 신 아몬(Ammon)은 그의 어머니와 결혼했다.[289]

그러나 언제부터인가 근친상간은 금기시되었고, 금기가 만들어진 원인에 대한 연구가 진행되었다. 그 방향은 크게 두 가지이다. 하나는 금친상간의 금기가 본능에 의한 것이라는 견해와 사회적 규제에 의한 것이라는 견해이다.

○ 본능적 회피설

먼저 제기된 주장은 근친상간의 금기가 근친상간에 대한 본능적 회피에서 비롯된다는 에드워드 웨스터마크의 본능적 회피설이다. 그는 1891년에 출판한 『인간 결혼의 역사』에서 어린 시절부터 함께 자란 남녀 간에는 성적 감정을 느낄 수 없기 때문에 성행위에 대한 혐오감을 갖게 되고, 자연스럽게 근친 간의 성교를 꺼리는 관습이 되었다고 한다.

그러나 근친상간의 회피가 자연적 본능에 따른 필연적인 결과라면 굳이 사회적으로 금기를 설정할 필요가 없다는 점에서 비판을 받는다. 따라서 아래와 같이 본능적으로는 근친상간을 욕망하지만 사회적 금기에 의해 금지된 것이라는 다양한 견해가 제시되었다.

---

289) 아우구스트 베벨, 앞의 책, 23쪽.

○ 토템유래설

프레이저(James Frazer)는 1910년에 출간한 『토템제도와 족외혼』에서 근친상간 금기의 뿌리가 토템제도에 있다고 주장한다. 토템에는 두 가지 계율이 존재하는데 같은 토템끼리는 죽이거나 먹어서는 안 되고, 같은 토템에 속하는 구성원끼리는 성행위를 해서는 안 된다는 것이다. 근친상간의 금기는 바로 두 번째 계율에서 유래한다는 것이다. 토템의 계율은 본능에서 만들어진 것이 아니라 사회적으로 만들어진 것이다.

야만인들이 근친상간을 철저히 꺼리고 씨족 이외의 상대와 혼인하게 된 이유인 것이다.

○ 인류 최초의 부친살해 유래설

지그문트 프로이트(Sigmund Freud)는 1913년 출판한 『토템과 터부』에서 오이디푸스콤플렉스 이론으로 근친상간의 금기가 발생했다고 주장한다. 인류는 초기에 원시적인 집단생활을 영위하고 있었는데, 그중 힘이 가장 센 수컷 하나가 종족의 모든 여성을 독점하고 있었다. 이에 불만을 품은 젊은 수컷들이 모의하여 아버지인 수컷을 죽이고 암컷들을 차지하여 교미를 하게 된다. 그러나 이내 양심의 가책을 느끼고 되고 다시는 아버지를 죽이고 어머니와 누이랑 성교를 하지 않도록 하기 위해 금기를 설정했다는 것이다. 프로이트의 이론은 프레이저의 토템 계율 두 가지와 결과적으로 일치한다. 다만, 계율의 발생 원인을 친아버지를 죽이고 엄마랑 결혼하는 그리스 비극의 주인공 오이디푸스 왕의 사례에서 창조한 오이디푸스콤플렉스 이론으로 설명했다는 점이 다르다.

이러한 프로이트의 견해는 브로니슬라브 말리노프스키(Bronislaw Kasper Malinowski)에 의해 비판을 받는다. 먼저 말리노프스키는 인류 최초의 부친 살해행위를 '인류 최초의 축제'이자 '인류 문화의 원초적 행위'라고 평가한다. 이어 프로이트의 견해가 옳으려면 "한 번의 부 살해로 원숭이가 문화를 갖게 되고 인간이 되었다고 가정하지 않으면 안 된다. 또한 바로 그러한 행위에 의해서 원숭이들이 종족적 기억과 같은 초동물적 자질을 갖게 되었다고 가정해야 한다."라고 조롱 섞인 비판을 가한다. 또한 "문화는 한순간의 하나의 행위에 의해서 창조될 수 없는 것이라는 간단한 이유 때문이다."라고 덧붙이고 있다.[290]

○ 가족과 사회존속의 필요성

브로니슬라브 말리노프스키(Bronislaw Kasper Malinowski)는 프로이트의 견해에도 반대하지만, "인간가족을 구성하는 메커니즘 하에서는 심각한 근친상간의 유혹이 일어난다."[291]라고 주장함으로써 웨스터마크의 본능적 회피설을 비판한다.

말리노프스키는 『미개사회의 성과 억압』에서 근친상간이 허용될 수 없는 이유로 모자간의 관계와 부자간의 관계를 전복시킨다는

---

290)　말리노프스키, 앞의 책, 146, 153, 154쪽.
291)　말리노프스키, 앞의 책, 199쪽.

점, 아이의 성숙기에 가족이 붕괴하게 되고 문화적 전통의 계승이 불가능하게 될 것이며, 연령 구별의 전복, 세대의 혼합, 감정의 해체, 가족의 교육적 역할을 급격히 변화시킨다는 점을 들고 있다.[292]

● 사회결연이론

클로드 레비스트로스(Claude Levi Strauss)는 『친족의 기본구조』에서 자연에서 문화로의 이행을 가능케 하는 것은 근친상간의 금기라고 주장했는데, 이는 말리노프스키의 주장과 유사한 것이다. 인구가 부족했던 시대에 여자를 새로 얻는 것은 노동력을 얻게 되는 것이고, 자신의 딸과 누이에 대한 향락보다 다른 집안에 선물로 증여함으로써 결연을 맺게 될 때 경제적으로 더 유리하다는 것이다. 다만, 이 견해에 대해서는 다른 요인들은 배제한 채 오직 경제적 측면만 거론하고 있다는 점에서 비판이 제기된다.

● 유전학적 필요설

근친교배를 하게 되면 유전학적으로 열성인자들로 인해 여러 질병에 걸리게 되므로 근친상간의 금기가 생겼다는 주장이다. 그러나 이는 현재의 유전공학에 의해 밝혀진 사실이지, 유전에 관한 지식이 없었던 과거에 근친상간 금기의 기원으로 주장하는 것은 무리가 있다.

---

292)　말리노프스키, 앞의 책, 203쪽.

○ 결론

말리노프스키의 견해가 가장 설득력이 있다고 생각한다. 가족은 사회구조를 이루는 기본 단위로서 여러 사회적 기능들을 수행하고 있는 중요한 사회제도이다. 가족구성원 간에 성교를 허용하게 되면, 가족이 해체되고 제 기능을 수행할 수 없게 되고, 결국 사회는 존속하기 힘들 것이다.

특히 부모와 나이 어린 자녀와의 성관계는 대등한 관계에서 자발적으로 이루어지는 것이라고 볼 수 없고, 지나치게 이른 시기에 성을 경험하게 될 경우 심리적 충격으로 인한 자포자기로 성 조숙증을 보이고, 이는 난교나 성매매로 이끄는 결과를 초래하기도 한다. 부모와의 굴절된 관계는 사회의 다른 정상적인 인간관계를 맺기 어렵게 하기 때문에 허용되어서는 안 된다.

03. 형사법적 규제

○ 근친상간 처벌규정

근친상간 자체를 처벌하는 독일 형법 제173조, 스위스 형법 제213조, 오스트리아 형법 제211조와 달리 우리나라 형법에는 근친상간 자체를 처벌하는 규정이 없다. 그 이유에 대해 형법학자들은 성 제도를 보호하는 것은 형법의 과제가 아니며, 성 형법을 자유화의 이념에 따라 사회의 성적 질서에 대한 중대한 침해의 방지에 제

한하여 인간의 사생활도 보호해야 하기 때문이라고 설명한다.[293]

이에 대해 헌법재판소 2008년 간통죄 합헌결정[294]에서 재판관 민형기는 "간통죄보다 선량한 풍속을 더 크게 해치고 비도덕적이며 혐오감이 더 크다고 할 수 있는 근친상간(近親相姦)·수간(獸姦)·혼음(混淫) 등에 대하여 우리 법률은 별도의 처벌규정을 두고 있지 않으면서도, 간통에 대해서만 형벌로 다스리는 것은 입법 체계상 균형이 맞지 않는다."라는 별개의 합헌의견을 제시하고 있다.

●「가정폭력범죄의 처벌 등에 관한 특례법」상의 가정폭력범죄

1) 특례법의 의미

통상적으로 특례법이라는 명칭을 가진 법은 일반법에 대한 특별법으로서 형사처벌을 가중하는 내용의 규정을 두는 것이 일반적이다. 그러나 「가정폭력범죄의 처벌 등에 관한 특례법」의 목적은 "이 법은 가정폭력범죄의 형사처벌 절차에 관한 특례를 정하고 가정폭력범죄를 범한 사람에 대하여 환경의 조정과 성행(性行)의 교정을 위한 보호처분을 함으로써 가정폭력범죄로 파괴된 가정의 평화와 안정을 회복하고 건강한 가정을 가꾸며 피해자와 가족구성원의 인권을 보호함을 목적으로 한다(제1조)."라고 규정하고 있다. 목적 조항에 포함되어 있듯이, '가정의 평화와 안정을 회복'하기 위해 당연히 형사처벌을 해야 할 사건임에도 '형벌' 대신 '보호처분'을 함으로

---

293)   이재상, 앞의 책, 636쪽.
294)   헌재결 2008.10.30., 2007헌가17·21, 2008헌가7·26, 2008헌바21·47.

써 형사처벌을 면제할 수 있는 여지를 허용하고 있다. 가장이 구속되면 가정이 해체되고 가족구성원이 경제적인 어려움에 처할 수 있다는 점을 고려한 것이라고 추측되는데, 가정폭력의 예방적 효과나 재범방지라는 측면에서 실효성이 의문시된다. 이 법에 따라 현실적으로 가족폭력에 대해 형사처벌이 이루어지는 경우는 드물고, 보호처분으로 대체되는 경우가 대부분이다.

2) 가정폭력범죄

「가정폭력범죄의 처벌 등에 관한 특례법」 제2조 제3호의 '가정폭력범죄' 중 성적 자기결정권을 침해하는 범죄는 가장폭력으로서 「형법」 제2편 제32장 강간과 추행의 죄 중 제297조(강간), 제297조의2(유사강간), 제298조(강제추행), 제299조(준강간, 준강제추행), 제300조(미수범), 제301조(강간등 상해·치상), 제301조의2(강간등 살인·치사), 제302조(미성년자등에 대한 간음), 제305조(미성년자에 대한 간음, 추행), 제305조의2(상습범)(제297조, 제297조의2, 제298조부터 제300조까지의 죄에 한한다)의 죄와 「성폭력범죄의 처벌 등에 관한 특례법」 제14조(카메라 등을 이용한 촬영) 및 제15조(미수범)(제14조의 죄에만 해당한다)의 죄 등이다. 법률은 가정폭력범죄의 개념을 가정폭력의 특수성을 고려하여 정의하는 방식을 택하지 않고, 범죄의 종류만 나열하는 소극적 태도를 보이고 있다. 입법 당시 고민이 적었다는 것을 알 수 있다.

한편, 이 법에서 '가정폭력'이란 "가정구성원 사이의 신체적, 정신적 또는 재산상 피해를 수반하는 행위"를 말한다(제2조 제1호). '가정구성원'이란 "배우자(사실상 혼인관계에 있는 사람을 포함한다) 또는 배우자였던 사람, 자기 또는 배우자와 직계존비속관계(사실상의 양친자관계를 포함한다)에 있거나 있었던 사람, 계부모와 자녀의 관계 또는 적모(嫡母)와 서자(庶子)의 관계에 있거나 있었던 사람, 동거하는 친족에 해당하는 사람"을 말한다(같은 조 제2호). 동거관계나 애인관계에 있는 경우를 제외하고 있어, 교제폭력의 문제를 담아내지 못하고 있다는 비판이 제기된다. 그러나 이들까지 포괄하기 위해서는 '가정'의 개념을 재정의하든가 아니면 '가정'이 아닌 다른 용어로 법률의 명칭을 변경해야 한다.

3) 다른 법률과의 관계

다른 법률과의 관계에 대해서는 "가정폭력범죄에 대하여는 이 법을 우선 적용한다(제3조)."라고 규정함으로써, 가정폭력범죄에 해당할 경우 형법이나 「성폭력범죄의 처벌 등에 관한 특례법」이 아니라 「가정폭력범죄의 처벌 등에 관한 특례법」에 따라 처벌된다.

4) 형벌과 수강명령 등의 병과

법원은 가정폭력행위자에 대하여 유죄판결(선고유예는 제외한다)을 선고하거나 약식명령을 고지하는 경우에는 200시간의 범위에서 재범예방에 필요한 수강명령(「보호관찰 등에 관한 법률」에 따른 수강명령을 말한다. 이하 같다) 또는 가정폭력 치료프로그램의 이수명령(이하 "이수명령"이라 한다)을 병과할 수 있다(제3조의2).

5) 가정보호사건의 처리

가정보호사건의 처리에는 검사에게 폭넓은 재량권이 인정되고, 실무상으로는 피해자의 의사가 절대적으로 존중된다. 즉, 법률 제9조 제1항은 "검사는 가정폭력범죄로서 사건의 성질·동기 및 결과, 가정폭력행위자의 성행 등을 고려하여 이 법에 따른 보호처분을 하는 것이 적절하다고 인정하는 경우에는 가정보호사건으로 처리할 수 있다. 이 경우 검사는 피해자의 의사를 존중하여야 한다."라고 규정하고 있다. 그러나 세대를 같이하는 가족구성원의 특수성상 피해자의 의사가 진정한 것이라고 쉽게 인정하는 것은 문제가 많다. 가장의 협박이나 보복에 대한 두려움으로 형사처벌을 원하지 않는다는 의사를 표시할 수도 있기 때문이다. 검사의 사명감이 요구되는 이유이다.

6) 가정보호사건의 관할

가정보호사건의 관할은 지방법원이 아니라 가정법원이다. 법률 제10조 제1항은 "가정보호사건의 관할은 가정폭력행위자의 행위지, 거주지 또는 현재지를 관할하는 가정법원으로 한다. 다만, 가정법원이 설치되지 아니한 지역에서는 해당 지역의 지방법원(지원을 포함한다)으로 한다."라고 규정하고 있다.

7) 보호처분의 결정

보호처분의 결정은 판사의 재량이다. 법 제40조 제1항은 "판사는 심리의 결과 보호처분이 필요하다고 인정하는 경우에는 결정으로 다음 각호의 어느 하나에 해당하는 처분을 할 수 있다."라고 규정하고 있는데, 보호처분의 종류로는 ① 가정폭력행위자가 피해자 또는 가정구성원에게 접근하는 행위의 제한, ② 가정폭력행위자가 피해자 또는 가정구성원에게 「전기통신기본법」 제2조 제1호의 전기통신을 이용하여 접근하는 행위의 제한, ③ 가정폭력행위자가 친권자인 경우 피해자에 대한 친권 행사의 제한, ④ 「보호관찰 등에 관한 법률」에 따른 사회봉사·수강명령, ⑤ 「보호관찰 등에 관한 법률」에 따른 보호관찰, ⑥ 「가정폭력방지 및 피해자보호 등에 관한 법률」에서 정하는 보호시설에의 감호위탁, ⑦ 의료기관에의 치료위탁, ⑧ 상담소등에의 상담위탁(같은 조 같은 항 1~8호) 등이 있다. 위의 각호의 처분은 병과(倂科)할 수 있다(같은 조 제2항).

8) 임시조치

임시조치는 판사의 재량에 따라 취해진다. 판사는 가정보호사건의 원활한 조사·심리 또는 피해자 보호를 위하여 필요하다고 인정하는 경우에는 결정으로 가정폭력행위자에게 ① 피해자 또는 가정구성원의 주거 또는 점유하는 방실(房室)로부터의 퇴거 등 격리, ② 피해자 또는 가정구성원이나 그 주거·직장 등에서 100미터 이내의 접근 금지, ③ 피해자 또는 가정구성원에 대한 「전기통신기본법」 제2조 제1호의 전기통신을 이용한 접근 금지, ④ 의료기관이나 그 밖의 요양소에의 위탁, ⑤ 국가경찰관서의 유치장 또는 구치소에의 유치, ⑥ 상담소등에의 상담위탁의 어느 하나에 해당하는 임시조치를 할 수 있다(제29조 제1항).

9) 불처분결정과 후속조치

판사는 가정보호사건을 심리한 결과 ① 보호처분을 할 수 없거나 할 필요가 없다고 인정하는 경우(1호), ② 사건의 성질·동기 및 결과, 가정폭력행위자의 성행, 습벽(習癖) 등에 비추어 가정보호사건으로 처리하는 것이 적당하지 아니하다고 인정하는 경우(2호)에는 처분을 하지 아니한다는 결정을 하여야 한다(제37조 제1항). 법원은 제1항 제2호의 사유로 처분을 하지 아니한다는 결정을 한 경우에는 ① 제11조에 따라 검사가 송치한 사건인 경우에는 관할 법원에 대응하는 검찰청의 검사에게 송치, ② 제12조에 따라 법원이 송치한 사건인 경우에는 송치한 법원에 이송의 구분에 따라 처리하여야 한다(제2항).

10) 보호처분과 사회봉사·수강명령의 기간

제40조 제1항 제1호부터 제3호까지 및 제5호부터 제8호까지의 보호처분의 기간은 6개월을 초과할 수 없으며, 같은 항 제4호의 사회봉사·수강명령의 시간은 200시간을 각각 초과할 수 없다(제41조).

11) 보호처분의 효력

제40조에 따른 보호처분이 확정된 경우에는 그 가정폭력행위자에 대하여 같은 범죄사실로 다시 공소를 제기할 수 없다. 다만, 제46조(보호처분의 취소)에 따라 송치된 경우에는 그러하지 아니하다(제16조).

12) 보호처분의 취소

법원은 보호처분을 받은 가정폭력행위자가 제40조 제1항 제4호부터 제8호까지의 보호처분 결정을 이행하지 아니하거나 그 집행에 따르지 아니하면 직권으로 또는 검사, 피해자, 보호관찰관 또는 수탁기관의 장의 청구에 의하여 결정으로 그 보호처분을 취소하고 ① 제11조에 따라 검사가 송치한 사건인 경우에는 관할 법원에 대응하는 검찰청의 검사에게 송치, ② 제12조에 따라 법원이 송치한 사건인 경우에는 송치한 법원에 이송의 구분에 따라 처리하여야 한다(제46조).

○ 친족관계에 의한 강간

「가정폭력범죄의 처벌 등에 관한 특례법」에 따라 가정보호사건으로 처리되는 경우 이외에는 형사처벌이 가능하다. 즉, 합의에 의한 근친상간과는 달리 폭행이나 협박 등 유형력을 행사한 경우에는 특별법에 의해 처벌된다. 즉, 「성폭력범죄의 처벌 등에 관한 특례법」은 제5조에서 '친족관계에 의한 강간 등'이란 제목으로 "친족관계인 사람이 폭행 또는 협박으로 사람을 강간한 경우에는 7년 이상의 유기징역에 처한다(제1항)", "친족관계인 사람이 폭행 또는 협박으로 사람을 강제추행한 경우에는 5년 이상의 유기징역에 처한다(제2항)", "친족관계인 사람이 사람에 대하여 「형법」 제299조(준강간, 준강제추행)의 죄를 범한 경우에는 제1항 또는 제2항의 예에 따라 처벌한다(제3항)", "제1항부터 제3항까지의 친족의 범위는 4촌 이내의 혈족·인척과 동거하는 친족으로 한다(제4항)", "제1항부터 제3

항까지의 친족은 사실상의 관계에 의한 친족을 포함한다(제5항)."라고 규정하고 있다.

대법원은 "친아버지가 20세의 친딸인 피해자의 성기에 생긴 증상을 확인해준다는 등의 명목으로 집요하게 회유와 압박을 한 끝에 자신의 성기를 친딸의 음부에 비비기만 하기로 약속하고 모텔로 데려간 다음 친딸의 반항을 억압하고 피해자를 강간하였고, 그 이후에도 친아버지는 여러 차례 자살을 하겠다거나 친딸의 남자친구를 죽이겠다는 등의 위협을 하고, 가위를 들고 자살을 시도하는 것처럼 행세하거나, 나아가 칼을 들고 위협하면서, 자살을 하지 않을 테니 성관계를 해달라고 요구하다가 친딸이 이를 거부하면 완력을 사용하여 반항을 억압하고 친딸을 재차 강간한 사건"에서 '피해자다움'에 관한 매우 전향적인 판결을 내놓았다. 먼저 대법원은 성폭행 등의 피해자 진술의 증명력을 판단하는 방법에 대해 다음과 같이 판시하고 있다.

> "성폭행 피해자의 대처 양상은 피해자의 성정이나 가해자와의 관계 및 구체적인 상황에 따라 다르게 나타날 수밖에 없다. 따라서 개별적, 구체적인 사건에서 성폭행 등의 피해자가 처하여 있는 특별한 사정을 충분히 고려하지 않은 채 피해자 진술의 증명력을 가볍게 배척하는 것은 정의와 형평의 이념에 입각하여 논리와 경험의 법칙에 따른 증거판단이라고 볼 수 없다."[295]

이어 "피고인의 친딸로 가족관계에 있던 피해자가 '마땅히 그러

---

295)   대판 2020.8.20., 2020도6965, 2020전도74.

한 반응을 보여야만 하는 피해자'로 보이지 않는다는 이유만으로 피해자 진술의 신빙성을 함부로 배척할 수 없다. 그리고 친족관계에 의한 성범죄를 당하였다는 피해자의 진술은 피고인에 대한 이중적인 감정, 가족들의 계속되는 회유와 압박 등으로 인하여 번복되거나 불분명해질 수 있는 특수성이 있다는 점을 고려해야 한다." 라고 판시함으로써 전형적인 '피해자다움'은 없다고 판시하고 있다. 또한 대법원 양형위원회 제정 양형기준상 특별감경인자인 '처벌불원'의 의미에 관해서는 "'처벌불원'이란 피고인이 자신의 범행에 대하여 진심으로 뉘우치고 합의를 위한 진지한 노력을 기울여 피해에 대한 상당한 보상이 이루어졌으며, 피해자가 처벌불원의 법적·사회적 의미를 정확히 인식하면서 이를 받아들여 피고인의 처벌을 원하지 않는 경우를 의미한다."라고 판시하고 있다.

위 조항과 관련된 대법원 판례는 주로 제5항의 '사실상의 관계에 의한 친족'에 관해 판시하고 있다. 먼저, '사실상의 관계에 의한 존속'의 의미에 관해 형법법규는 국민에게 불리하도록 유추해석할 수 없다고 제한을 가하고 있다.

"형벌법규는 그 규정 내용이 명확하여야 할 뿐만 아니라 그 해석에 있어서도 엄격함을 요하고 유추해석은 허용되지 않는 것이므로 위 법률 제7조 제4항에서 규정하는 사실상의 관계에 의한 존속이라 함은, 자연혈족의 관계에 있으나 법정 절차의 미이행으로 인하여 법률상의 존속으로 인정되지 못하는 자(예컨대, 인지 전의 혼인 외의 출생자의 생부) 또는 법정혈족관계를 맺고자 하는 의사의 합치 등 법률이 정하는 실질관계는 모두 갖추었으나 신고 등 법정절차의 미이행으로 인하여 법률상의 존속으로 인정되지 못하는 자(예컨대, 사실상의 양자의 양부)를 말하고, 위와 같은 관계가 없거나 법률상의 인척에 불과한 경우에는 그 생활관계, 당사자의 역할·의사 등이 존속관계와 유사한 외관을 가진다는 이유만으로 위의 사실상의 관계에 의한 존속에 포함된다고 할 수는 없다."296)

이어 결론적으로 "피해자와 아무런 혈연관계가 없고 단지 피해자의 어머니인 공소외 1과 사실상 부부로서 동거하는 관계에 있는 자(의붓아버지)는 사실상의 관계에 의한 존속에 포함되지 않는다."297)라고 판시하고 있다.

그러나 대법원은 "법률이 정한 혼인의 실질관계는 모두 갖추었으나 법률이 정한 방식, 즉 혼인신고가 없기 때문에 법률상 혼인으로 인정되지 않는 이른바 사실혼으로 인하여 형성되는 인척도 같은 법 제7조 제5항이 규정한 사실상의 관계에 의한 친족에 해당한다."298)라고 하여 사실혼으로 인해 형성되는 인척은 이에 해당한다고 판시하고 있다.

또한 단순한 사실혼이 아닌 중혼적 사실혼으로 인하여 형성된 인척도 '사실상의 관계에 의한 친족'에 해당한다고 판시하고 있다.

"법률이 정한 혼인의 실질관계는 모두 갖추었으나 법률이 정한 방식, 즉 혼인신고가 없기 때문에 법률상 혼인으로 인정되지 않는 이른바 사실혼으로 인하여 형성되는 인척도 성폭력범죄의 처벌 및 피해자보호 등에 관한 법률 제7조 제5항이 규정한 사실상의 관계에 의한 친족에 해당하고, 비록 우리 법제가 일부일처주의를 채택하여 중혼을 금지하

---

296)   대판 1996.2.23., 95도2914.
297)   대판 1996.2.23., 95도2914.
298)   대판 2000.2.8., 99도5395.

는 규정을 두고 있다 하더라도 이를 위반한 때를 혼인 무효의 사유로 규정하고 있지 아니하고 단지 혼인 취소의 사유로만 규정함으로써 중혼에 해당하는 혼인이라도 취소되기 전까지는 유효하게 존속하는 것이므로 중혼적 사실혼이라 하여 달리 볼 것은 아니다."299)

사실상의 양자의 양부도 사실상의 관계에 의한 친족에 해당한다.

"사실상의 양자의 양부와 같이 법정혈족관계를 맺고자 하는 의사의 합치 등 법률이 정하는 실질관계는 모두 갖추었으나 신고 등 법정절차의 미이행으로 인하여 법률상의 존속으로 인정되지 못하는 자도 성폭력범죄의 처벌 및 피해자보호 등에 관한 법률 제7조 제5항이 규정한 사실상의 관계에 의한 친족에 해당한다."300)

○ 미성년자 의제강간·의제강제추행죄

형법 제305조 제1항은 "13세 미만의 사람에 대하여 간음 또는 추행을 한 자는 제297조(강간), 제297조의2(유사강간), 제298조(강제추행), 제301조(강간 등 상해·치상) 또는 제301조의2(강간등 살인·치사)의 예에 의한다."라고 하여 미성년자 의제강간죄와 의제강제추행죄를 규정하고 있고, 「성폭력범죄의 처벌 등에 관한 특례법」 제7조에서는 가중처벌규정을 두고 있는데 이는 친족 간의 범죄에도 적용된다. 즉, 강간의 경우 "무기징역 또는 10년 이상의 징역"(제1항), 유사성교의 경우 "7년 이상의 유기징역"(제2항), 강제

---

299) 대판 2002.2.22., 2001도5075.
300) 대판 2006.1.12., 2005도8427.

추행의 경우 "5년 이상의 유기징역"(제3항)으로 가중처벌한다.

또한 「아동·청소년의 성보호에 관한 법률」 제7조는 아동·청소년을 강간한 경우 "무기징역 또는 5년 이상의 유기징역"(제1항), 유사강간의 경우 "5년 이상의 유기징역"(제2항), 강제추행의 경우 "2년 이상의 유기징역 또는 1천만원 이상 3천만원 이하의 벌금"(제3항), 준강간·준강제추행의 경우 제1항부터 제3항까지의 예에 따라 처벌하고(제4항), 위계(僞計) 또는 위력으로써 간음하거나 추행한 경우에도 제1항부터 제3항까지의 예에 따라 처벌(제5항)한다고 규정하고 있다.

대법원은 친아버지가 친딸의 가슴과 음부를 만지고 음부에 손가락을 삽입시키는 등 지속적으로 추행한 사건에서 진술의 신빙성을 함부로 배척해서는 안 되는 경우에 대해 다음과 같이 판시하고 있다.

> "미성년자인 피해자가 자신을 보호·감독하는 지위에 있는 친족으로부터 강간이나 강제추행 등 성범죄를 당하였다고 진술하는 경우에 그 진술의 신빙성을 판단함에 있어서, 피해자가 자신의 진술 이외에는 달리 물적 증거 또는 직접 목격자가 없음을 알면서도 보호자의 형사처벌을 무릅쓰고 스스로 수치스러운 피해 사실을 밝히고 있고, 허위로 그와 같은 진술을 할 만한 동기나 이유가 분명하게 드러나지 않을 뿐만 아니라, 진술 내용이 사실적·구체적이고, 주요 부분이 일관되며, 경험칙에 비추어 비합리적이거나 진술 자체로 모순되는 부분이 없다면, 그 진술의 신빙성을 함부로 배척해서는 안 된다."301)

이어 미성년자인 피해자가 법정에서 수사기관에서의 진술을 번

---

301)   대판 2020.5.14., 2020도2433.

복하는 경우, 어느 진술에 신빙성이 있는지 판단하는 기준에 관해서는 다음과 같이 판시하고 있다.

> "특히친족관계에의한성범죄를 당하였다는 미성년자 피해자의 진술은 피고인에 대한 이중적인 감정, 가족들의 계속되는 회유와 압박 등으로 인하여 번복되거나 불분명해질 수 있는 특수성을 갖고 있으므로, 피해자가 법정에서 수사기관에서의 진술을 번복하는 경우, 수사기관에서 한 진술 내용 자체의 신빙성 인정 여부와 함께 법정에서 진술을 번복하게 된 동기나 이유, 경위 등을 충분히 심리하여 어느 진술에 신빙성이 있는지를 신중하게 판단하여야 한다."302)

이 사건의 경우에도 피해자가 입원하여 치료를 받던 병원의 정신과 의사는 "피해자가 재판에 갔다 온 것에 대하여 어머니가 사실이 아니었다고 이야기를 하라고 해서 그렇게 했다는 취지로 말하였다", "2018. 11. 22. 면담 당시 피해자가 가족들이 눈치를 많이 주었고, 할머니는 아버지 빨리 꺼내야 한다고 욕하고, 어머니는 경제적 사정이 어려우니 정말 성폭행한 것이 맞느냐며 재차 묻고, 못 믿겠으니 그런 일 없다고 하라고 했다고 말하였다."라는 취지로 진술하였다. 또한 피해자의 어머니는 구속되어 있던 피고인을 접견하는 과정에서 여러 차례 '피해자에게 없던 일로 해 달라고 설득을 해 보겠다', '피해자에게 울면서 부탁을 했더니 피해자가 그렇게 해 주겠다고 하였다.'라는 취지로 말하였다. 가부장제 가족제도에서 가부장 중심인 가족관계의 이런 특수성을 고려한 타당한 판결이라고 생각한다.

---

302)   대판 2020.5.14., 2020도2433.

04. 근친 간의 혼인 제한

○ 헌법불합치결정 전의 동성동본 금혼 조항

동성동본인 혈족 사이에서는 혼인하지 못한다(민법 제809조 제1항). 위 조항에 대해서 헌법재판소는 1997. 7. 16. 95헌가6~13사건의 결정에서 다수의견인 재판관 김용준·김문희·황도연·신창언·이영모 등 5인의 단순위헌의견, 재판관 정경식·고중석 2명의 헌법불합치의견, 재판관 이재화·조승형의 합헌의견으로 갈리었는데, 위헌 정족수인 6명에 1명이 모자라, 결국 헌법불합치결정으로 결론이 났다.

위헌법률심판의 결정에서는 심판에 관여한 재판관은 결정서에 의견을 표시하여야 한다(헌법재판소법 제36조 제3항). 헌법재판소의 결정서에는 헌법재판소의 의견이 주문의 형식으로 표시되는데, 재판관의 의견에는 ① 다수의견, ② 반대의견, ③ 보충의견이 있다.

헌법불합치결정은 해당 법률이나 법률조항이 헌법에 위반되는 경우에도 단순위헌결정을 하는 것이 아니라 헌법에 합치되지 않는다는 것을 선언하고, 그 효력을 일정기한까지 유지시키는 것을 말한다. 헌법재판소도 헌법불합치결정을 변형결정의 하나로 인정한다.

헌법불합치결정은 ① 단순위헌결정으로 인해 법적 공백이 발생하거나(헌재결 2002.11.28., 2001헌가28), ② 평등조항의 위반으로 법률의 효력을 없앨 경우에 국가로부터 받는 급부가 중단되는 것을 회피하기 위해(헌재결 2001.11.29., 99헌마494), ③ 헌법에 합치하지 않는 법률이나 법률조항이라도 일정기간 동안 효력을 유지시킬 필요가 있는 경우에 행한다. 헌법재판소는 ⑤ 자유권의 침해가 있는 경우에도 예외적으로 헌법불합치결정을 선고하거나(헌재결 2004.5.27., 2003 헌가1) ⑥ 입법형성권 존중의 이유로 헌법불합치결정을 하는 경우가 있다(헌재결 2003.7.24., 2002헌바28).

헌법불합치결정이 있게 되면 심판대상인 법률이나 법률조항은 헌법에 위반됨에도 불구하고 그 효력이 바로 상실되지는 않고 그대로 유지된다. 결정 시에 기한을 정한 경우에는 기한이 경과하면 효력을 상실한다. 예를 들어 헌재 2019. 4. 11. 2017헌바12 결정에서 "형법(1995. 12. 29. 법률 제5057호로 개정된 것) 제269조 제1항, 제270조 제1항 중 '의사'에 관한 부분은 모두 헌법에 합치되지 아니한다. 위 조항들은 2020. 12. 31.을 시한으로 입법자가 개정할 때까지 계속 적용된다."라는 주문으로 헌법불합치결정을 선고했다. 따라서 2021년 1월 1일 00시에 해당 조항은 자동으로 효력을 상실하게 되었다.

○ 유림(儒林)의 의견

동성동본인 혈족 사이의 혼인을 금지하는 제도는 중국의 제도를 모방한 것이 아니고 고대로부터 선대를 통한 관습으로서 현재까지 내려온 제도로서, 지금도 우리 국민의 정서에 완전 부합하여 대다수의 국민이 그 제도의 존치를 바라고 있다. 이 제도는 생성·발전되어 온 역사적 배경, 사회적 수용성, 입법목적, 사회질서에 대한 규율능력, 특히 핵가족화할수록 황폐해지는 우리의 도덕관념 등에 비추어, 사회적 유용성을 가지며 우리 헌법의 이념에 어긋나는 것이 아니다. 원래 헌법이 규정하는 평등권과 행복추구권 및 혼인의 자유 등은 무제한, 무조건적인 자유를 의미하는 것이 아니며 그에 대한 합리적인 범위 내에서의 제한은 부득이한 것인바, 이 사건 법률조항은 호주(戶主)제도와 더불어 아직도 우리 가족법의 양대 지주로서의 사회적 역할을 훌륭히 수행하고 있으므로 이로 인하여 개인의 권리가 어느 정도 침해받는다 하여 곧바로 위헌으로 볼 수는 없다. 또 동성동본인 혈족 사이의 혼인은 유전학적으로도 좋지 않다.

● 재판관 김용준, 김문희, 황도연, 신창언, 이영모의 단순위헌의견[303]

중국의 동성금혼 사상에서 유래하여 조선시대를 거치면서 법제화되고 확립된 동성동본금혼제는 그 제도 생성 당시의 국가정책, 국민의식이나 윤리관 및 경제구조와 가족제도 등이 혼인제도에 반영된 것으로서, 충효정신을 기반으로 한 농경중심의 가부장적, 신분적 계급사회에서 사회질서를 유지하기 위한 수단의 하나로서의 기능을 하였다. 그러나 자유와 평등을 근본이념으로 하고 남녀평등의 관념이 정착되었으며 경제적으로 고도로 발달한 산업사회인 현대의 자유민주주의사회에서 동성동본금혼을 규정한 민법 제809조 제1항은 이제 사회적 타당성 내지 합리성을 상실하고 있음과 아울러 "인간으로서의 존엄과 가치 및 행복추구권"을 규정한 헌법이념 및 "개인의 존엄과 양성의 평등"에 기초한 혼인과 가족생활의 성립·유지라는 헌법규정에 정면으로 배치될 뿐 아니라 남계혈족에만

---

303) 헌재결 1997.7.16., 95헌가6~13.

한정하여 성별에 의한 차별을 함으로써 헌법상의 평등의 원칙에도 위반되며, 또한 그 입법목적이 이제는 혼인에 관한 국민의 자유와 권리를 제한할 "사회질서"나 "공공복리"에 해당될 수 없다는 점에서 헌법 제37조 제2항에도 위반된다 할 것이다.

○ 재판관 정경식, 고중석의 헌법불합치의견[304]

민법 제809조 제1항이 헌법에 위반된다는 결론에는 다수의견과 견해를 같이한다. 그러나 동성동본제도는 수백 년간 이어져 내려오면서 우리 민족의 혼인풍속이 되었을 뿐만 아니라 윤리규범으로터 잡게 되었고 혼인제도는 입법부인 국회가 우리 민족의 전통, 관습, 윤리의식 등 여러 가지 사정을 고려하여 입법정책적으로 결정하여야 할 입법재량사항이므로, 비록 위 조항에 위헌성이 있다고 하여도 헌법재판소가 곧바로 위헌결정을 할 것이 아니라 입법형성권을 가지고 있는 국회가 우리민족의 혼인풍속, 윤리의식, 친족관념 및 그 변화 여부, 동성동본금혼제도가 과연 사회적 타당성이나 합리성을 완전히 상실하였는지 여부, 그 제도의 개선방법, 그리고 동성동본금혼제도를 폐지함에 있어 현행 근친혼금지규정이나 혼인무효 및 취소에 관한 규정을 새로 정비할 필요는 없는지 등을 충분히 고려하여 새로이 혼인제도를 결정할 수 있도록 헌법불합치결정을 하여야 한다.

---

304)　헌재결 1997.7.16., 95헌가6~13.

● 재판관 이재화, 조승형의 반대의견[305]

동성동본금혼제는 중국에서 유래한 것이 아니라 단군건국 초부터 전래되면서 관습화된 우리 민족의 미풍양속으로서 전통문화의 하나이며, 비록 1970년대 이래 급속한 경제성장에 따라 우리의 사회환경이나 의식이 여러 면에서 변화하고 있지만 우리의 혼인관습이 본질적으로 변하였다고 볼 만한 자료는 없다. 가족법은 그 특성상 전통적인 관습을 반영할 수밖에 없는 것이며 그중 어느 범위에서 이를 입법화하여 강제할 것인가는 입법정책의 영역에 속하는 것으로 입법자의 판단이 명백히 비합리적이라고 판단되지 않는 이상 이를 위헌이라고 할 수는 없는 것인바, 민법 제809조 제1항은 전통적인 혼인관습을 법제화·강제화함으로써 사회질서를 유지하고자 함을 입법목적으로 하며, 전통문화라는 역사적 사실과 전통문화의 계승이라는 헌법적 이상에 부응한다. 그리고 국민의 행복추구권 즉, 혼인의 자유와 상대방을 자유롭게 선택할 수 있는 자유 등도 불가피한 경우에는 그 본질적 내용을 침해하지 않는 한도에서 법률로서 제한할 수 있으며, 또한 전통문화의 계승이라는 한계 내에서만 보장된다 할 것인데, 이 사건 법률조항의 입법목적의 정당성을 긍정하는 한 이 조항이 배우자 선택권을 지나치게 제한하여 그 본질을 침해한다고 할 수는 없으며, 그 입법수단이나 방법의 적절성 및 법익침해의 균형성도 문제 되지 아니하고, 전통관습의 법제화라는 입장에서 이 사건 법률조항을 둔 것이므로 이를 합리성

---

305)   헌재결 1997.7.16., 95헌가6~13.

이 없는 자의적 남녀차별이라고 할 수도 없다. 따라서 이 사건 법률 조항은 과잉금지의 원칙이나 자의적 차별금지의 원칙에 반하여 국민의 기본권을 제한한다거나 혼인과 가족생활에 관한 헌법 제36조 그 밖의 헌법원리에 반한다고 할 수 없다.

○ 헌법불합치결정 후 현행 민법조항

헌법재판소의 동성동본 금혼조항에 대한 헌법불합치결정 이후 2005. 3. 31. 전문개정된 민법 제809조는 '근친혼 등의 금지'라는 제목으로 "8촌 이내의 혈족(친양자의 입양 전의 혈족을 포함한다) 사이에서는 혼인하지 못한다(제1항)", "6촌 이내의 혈족의 배우자, 배우자의 6촌 이내의 혈족, 배우자의 4촌 이내의 혈족의 배우자인 인척이거나 이러한 인척이었던 자 사이에서는 혼인하지 못한다(제2항)", "6촌 이내의 양부모계(養父母系)의 혈족이었던 자와 4촌 이내의 양부모계의 인척이었던 자 사이에서는 혼인하지 못한다(제3항)."라고 규정하고 있다.

동성동본이라는 광범위한 금혼조항은 폐지됐지만, 일정한 촌수 이내의 근친 사이의 혼인은 여전히 금지되고 있다.

제3장
성도착증

○ 성도착증의 분류

미국정신의학회(APA)가 2013년 개정 발간한 '정신질환의 진단 및 통계 편람 DSM-V'에 따르면 성도착증(sexual perversion 또는 Paraphilias)에는 ① 노출증, ② 관음증, ③ 마찰도착, ④ 소아애호 등이 있다. 이는 종전의 DSM-IV에 있던 내용 중 ① 물품음란증, ② 성적가학증, ③ 성적 피학증 등을 제외한 것이다. 양자를 비교해 보면 다음과 같다.

DSM-IV			DSM-V	
성장애 및 성 정체감 장애	성기능 장애	① 성욕구, ② 성흥분, ③ 절정감, ④ 성통증	성기능 장애	① 성절정감, ② 성욕구, ③ 성적 흥분, ④ 성교통증장애
	성도 착증	① 노출증, ② 관음증, ③ 마찰도착증, ④ 물품음란증, ⑤ 소아애호증, ⑥ 성적가학증, ⑦ 성적피학증	성도 착증	① 노출증, ② 관음증, ③ 마찰도착, ④ 소아애호
	성정체 감장애		성불 편증	(성정체감장애의 내용)

이 가운데 대상과 관련이 있는 것은 소아애호 하나이다. 그러나 다른 도착증도 관련해서 간단하게 정리하기로 한다. 또한 도착증에 해당하지 않는 노인애, 동물애[수간(獸姦)], 시체성애[시간(屍姦)],

배물애에 대해서도 살펴보기로 한다.

한편, 지그문트 프로이트는 『성욕에 관한 세 편의 에세이』에서 성적 이상행위를 '성적 대상'과 '성적 목적'으로 나누고 있다. 먼저 '성적 대상'과 관련된 일탈행위로는 동성애, 소아성애, 동물애를 들고 있다. '성의 목적'과 관련된 일탈행위로는 성교만이 정상적인 성 목적이라 보기 때문에 키스를 포함한 전희나 애무, 구강성교, 항문성교, 절편음란증, 가학증과 피학증 등을 들고 있다. 또한 프로이트는 이들을 변태로 부르는 것에 반대하고 있다.[306]

❍ 소아성애

소아성애(Pedophilia)는 사춘기 전의 소아를 대상으로 성적 행위를 함으로써 성적 만족을 느끼는 증상이다. DSM-V에 따르면 성도착증의 하나이다. 소아를 대상으로 성교나 추행을 하면 형법 제305조 제1항에 따라 합의나 동의 여부를 불문하고 무조건 의제강간·의제강제추행죄로 형사처벌된다.

❍ 노인애

노인애(Gerontophilia)는 젊은 사람이 아닌 나이 많은 사람을 대상으로 성적 흥분을 느끼고 성적인 만족을 얻는 증상이다. 드문 일이지만 훈련 중인 공수부대원이 70대 할머니를 강간한 사건 등이 보도된 바 있다.

---

306)   지그문트 프로이트, 앞의 책, 236~268쪽.

○ 동물애, 수간(獸姦)

동물애(Zoophilia)는 성행위의 대상으로 동물을 이용하는 성적 기호를 말하는데, DSM-V의 분류상 성도착증에 포함되지는 않는다. 대상 동물로는 주로 말·당나귀·양·소·개, 닭·거위 등이 이용된다. 여성의 경우 뱀이 대상이 되기도 한다. '청소년 보호법 시행령' 제9조 [별표 2]에 따른 청소년유해매체물 여부의 '개별 심의기준'에는 동물과의 성행위를 묘사하거나 집단 성행위, 근친상간, 가학·피학성 음란증 등 변태 성행위 등이 포함된다. 미국정신의학회(APA)가 성도착증에 분류하지 않는 것을 아예 변태 성행위라고 표현하는 것이 타당한지는 다시 검토할 필요가 있다. 물론 우리나라 정서상으로는 설득력이 있다는 점은 인정할 수 있다.

2019년 5월 17일 경기도 이천에서 길을 가던 행인이 생후 3개월된 강아지를 폭행하고 수간한 혐의로 경찰에 의해 현장에서 체포돼 공연음란 및 동물학대 혐의로 검찰에 송치된 사건이 발생했다. 이 사건에 대한 강력한 처벌과 동물학대에 대한 범국가적인 대책 마련을 촉구하는 청원이 청와대 국민청원게시판에 오른 후 217,483명이 동의했다. 이에 7월 3일 청와대가 공식 답변했다.

동물보호법 제2조 제1의2 호에서는 "동물학대란 동물을 대상으로 정당한 사유 없이 불필요하거나 피할 수 있는 신체적 고통과 스트레스를 주는 행위 및 굶주림, 질병 등에 대하여 적절한 조치를 게을리하거나 방치하는 행위를 말한다."라고 규정하고 있다.

같은 법 제8조는 '동물학대 등의 금지'라는 제목으로 제2항에서 "누구든지 동물에 대하여 다음 각호의 학대행위를 하여서는 아니

된다."라고 하여 동물학대행위를 구체화하고 있다. 이 가운데 동물 성애와 관련될 소지가 있는 행위로는 '살아 있는 상태에서 동물의 신체를 손상하거나 체액을 채취하거나 체액을 채취하기 위한 장치를 설치하는 행위'(제2호), '도박·광고·오락·유흥 등의 목적으로 동물에게 상해를 입히는 행위'(제3호) 등이다. 위 조항에 위반할 경우에는 "2년 이하의 징역 또는 2천만 원 이하의 벌금"에 처한다(같은 법 제46조 제2항). 미국 워싱턴주에서는 2005년 수간금지법을 제정하여 징역 10년형에 처하도록 하고 있다.

여성의 경우에는 성기를 삽입하는 것이 아니기 때문에 동물과의 성행위로 인한 동물학대와 무관하다. 남성의 경우라도 성기 삽입으로 인해 동물의 신체를 손상하거나 상해를 입히지 않는다면 처벌되지 않는다. 따라서 동물과의 성행위 자체를 처벌하는 네덜란드, 벨기에, 스페인 등 일부 국가와 다른 점이다. 동물 학대에 길들여지면 그다음에는 공격 대상이 사람에게로 향할 수 있다는 점에서 보다 엄격한 처벌이 필요하다.

○ 시체성애

시체성애(Necrophilia)는 죽은 사람의 시체를 대상으로 성적 흥분과 만족을 느끼는 증상이다. 시간은 인간 존엄에 반하는 엽기적인 사건이긴 하지만 우리나라에서도 가끔 벌어지고 있는 현상이다.

2005년 4월에 박모 씨(23세)가 20대 여성 2명을 살해, 성폭행한 사건이 발생했다. 2008년 2월 15일 새벽 3시 30분쯤 대전시 서구 탄방동에서 피해자이자 여성 시인 고모 씨가 운영하는 호프집에서

고 씨를 살해한 후 성폭행한 사건이 발생했다. 2011년에는 청주시 흥덕구에서 고등학생이 아파트에서 투신자살한 69세 여성을 성폭행한 사건이 발생했다. 2013년 7월 8일 오후 9시에 심모(19세) 군이 경기도 용인시에 있는 모텔에서 평소 알고 지내던 김모(17세) 양을 목 졸라 살해한 뒤 시신을 훼손한 사건이 발생했다. 2018년 1월 17일에는 오전 여동생(21세)을 살해하고 간음하는 사건이 발생했다.

1930년에 김동인이 쓴 단편소설 『광염 소나타』에도 시간이 등장한다. 천재적인 작곡가 백성수가 예술적 영감을 얻기 위해 방화를 하고, 노인 시신을 훼손하고, 사랑하던 여자의 무덤을 파헤친 후 간음한다는 내용이다.

다만, DSM-V의 분류상 성도착증에 포함되지 않는다.

형법 제159조는 '시체 등의 오욕'이란 제목으로 "시체, 유골 또는 유발(遺髮)을 오욕한 자는 2년 이하의 징역 또는 500만 원 이하의 벌금에 처한다."라고 규정하고 있다.

◯ 절편(切片)음란증

절편음란증(Fetishism)은 사람이 아닌 물건이나 사람의 신체의 특정 부위를 대상으로 성적 흥분과 만족을 얻는 증상을 말한다. 다른 말로는 '배물애(拜物愛)', '물품음란증' 등으로도 불리는데, 대상에 물건만이 아니라 신체의 일부가 포함된다는 점에서 엄밀하게 말하면 부적절한 용어이다.

절편음란증의 대상인 절편음란물로는 주로 팬티나 브래지어와 같은 여성의 속옷이나 장갑, 하이힐과 같은 신발, 손수건, 털 코트,

꽉 끼는 가죽바지, 가죽벨트, 가죽부츠, 망사 스타킹, 장신구, 여성의 음모 등의 물건, 긴 손톱이나 발, 머리카락, 팔목, 발 등의 신체의 일부가 포함된다. 마광수 교수는 여성의 긴 손톱 절편음란증으로 유명하다. 드물게는 대소변이 대상이 되는 경우도 있는데 이 경우는 특히 호분증(Coprophilia)과 호뇨증(Urophilia)이라고 부른다. 마광수 교수에 따르면 시체도 물건이기 때문에 시체성애도 페티쉬의 일종이다.

프로이트에 따르면 남자아이가 여자의 성기를 보고 거세불안을 느끼게 되는데, 이 불안으로부터 도피하려고 여자의 거세된 페니스를 절편음란물을 통해 부활시키고 보존하려는 욕구가 절편음란증을 유발시킨다고 설명한다. 결국 절편음란물이란 남자아이가 한때 그 존재를 믿었던 여성의 페니스, 혹은 어머니의 페니스의 대체물이다.[307]

절편음란증은 판례상으로는 '성주물성애증'으로 표현된다. 대법원은 '성주물성애증'이라는 정신질환자의 여성 속옷 절도사건에 대해 원칙적으로 형법 제10조에 규정된 '심신장애'로 인한 감경사유에 해당하지 않는다고 판시하고 있다.[308] 이 사건의 피고인은 무생물인 옷이나 신는 것들의 조각을 사람의 몸의 연장으로서 성적 각성과 희열의 자극제로 믿고 이를 성적 흥분을 고취시키는 데 쓰는 '성주물성애증'이라는 정신질환을 앓고 있는데, 2007년 29세경에 주점에서 일하는 여성의 속옷을 훔친 이후로 발현되어 계속 여성의 옷을

---

307) 지그문트 프로이트, 앞의 책, 28쪽.
308) 대판 2013.1.24., 2012도12689.

훔치거나 구입하여 때때로 이를 자위행위의 도구로 사용하면서 심화되었고, 사용했던 여성의 속옷이나 옷을 절취한 다음 이를 처분하지 않고 보관하였으며, 여성의 속옷이나 옷을 절취하기 위하여 다른 사람의 집에 침입하는 것도 서슴지 않았고, 결국 피고인은 빌라 외벽에 설치된 가스배관을 타고 올라가 베란다를 통해 빌라에 침입하여 여성 속옷 등을 훔치다가 집주인에게 발각되는 바람에 체포된 사안이다.

먼저 대법원은 "정신적 장애가 있는 자에 대하여 형법 제10조에 규정된 '심신장애'를 인정하기 위한 요건"에 대해 "형법 제10조에 규정된 심신장애는 정신병 또는 비정상적 정신상태와 같은 정신적 장애가 있는 외에 이와 같은 정신적 장애로 말미암아 사물에 대한 변별능력이나 그에 따른 행위통제능력이 결여 또는 감소되었음을 요하므로, 정신적 장애가 있는 자라고 하여도 범행 당시 정상적인 사물변별능력과 행위통제능력이 있었다면 심신장애로 볼 수 없다."고 판시하고 있다.

이어 "특별한 사정이 없는 한 성격적 결함을 가진 사람에 대하여 자신의 충동을 억제하고 법을 준수하도록 요구하는 것이 기대할 수 없는 행위를 요구하는 것이라고는 할 수 없으므로, 무생물인 옷 등을 성적 각성과 희열의 자극제로 믿고 이를 성적 흥분을 고취시키는 데 쓰는 성주물성애증이라는 정신질환이 있다고 하더라도 그러한 사정만으로는 절도 범행에 대한 형의 감면사유인 심신장애에 해당한다고 볼 수 없"다고 하여 원칙적으로 성주물성애증이라는 정신질환에 대해 심신장애를 인정하지 않는 입장을 취한다.

그러나 예외적으로 "그 증상이 매우 심각하여 원래의 의미의 정신병이 있는 사람과 동등하다고 평가할 수 있거나, 다른 심신장애 사유와 경합된 경우 등에는 심신장애를 인정할 여지가 있"다고 판시하고 있다. 이 판결은 2020년도 제9회 변호사시험 형사법 과목의 지문으로 출제된 바 있다.

○ 복장도착증(이성복장 착용증, 복장도착 물품음란증)

복장도착증(Transvestic Fetishism 또는 Transvestismm)은 이성의 옷을 입는 것을 좋아하는 증상을 말한다.

이하의 내용은 성적 자기결정권을 행사하여 성적 만족을 얻기 위한 '방법'이나 '수단'에 관한 것으로 '대상'의 문제는 아니다. 다만 성도착증이란 연관이 있기 때문에 편의상 여기에서 같이 다룬다는 점을 밝혀둔다.

○ 마찰도착증(접촉도착증)

마찰도착증(Frotteurismfrotteurism)은 혼잡한 지하철이나 버스 안에서 음경이나 손을 여성의 신체에 접촉하여 마찰함으로써 성적 흥분을 느끼는 증상을 말한다. DSM-V에 따르면 성도착증의 하나인데, 현재 발생하는 사건 수를 볼 때 과연 도착증에 해당하는지 의문이 든다. 범인들의 직업도 현직 판사를 포함하여 전문직에 종사하는 사람들이 매우 많다.

○ 전화음란증

전화음란증(Telephone Scatologia)은 전화통화를 하면서 음란한 대화와 신음을 주고받음으로써 성적 만족을 추구하는 증상을 말한다. 흔히 '폰섹스'라고 부른다.

○ 노출증

노출증(Exhibitionism)은 낯선 이성에게 자신의 성기를 노출하여 상대의 놀라는 표정을 보며 성적 만족을 느끼는 증상으로서 관음증과 반대되는 증상이다. 이런 증상을 가진 사람을 흔히 '바바리맨'이라고 부른다. 여고생을 대상으로 한 바바리맨 퇴치법 중 가장 인상 깊었던 것이 '피하지 않고 정면으로 응시하기'라는 것이다. 상대가 놀라야 자신의 자존감을 충족할 수 있는데, 놀라지 않고 정면으로 응시하면 오히려 열등감을 느끼고 도망간다는 것이다. 과학적인 근거가 있는 것인지는 확신하기 어렵다. 정면으로 응시하다 분노를 유발해서 성폭력으로 이어질 우려도 있기 때문이다.

노출증을 가진 사람의 노출행위에 대한 규제는 형법 제245조의 공연음란죄와 「경범죄 처벌법」상의 과다노출죄이다.

먼저 제245조 "공연히 음란한 행위를 한 자는 1년 이하의 징역, 500만원 이하의 벌금, 구류 또는 과료에 처한다."라고 규정하고 있다. 음란물죄가 음란한 물건을 이용한 범죄인데, 공연음란죄는 음란한 행위에 대해 처벌하는 것이다.

본죄가 성립하려면 제목 그대로 '공연히' 음란한 행위를 하여야 한다. '공연히'란 불특정 또는 다수인이 알 수 있는 상태를 의미한다. 따라서 거리에서 행하여진 음란행위라 할지라도 숨어서 한 경우는 본죄에 해당하지 않는다.[309]

두 번째로는 '음란한 행위'를 하여야 한다. 대법원은 '음란한 행위'의 의미에 대해 "형법 제245조 공연음란죄에서의 '음란한 행위'란 일반 보통인의 성욕을 자극하여 성적 흥분을 유발하고 정상적인 성적 수치심을 해하여 성적 도의관념에 반하는 행위를 가리키는 것이고, 그 행위가 반드시 성행위를 묘사하거나 성적인 의도를 표출할 것을 요하는 것은 아니다."라고 판시하고 있다.

구체적인 사례를 보면 대법원 판례는 말다툼을 한 후 항의의 표시로 엉덩이를 노출시킨 행위는 음란한 행위에 해당하지 않지만,[310] 연극 미란다에서 여주인공이 완전 나체로 음부를 보이고 남주인공이 자위행위를 한 공연,[311] 고속도로에서 옷을 벗어 성기를 노출한 경우,[312] 요구르트 제품 홍보를 위하여 전라의 여성 누드모델들이 알몸을 완전히 드러낸 채 음부 및 유방이 노출된 상태에서 무대를 돌며 관람객에게 요구르트를 던진 행위[313], 다수가 통행하는 참전비 앞길에서 야간이지만 조명이 켜진 상태에서 바지와 팬티를 내리고 성기와 엉덩이를 노출한 경우[314] 등은 음란행위에 해당

---

309)   이재상, 앞의 책, 649~650쪽.
310)   대판 2004.3.12., 2003도6514.
311)   대판 1996.6.11., 96도980.
312)   대판 2000.12.22., 2000도4372.
313)   대판 2006.1.13., 2005도1264.
314)   대판 2020.1.16., 2019도14056.

한다고 판시하였다.

'공연성' 요건 때문에 바바리맨이 여자고등학교 정문에서 등하교하는 불특정 다수의 여학생들 앞에서 성기를 노출하는 경우에는 형법이 적용되지만, 특정한 여성 한 명 앞에서 기습적으로 성기를 노출하는 경우와 같이 공연성이 충족되지 않는 경우에는 「경범죄 처벌법」이 적용된다.

「경범죄 처벌법」 제3조는 '경범죄의 종류'라는 제목으로 "다음 각호의 어느 하나에 해당하는 사람은 10만 원 이하의 벌금, 구류 또는 과료(科料)의 형으로 처벌한다.", 제33호에서 "(과다노출) 공개된 장소에서 공공연하게 성기·엉덩이 등 신체의 주요한 부위를 노출하여 다른 사람에게 부끄러운 느낌이나 불쾌감을 준 사람"이라고 규정하고 있다.

대법원은 형법상의 공연음란죄와 「경범죄 처벌법」과의 관계에 대해 다음과 같이 판시하고 있다.

> "「경범죄 처벌법」 제3조 제1항 제33호가 '공개된 장소에서 공공연하게 성기·엉덩이 등 신체의 주요한 부위를 노출하여 다른 사람에게 부끄러운 느낌이나 불쾌감을 준 사람'을 처벌하도록 규정하고 있는 점 등에 비추어 볼 때, 성기·엉덩이 등 신체의 주요한 부위를 노출한 행위가 있었을 경우 그 일시와 장소, 노출 부위, 노출 방법·정도, 노출 동기·경위 등 구체적 사정에 비추어, 그것이 단순히 다른 사람에게 부끄러운 느낌이나 불쾌감을 주는 정도에 불과하다면 「경범죄 처벌법」 제3조 제1항 제33호에 해당할 뿐이지만, 그와 같은 정도가 아니라 일반 보통인의 성욕을 자극하여 성적 흥분을 유발하고 정상적인 성적 수치심을 해하는 것이라면 형법 제245조의 '음란한 행위'에 해당한다고 할 수 있

다."315)

● 관음증(절시증)

노출증과 반대의 증상이 관음증 내지 절시증이다. 관음증(Voyeurism)은 '음란한 광경을 본다'는 뜻에서 나왔고, 절시증(竊視症, Scopophilia)은 '도둑처럼 몰래 본다'는 뜻에서 나온 단어이다. 즉, 옷을 갈아입거나 벗은 상태로 있는 모습, 타인들이 성교하는 장면을 창문 등을 통해, 아니면 베란다에서 망원경을 이용하여 몰래 훔쳐보면서 성적 만족을 추구하는 증상이다.

● 성적 가학증과 성적 피학증

성적 가학증(Sexual Sadism)과 성적 피학증(Sexual Masochism)이란 말은 리하르트 폰 크라프트 에빙이 새로 만든 용어이다. 프랑스의 사드 후작과 오스트리아의 레오폴트 폰 사흐-마조흐의 소설에 착안해 만든 것이다. 성적 가학증은 채찍으로 타인을 때리는 등 신체적 학대를 함으로써 성적 만족을 얻는 증상을 말한다. 이와 반대로 성적 피학증은 타인에게 채찍질을 당하거나 밧줄로 묶이는 등의 학대를 받음으로써 고통을 느끼고 성적 만족을 얻는 증상을 말한다.

---

315)   대판 2020.1.16., 2019도14056.